후기 사회주의 시대의 통일과 평화

| 베를린 장벽 붕괴 이후의 한국 신학 |

후기 사회주의 시대의 통일과 평화

| 베를린 장벽 붕괴 이후의 한국 신학 |

초판 1쇄 인쇄 | 2021년 3월 17일
초판 1쇄 발행 | 2021년 3월 24일

지은이 안교성
펴낸이 김운용
펴낸곳 장로회신학대학교 출판부

등록 제1979-2호
주소 04965 서울시 광진구 광장로5길 25-1(광장동 353)
전화 02-450-0795
팩스 02-450-0797
이메일 ptpress@puts.ac.kr
홈페이지 http://www.puts.ac.kr

값 15,000원
ISBN 978-89-7369-471-6 93230

후기 사회주의 시대의 통일과 평화

| 베를린 장벽 붕괴 이후의 한국 신학 |

안교성 지음

장로회신학대학교출판부

서문

　　21세기의 한국은 다각적이고 중층적인 맥락 가운데 놓여있다. 이미 지난 몇 세기 동안 한국은 격동의 역사를 겪어 왔다. 한국 사회, 특히 한국 교회는 이런 상황에서 어떻게 과거를 정리하고, 현재를 대처하며, 미래를 대비하는가? 이런 변화들은 통일과 평화라는 두 가지 주제로 수렴할 수 있을 것이다. 특히 후기 사회주의 시대의 도래는 후기 근대사회의 도래와 더불어, 한국을 전혀 낯선 맥락으로 이끌었고, 한국으로 하여금 이런 맥락에 부합하는 전혀 새로운 창조적인 시각을 지니도록 요청했다.

　　후기 사회주의 시대는 '후기 사회주의 시대'post-socialist era와 '후기 공산주의 시대'post-communist era라는 두 용어가 혼재되어 사용되면서 아직 정착되지 못했다. 그것은 그럴 만한 이유가 있다. 원래 사회주의와 공산주의를 구분하는 것은 쉽지 않다. 양자는 구별되면서도 연결되어 있기 때문이다. 요약해서 말한다면, 두 가지 측면이 있다. 첫째, 사회주의는 광의의 개념이라면, 공산주의는 사회주의의 일부인 협의의 개념이다. 사회주의가 주로 생산의 공유(가령 국유화)를 의미한다면, 공산주의는 생산 및 소유 모두의 공유를 의미한다. 둘째, 사회주의는 장기간의 과정이라면, 공산주의는 사회주의의 최종단계이다. 그런데 역사상 공산주의의 단계는 목표가 된 적은 있지만 실현된 적은 없다. 따라서 공산주의를 정체政體로 삼는 국가도 역사발전 단계에 있어서는 스스로를 공산주의 이전단계인 사회주의 국가로 부른다. 따라서 공산국가는 목표상 공산주의 국가이지만, 실현상 사회주의 국가이다. 바로 여기에 개념과 명칭의 혼란이 있다. 더구나 20세기 말 구舊공산권 붕괴가 세계적인 현상이 되지 못하고, 구舊소련과 동유럽 공산권을 중심으로 이뤄졌고, 아시아의 공산국가들이 여전히 체제를 유지함에 따라, 베를린 장벽 붕괴로 상징되는 사건 이후의 시대를 가리키는 용어가 애매해졌다. 본서에는 후기 사회주의 시대라는 용어를 우선적으로 채택하지만, 글의 맥락상 후기 사회주의 시대 혹은 후기 공산주의 시대를 병용하고 굳이 통일시키지 않았다.

이와 더불어, 본서에서 사용하는 용어 몇 가지에 대해서 설명이 필요하다. 첫째, 한국에서 남한과 북한 그리고 남북한을 가리키는 용어가 논란의 여지가 많다. 한국에서 한국은 이중적인 의미로 사용된다. 하나는 한반도 전체를 의미하고, 다른 하나는 남한을 의미한다. 본서가 남한을 중심으로 하기 때문에, 본서에서 한국은 이런 이중적인 의미로 사용된다. 특별히 구분이 필요할 경우나 명확한 표현을 위해서는 남한이라는 단어를 사용한다. 둘째, 한국에서 기독교도 이중적인 의미로 사용된다. 하나는 그리스도교와 동의어로 그리스도교 내의 모

후기 사회주의 시대의 통일과 평화

든 종파를 아우르는 대표용어이다. 다른 하나는 그리스도교의 일부인 개신교와 동의어이다. 본서가 개신교를 중심으로 하기 때문에, 본서에서 기독교는 이런 이중적인 의미로 사용된다. 특별히 구분이 필요할 경우나 명확한 표현을 위해서는 개신교라는 단어를 사용한다.

본서는 한국 사회와 한국 교회의 새로운 미래를 위한 대안 제시의 한 방책으로, 후기 사회주의 시대의 도래라는 역사적 맥락 속에서 한반도의 절대 명제인 통일과 평화를 기독교적 관점에서 해석하려는 신학적 시도이다. 한국이 분단, 분쟁, 통일 등의 상황에 지대한 영향을 받는다는 점에서, 후기 사회주의 시대의 도래는 이런 상황을 더욱 극단화시켰다. 사실 공산국가의 탄생은 지난 세기의 가장 큰 도전이었고, 불과 2세대 남짓 지속되었던 공산주의 실험의 종식 역시 세계사적 사건이었다. 위에서 언급했듯이, 구공산권 붕괴로 대표되는 공산국가의 변화는 주로 구소련과 동유럽을 중심으로 이뤄졌다. 아시아 중심의 공산국가들은 잔존하고 있고, 후기 사회주의 시대의 도래 이후에도 여전히 공산주의 실험을 이어가고 있다. 한반도의 초미의 관심인 북한 사회의 변화 역시 이런 거시적 변화의 맥락 가운데서 이해해야 할 당위성을 부여받고 있다. 따라서 본서는 크게 세 가지 주제를 다루려고 한다. 먼저, 후기 사회주의 시대의 도래의 의미와 의의를 살펴보고자 한다. 또한 이런 토대 위에서 한반도의 절대 명제인 통일과 평화를 살펴보려고 한다.

여기에 실린 글들은 필자가 21세기에 들어선 후, 특히 지난 10

년간 세 가지 주제를 화두로 삼고 고민했던 신학적 성찰의 결과물이다. 이런 신학 작업은 한반도를 둘러싼 문제에 대한, 신학자로서 신앙인으로서 필자 나름의 절실한 실존적 응답이었다. 그 고민과 성찰을 독자들과 나누고 싶어, 이 책을 내게 되었다. 본서를 마련하면서, 특히 통일과 평화와 관련된 주요 신학인 '정의, 평화, 창조질서의 보전'Justice, Peace and the Integrity of Creation의 관점을 소개하려고 거듭 강조했다. 그리고 마지막 장은 통일과 평화의 과제를 이뤄갈 한국 교회의 역사적 좌표와 미래를 가늠하기 위해서 본서에 담았다.

이 글들은 원래 여러 가지 경로, 주로 학술지를 통해 발표했던 것으로, 이번 기회에 다시 다듬었으며, 그 출처는 아래에 밝혀둔다. 또한 본서에 수록되지는 않지만, 필자의 통일 담론과 평화 담론에 관련된 논문 가운데, 본서의 독자들이 참고할 수 있는 논문 2개의 제목을 추가로 소개했다. 마지막으로 필자의 글들이 설사 우리가 통일과 평화의 길을 완주하지 못한다고 하더라도, 적어도 그곳을 향해 몇 걸음이나마 발을 떼는 기회가 되기를 바란다.

2020년 12월 25일 성탄절
광나루 선지 동산에서
안교성

일러두기

본문에 수록된 논문의 출처는 아래와 같다.

1장 "평화통일신학 구성의 전제로서의 후기 공산주의 사회의 변화에 대한 연구," 배희숙 외, 『[제1회 평화통일신학포럼] 평화통일신학: 신학적 근거의 모색』 (서울: 장로회신학대학교 남북한평화신학연구소, 2015), 195-231.

2장 "제5장 후기 공산주의 신학," 안교성, 『한국 교회와 최근의 신학적 도전』(서울: 장로회신학대학교출판부, 2017), 156-190. 이 논문은 원래 "후기 북한 사회의 기독교 신학 구성에 대한 서설: 후기 공산주의 사회들의 기독교 신학의 변화를 중심으로," 『신학연구』 68(2016), 197-227에 실렸던 것이다.

3장 "사회주의 국가들에서의 선교신학과 실천의 변화," 『기독교사상』 725(2019), 9-20.

4장 "통일에 대한 신학적 근거와 통일을 위한 과제들," 『교육교회』 411(2012), 14-19.

5장 "통일의 필요성에 관한 담론: 기독교 통일 담론에 대한 함의를 중심으로," 『선교와 신학』 40(2016), 325-357.

6장 "기독교 통일 담론의 한국 통일 담론에의 기여 방안-기독교 통일 담론은 무엇을, 어떻게 기여하는가?," 『종교문화학보』 16/2(2019), 65-94.

7장 "정의로운 평화와 한국 교회: 한일강제병합, 한국전쟁, 4·19혁명, 세계교회협의회 부산총회를 중심으로," 『교회와신학』 79(2015), 137-161.

8장 "제2장 새로운 화약고가 된 동북아시아 속의 한국 교회와 평화 담론의 변천," 안교성, 『한국교회와 최근의 신학적 도전』, 48-84. 이 논문은 원래 "한국기독교의 평화 담론의 유형과 발전에 관한 연구: 동북아시아의 지역적 맥락을 중심으로," 『장신논단』 49/1(2017), 197-223에 실렸던 것이다.

9장 "한국 사회와 기독교(마지막 회): 한국기독교의 미래와 전망," 『본질과 현상』 45(2016), 30-49.

추가로 아래 글들을 참고하라.

1 "통일 신학의 발전에 관한 소고," 『한국기독교신학논총』 90(2013), 87-113. 이 논문은 『한국교회와 최근의 신학적 도전』에 재수록되었다.

2 Kyo Seong Ahn, "North Korea Mission in Historical Perspective," *International Bulletin of Mission Research* 42(2018), 116-124.

목차

제1부

후기 사회주의 시대의 신학 하기

1장

후기 사회주의 사회는
과연 어떤 사회인가?

I. 서론

〰〰

통일 담론은 작게는 기독교 통일운동이라는 맥락 안에서 진행
되며, 크게는 남북한통일정책이라는 맥락 안에서 진행된다. 더 나아가
서 한반도를 둘러싼 동아시아 및 세계적인 맥락도 염두에 두어야 한
다. 이 같은 미시적, 중간적, 거시적 혹은 초超거시적 맥락들은 서로 영
향을 주고받는다. 그런데 이 맥락들이 변화를 거듭하고 있어, 한반도
통일은 예측하기가 매우 어려운 상황이다.[1] 북한의 미래도 어떤 식으
로 전개될지 전망하기가 쉽지 않다. 가령 "아직 점진적으로 개혁개방
을 진행시킨 아시아형 후기 사회주의적 변화가 일어날 것인지, 외부
세계의 압력으로 급격하게 체제가 붕괴된 동유럽형 후기 사회주의 변
화가 촉발될 것인지, 그동안 전례가 없는 새로운 변화를 겪을 것인지
아무도 예측할 수 없는 상황이다."[2] 그런데 급격히 변화한 동유럽형
후기 공산주의도 내부를 들여다보면 다양한 변이를 보인다. 가령 체코
의 하벨Václav Havel의 경우나 폴란드의 미치니크Adam Michnik의 경우를 들
수 있다.[3] 물론 독일처럼 공산주의 사회가 자본주의 사회에 흡수·통합
되는 경우도 예상할 수 있다.[4] 여하튼 통일 담론은 이런 혼란과 불확정

---

1   가령 한반도를 둘러싼 대표적인 국제관계인 6자회담은 돌파구를 찾지 못하고 있다. 남북한통일
     정책은 한반도의 정치적 변화에 종속되어 추세를 종잡기 힘들다. 기독교통일운동은 보수측의 북
     한선교와 진보측의 남북한평화통일운동으로 양분되어, 그 자체가 분열된 상태를 극복하지 못하
     고 있다.

2   정병호 외 편, 『웰컴투코리아: 북조선사람들의 남한살이』(서울: 한양대학교출판부, 2006), 24.

3   Irving S. Michelman, *The March to Capitalism in the Transition Countries* (Aldershot: Ashgate,
     1998), 111-33.

4   김용민 외, 『통일 이후 독일의 문화통합과정』(서울: 연세대학교출판부, 2004).

성 속에서 추진되어야 할 상황에 놓여 있다.

더구나 최근에는 통일 담론 자체가 문제되고 있다. 물론 과거에 통일 담론이 시대 상황에 따라 고취되기도 하고 억압되기도 하였지만, 통일 담론 자체가 의문시되지는 않았다. 남북한 정부는 오늘날까지 적어도 통일이란 과제를 공식적으로 포기하지 않았다. 그러나 최근 들어 남한 내에서 통일의 필요성과 가능성에 대한 다양한 입장이 대두되는데, 이것은 뚜렷한 세대차를 보이고 있다. 이런 추세를 볼 때, 과연 다음 세대에도 오늘날과 같은 통일 담론이 지속될 지 의문이다. 그러나 통일 담론의 세대차 문제는 별도의 연구가 필요하다.

여하튼 이제까지의 통일 담론은 — 기독교적이든 아니든 간에 — 주로 정치적 관점에서 위로부터의 변화에 집중하였다. 그 이유는 한반도를 둘러싼 지정학적 의의가 통일 담론에 미치는 영향이 절대적이기 때문이다. 최근에는 통일 담론이 문화적 관점에서 아래로부터의 변화에 관심을 보이는 등 다변화하고 있다. 그러나 흥미로운 사실은 통일 담론이 경제적 관점에서 접근하는 연구는 미진하다는 것이다. 그나마 이 분야의 연구는 주로 문화경제 cultural-economical 의 미시맥락보다는 정치경제 political economy 의 거시맥락을 주목하고 있다.[5] 그리고 문화적 관점이나 문화경제적 관점에서의 연구는 대개 사안별 연구에 그치고 그 사안들이 발생하는 사회역사적 socio-historical 맥락을 충분히 고려하지 못하

---

5 가령 북한의 미래에 관하여 정치, (거시)경제, 외교 등의 거시적 관점에서 주로 북한의 체제변화를 다룬 연구로는 다음 책을 볼 것. 김연철 외, 『북한, 어디로 가는가?: 14인의 전문가가 본 북한 체제의 변화 전망』(서울: 도서출판플래닛미디어, 2009); 강원택, 『통일 이후의 한국 민주주의』(파주: 나남, 2011); 김영하, 『새터민을 통해 본 남북한 사회 그리고 통일』(대구: 경북대학교출판부, 2010).

고 있다. 그러나 경제적 관점에서의 연구, 특히 아래로부터의 변화에 관련된 문화경제적 관점에서의 연구는 필수적인데, 그 이유는 다음과 같다. 첫째, 통일 담론은 20세기 후반의 후기 공산주의(혹은 후기 사회주의)의 도래라는 거대맥락 안에서 다뤄져야 하고,[6] 공산주의는 본래 경제를 중심으로 한 정체政體이며, 후기 공산주의 사회에서 일어난 최대의 변화는 경제적 변화이기 때문이다. 둘째, 통일 담론의 주된 관심 가운데 하나가 북한 주민들인데, 그들이 후기 공산주의 사회의 일상생활에서 경험하게 될 여러 변화 중 하나도 바로 경제적 변화이기 때문이다.[7]

통일 담론은 통일 준비, 통일 자체, 통일 후 통합 등 전 과정을 망라하는 광범위한 작업이다. 이런 전全 과정에서 당사자인 남북한의 과격한 변화가 예상된다. 특히 북한의 경우는 더욱 과격한 변화가 예상되는데, 이런 변화를 예측하고 대비하는 것은 평화통일신학 구성의 전제 작업으로서 중요하다. 따라서 본 단원은 후기 공산주의 사회의 변화에 대한 연구결과들을 이용하여 '후기 북한 사회'post-North Korean Society, 북한의 미래사회의 변화를 외삽extrapolate 하고, 그 결과를 평화통일신학의 기초적인 요소로 삼으며, 나아가 평화통일신학의 구성을 시도하고자 한다. 이런 연구의 필요성에 대해 김회권도 다음과 같이 공감한 바 있다.

---

6 후기 공산주의와 후기 사회주의이란 용어가 병행하여 사용된다. 후기 공산주의에 대한 전반적인 개론서로는 다음 책을 볼 것. Leslie Holmes, *Post-Communism: An Introduction* (Durham, NC: Duke University Press, 1997).

7 사회구성원에 대하여 백성, 인민, 시민, 국민 등 여러 용어가 사용되나, 본 단원은 주민으로 통일한다.

세계사의 큰 흐름을 살펴본다면 북한만이 유일한 예외가 될 수는 없을 것이고 체제전환의 길을 걷지 않을 수 없을 것입니다. (중략) 이미 20여 년 전부터 시작되어온 이러한 세계사적 경험들이 한반도의 미래 정세에 던져주는 함의는 무엇일까요? (중략) 이러한 문제를 다루는 데에서 우리는 추상적인 거대담론에서 출발하는 것이 아니라 실제 과거 사회주의 체제 국가들의 현장에서의 경험을 추적하는 것으로부터 출발하고자 합니다.[8]

본 단원은 이상의 목표를 이루기 위하여, 후기 공산주의 사회 연구 중 특히 사회구성원인 주민에게 미치는 실질적인 변화에 관심을 가진 문화인류학의 연구를 중시한다. 그 이유는 크게 세 가지이다. 첫째, 기독교가 후기 북한 사회에서 선교(광의든 협의든)를 감당하게 될 턴데, 선교란 선교의 장이 되는 사회의 구성원을 전제로 할 수밖에 없다. 본 단원은 후기 북한 사회의 '체제' 변화보다 '생활' 변화에 주목할 것이다. 둘째, 문화인류학은 주로 연속성이란 관점에서 연구하는 경향이 있는데,[9] 이것은 후기 공산주의 사회 연구 분야도 마찬가지이다. 가령 구舊공산권 사회와 후기 공산주의 사회의 전문가인 험프리Caroline Humphrey는 후기 공산주의 사회가 단순히 시간적 변화에 따라 나중에

---

8 김희권 외, 『사회주의 체제전환과 기독교』(서울: 한울아카데미, 2012), 3-5. 이 분야에서 한국의 역사경험을 활용하기 위한 노력에 대해서는 다음의 프로젝트 자료집을 볼 것. 권희영, 이종철 편, 『남북한 사회문화 변동과 21세기 한국인상(1): 인본주의 참여문화전통과 21세기 한국 사회』([서울]: 교육인적자원부, [2000]); 이서행, 이완범 편, 『남북한 사회문화 변동과 21세기 한국인상(2): 남북한 문화공동체의 지속과 변동』([서울]: 교육인적자원부, [2000]); 정영국 편, 『남북한 사회문화 변동과 21세기 한국인상(3): 21세기 한국인상 지표개발』([서울]: 교육인적자원부, [2000]).

9 Joel Robbins, "On the Paradoxes of Global Pentecostalism and the Perils of Continuity Thinking," *Religion* 33/3(July 2003), 221.

제1부 후기 사회주의 시대의 신학 하기

도래하여 과거와 단절된 '나중 된post 공산주의 사회'가 아니라, 과거의 공산주의적 세계관이 여전히 관성적으로 작용하는 '전력前歷있는ex 공산주의 사회'라는 점을 주목한다.[10] 물론 연속성이란 분석틀을 인정하더라도, 어떤 종류의 연속성이냐는 문제는 남는다.[11] 그러나 본 단원은 이 문제는 논외로 하고, 중요 연구결과들을 채택하기로 한다. 이와 더불어 후기 공산주의 사회 주민들이 정치이념으로서의 공산주의를 거부하더라도 세계관으로서의 공산주의의 영향에서 순식간에 벗어날 수 없다는 점에서, 특히 세계관적 접근 방법도 주목할 필요가 있다.[12] 셋째, 기존의 북한 관련 연구 — 북한이탈주민 연구를 포함하여 — 는 후기 북한 사회와 후기 공산주의 사회의 비교보다는 남북한 비교가 주를 이룬다. 그런데 후기 공산주의 사회의 지난 30여 년의 세월은 30년 전의 시점에서는 공산주의 사회의 미래이면서 지금의 시점에서는 역사적 과거로, 즉 '과거 속의 미래'로 볼 수 있다. 이런 과거 속의 미래에는 미래의 가변성과 과거의 사실성이 모두 나타나기에 후기 북한 사회의 변화를 추정하는데 도움이 된다. 본 단원은 특히 과거의 사실성에 주목한다. 본 단원의 주제는 장차 다음과 같은 주제들로 발전될 수 있다. 후기 북한 사회에 대한 본격적 전망, 후기 공산주의 선교의 분석과 반성, 후기 북한 사회 선교에 대한 전망 등이다.

---

10   Caroline Humphrey, *Marx Went Away — But Karl Stayed Behind* (Ann Arbor: The University of Michigan Press, 1998), vii.

11   David Blackbourn & Geoff Eley, *Mythen deutscher Geschichtsschreibung: die gescheiterte bruegerliche Revolution von 1848*, 최용찬, 정용숙 역,『독일역사학의 신화 깨뜨리기』(서울: 푸른역사, 2007), 12.

12   선교학은 문화인류학과 긴밀한 간학문적 통섭을 이루는데, 한국의 선교학을 포함한 북한연구는 후기 북한 사회와 동일한 대상인 후기 공산주의 사회에 대한 연구결과가 적극 활용되지 않는 성향이 있다.

서론을 마치기에 앞서 두 가지를 부언하자. 첫째, '남한 속의 북한'이라고 하는 북한이탈주민 연구의 중요성이다.[13] "북한이탈주민의 남한생활은 앞으로 남북한사람들이 섞여 살게 되었을 때 서로 얼마나 잘 적응할 수 있을지를 예측하게 해주는 리트머스 시험지이자, 소규모 예비실험이라고" 볼 수 있다.[14] 현재로서는 북한 사회를 직접 연구하기 어렵고 후기 북한 사회가 아직 출현하지도 않았기 때문에, 후기 북한 사회 연구에 있어서 북한이탈주민 연구의 중요성은 두말할 필요가 없다. 더구나 북한이탈주민 가운데 부적응자, 미국 등 다른 나라로 옮겨간 재출국자, 심지어 북한으로 돌아간 재입북자 등의 경험은 후기 북한 사회가 자본주의 이론 특히 신자유주의 이론에 의해 재편될 때 나타날 변화를 예상하는 데 도움이 될 것이다.[15] 그러나 이런 연구를 활용하는 데는 몇 가지 한계가 있다. 하나는 북한이탈주민은 남한사회 안에 있는 소수 이주민 집단이고, 북한 주민은 북한 사회에 거주할 전체집단이라는 점이다. 다른 하나는 북한이탈주민 연구에서는 '과거와 현재'의 남북한 비교가 주가 되는데, 후기 북한 사회 연구에서는 '미

13 "'북한이탈주민'이란 휴전협정체결 이후에 남쪽으로 넘어 온 사람들을 법적으로 통칭하는 말이다. 해방 직후의 '월남민' 또는 전쟁시기의 '피난민'들처럼 북쪽의 사회주의적 국가체제가 남쪽과 뚜렷하게 다른 국민적 정체성을 확립하기 전에 온 북쪽 출신 사람들과는 구별되는 개념이다." 정병호 외, 『웰컴투코리아: 북조선사람들의 남한살이』, 18. 북한이탈주민 관련용어는 시대적 변화에 따라, 귀순자, 귀순용사, 탈북자, 귀순북한동포, 새터민, 북한이탈주민 등 다양한 용어가 사용되었고, 그밖에 탈북인(탈북민), 탈북난민(식량난민, 국경난민), 탈북이주민(북한이주민), 재외탈북자(재외탈북난민: 국내에 정착한 북한이주민과 구분하는 용어), 자유이주민(자유북한인) 등이 사용되었다. 정병호 외, 『웰컴투코리아: 북조선사람들의 남한살이』, 18-21, 31-35; 윤인진, 『북한이주민: 생활과 의식, 그리고 정착지원정책』(파주: 집문당, 2009), 19-24. 특히 2004년 새터민이란 단어가 정착되는 과정에서 새터민, [북한]이주민, 이향민, 자유민, 하나민 등이 거론되다가, 최종적으로 새터민과 이향민 중 새터민으로 확정되었다. 2008년 정부는 북한이탈주민을 사용하기로 하였다. 김영하, 『새터민을 통해 본 남북한 사회 그리고 통일』, 16-17.

14 정병호 외, 『웰컴투코리아: 북조선사람들의 남한살이』, 5.

15 재입북자의 경험은 이것을 확보하거나 객관성을 담보할 수 없다는 현실적인 어려움이 있다.

래'의 북한과 후기 공산주의 사회의 비교가 중요하다. 둘째, 이미 공산주의 사회와 후기 공산주의 사회를 모두 경험한 구소련의 재러동포(혹은 고려인)의 상황 및 그들에 대한 선교에 관한 연구의 중요성이다.[16] 특히 이들이 한국으로 이주한 경우는, 공산주의 사회, 후기 공산주의 사회, 자본주의 사회를 모두 경험한 셈이 되기 때문이다.

Ⅱ. 본론

1. 후기 북한 사회 연구에 있어서 우선적으로 고려할 사항: 평화와 통일의 개념의 병존과 상충

최근 들어 평화통일이 함께 언급되지만, 사실 평화와 통일은 병존가능한 개념인지 상호배타적인 개념인지 따져볼 필요가 있다.[17] 단순히 '평화적 통일'을 염두에 둔다면, 두 개념이 함께 사용될 수 있다. 그러나 '평화'와 '통일'을 각각 심도 깊게 생각한다면, 문제는 복잡해진다. 왜냐하면 전자는 기본적으로 공존을 의미하기 때문에 항구적 존재로서의 쌍방이 전제되지만, 후자는 기본적으로 통합을 의미하기

---

16 재중동포(혹은 조선족)도 중국이 개혁개방을 통하여 후기 공산주의 사회적 측면을 보인다는 점에서 유사한 사례로 비교연구할 수 있다.

17 안교성, "통일신학의 발전에 관한 소고," 「한국기독교신학논총」 90(2013), 101.

때문에 임시적 존재로서의 쌍방이 전제되기 때문이다.[18] 한반도의 미래가 평화로 갈지 통일로 갈지는 알 수 없지만, 본 단원은 일단 후기 북한 사회가 후기 공산주의 사회의 한 형태가 될 것이라는 가정하에 논지를 전개하고자 한다. 이런 가정하에 먼저 후기 북한 사회의 모형이 될 것으로 추정되는 후기 공산주의 사회의 변화에 대하여 살펴보고, 그것에 기초하여 후기 북한 사회를 전망하고자 한다.

2. 후기 공산주의 사회의 변화

20세기말의 가장 큰 변화는 두말할 것도 없이 공산주의의 몰락이다. 비록 여전히 공식적인 공산국가들이 존재하고 있지만, 공산주의의 몰락은 세계사의 거역할 수 없는 대세였다.[19] 심지어 사회주의의 정의가 무엇이냐는 질문에 대하여 "자본주의에서 자본주의로 나아가는 가장 길고도 고통스러운 경로"라는 답이 있을 정도로, 공산주의의 탄생과 소멸은 이제 불가피한 역사적 당위로까지 이해되고 있는 형편이다.[20]

사실 공산주의의 실험은 공산주의 역사가 가장 유구한 구(舊)소련 즉 러시아의 경우에도, 불과 2세대 정도에 지나지 않았다. 공산주

---

18   남북관계사 연구는 다음 책을 볼 것. 김형기, 『남북관계변천사』(서울: 연세대학교출판부, 2010).

19   잔존한 공산국가들의 성격도 연구대상이다.

20   Katherine Verdery, *What Was Socialism, and What Comes Next?* (Princeton: Princeton University Press, 1996), [vii]. 본서의 명구(銘句)의 원문은 다음과 같다. "Q: What is the definition of socialism? A: The longest and most painful route from capitalism to capitalism." 필자 번역. 이하 특별히 표기하지 않는 번역은 필자의 것임.

의의 실험이 이처럼 단기간으로 끝나고만 것은 돌이켜보건대 어느 정도 예상이 가능하였다. 왜냐하면 첫 번째 공산혁명인 러시아혁명이 공산주의 이론을 순리대로 따른 것이라기보다는 오히려 공산주의 이론을 거역한 예외적 조치였기 때문이다. 브루노 나아르든Bruno Naarden은 공산혁명이 공산주의 이론에 따라 자본주의가 발달한 유럽에서 일어난 것이 아니라 자본주의의 후발주자였던 러시아에서 일어났다는 역사적 역설을 '사회주의적 유럽과 혁명적 러시아'라는 개념으로 설명한 바 있다.[21] 이런 맥락에서, 러시아 혁명가들은 러시아혁명 이후, 현실을 이론에 끼워 맞추기 위하여 급격한 변화를 추구했다.[22] 그리고 이런 변화는 볼셰비즘bolshevism이라고 불렸다.

러시아혁명 이후에 변화가 급격했다면, 공산주의의 몰락 이후에도 변화는 급격했다. 두 시기의 변화는 유사점이 많다. 러시아혁명 이후에 러시아 혁명가들은 공산주의 이론으로 모든 것을 설명하면서 이론과 현실을 끼워 맞추려고 했고, 과거와의 단절을 강조하였으며, 이런 변화 속에서 주민들은 크나큰 고난을 맛보았다. 러시아의 공산주의 붕괴 이후에도 러시아를 개혁하려는 국내외 주도세력들은 주로 신자유주의 이론으로 모든 것을 설명하면서 이론과 현실을 끼워 맞추려고 했고, 과거와의 단절을 강조하였으며, 이런 변화 속에서 주민들은 다시금 크나큰 고난을 맛보고 있다. 러시아 혁명가들이 공산주의라는

---

21 Bruno Naarden, *Socialist Europe and Revolutionary Russia: Perception and Prejudice*, 1848-1923 (Cambridge: Cambridge University Press, 1992).

22 이 과정에 대해서는 다음 책을 볼 것. Peter Kenez, *A History of the Soviet Union from the Beginning to the End*, 2nd ed. (Cambridge: Cambridge University Press, 2006).

미래의 유토피아로 주민들을 몰고 가려고 했다면, 러시아 개혁세력들은 자유시장경제와 민주화라는 미래의 유토피아로 주민들을 몰고 가려고 했고, 지금도 그것이 대세를 이루고 있다. 학자들은 러시아의 공산주의 붕괴 이후의 과격한 상황을, 러시아혁명 이후의 과격한 상황에 빗대어, "시장 볼셰비즘"market bolshevism 이라고 부르기도 하였다.[23]

물론 러시아 개혁을 주도하는 이론은 자유시장경제 이론이고, 이 이론은 자유시장경제가 민주화를 비롯한 장밋빛 미래를 가져온다고 주장한다. 그리고 이런 관점에서 비롯된 개혁에 대한 연구는 상당히 축적되었다. 그러나 최근 들어 이에 대한 반론도 만만치 않게 쏟아져 나오고 있다. 이런 반론에 의하면, 자유시장경제 이론이 만병통치약은 아니며, 자유시장경제 이론이 제시하는 것 이외의 다른 측면들도 살펴봐야 한다는 것이다. 본 단원은 제한된 지면에서 후기 공산주의 사회의 개혁을 둘러싼 이론논쟁에 끼어들 수는 없고, 그것이 주된 관심도 아니다. 그러나 이런 반론들은 장밋빛 청사진과는 달리 후기 공산주의 사회 주민들의 곤경을 잘 들어내 준다는 면에서 주목할 필요가 있다.

1) 사회적 변화

그렇다면 후기 공산주의 사회의 변화는 어떤 것일까? 이 문제

---

23 Bertram Silverman and Murray Yanowitch, *New Rich, New Poor, New Russia: Winners and Losers on the Russian Road to Capitalism*, expanded ed. (Armonk, New York; London: M. E. Sharpe, 2000), xx.

역시 단원 한편으로 다루기에는 너무나 큰 주제이다. 실버만과 야노위치Bertram Silverman & Murray Yanowitch는 후기 공산주의 사회를 설명하면서, 소극적 자유와 적극적 자유라는 개념을 사용한다.[24] 전자는 자유를 지키는 자유이며, 후자는 자유를 누리는 자유이다. 실버만과 야노위치는 후자에 있어서 세 가지가 중요하다고 손꼽는데, 그것들은 바로 생활수준, 경제적 안정성, 공평living standards, economic security, and equity이다.[25] 자유시장경제 이론에 반론을 펴는 학자들에 의하면, 자유시장경제이론은 공산주의 개혁을 통하여 생활 수준 향상을 약속하면서 나머지 두 가지에 대해서는 큰 관심을 보이지 않았다. 그러나 생활 수준 향상이 확산되지 않는 가운데, 즉 낙수효과trickle down effect가 큰 효력을 발휘하지 못하는 가운데, 공산주의 개혁의 실효성과 정당성에 대한 논의가 대두되었다. 또한 생활 수준과 경제적 안정성 및 공평은 별개 문제가 아니라 함께 추진할 문제라는 인식이 점차 늘게 되었다.[26] 더구나 린치Allen C. Lynch는 『러시아는 어떻게 통솔되지 못하나』How Russia Is Not Ruled라는 책에서, 러시아의 개혁이 경제논리로만 이뤄질 수 없는 것을 강조하기 위하여 국가 통솔력이란 정치적 문제를 제기하고 있다. 린치의 비판에 의하면, 러시아의 경제적 개혁이 저절로 민주화와 자본주의로 나아가지 못하고, 자본주의가 러시아를 비롯한 동유럽에서 약세를 면치 못하는 시민사회civil society로부터 저절로 배출되지도 않으며, 러시아가 국가 통솔력을 보이는 건전한 정치적 역할을 감당하지 못해왔다.[27] 이런 논

---

24 Ibid., 3-4.
25 Ibid., 4.
26 Ibid., 10.

리를 후기 북한 사회에 적용한다면, 후기 북한 사회에서 강력한 정부
— 북한정부이든 혹은 북한을 통치할 새로운 정부이든 — 가 통합적인
개혁정책을 추진해야 혼란이 극소화하고 개혁이 건전하게 이뤄질 것
이다.

어떤 사회에서든 강자는 살아남는다. 다른 사회와 마찬가지로
공산주의 사회에서 청년층, 노년층, 환자 등 사회 주변인이 빈곤층을
이뤘는데, 후기 공산주의 사회에서는 반대 현상이 나타났다. 사회학자
레오니드 고든Leonid Gordon은 이런 현상을 "강자의 빈곤"poverty of the strong
이라고 표현하였다.[28] 즉 후기 공산주의 사회에서 경제적 빈곤층이 소
수가 아니라 다수가 되는 대중 빈곤mass poverty의 현상이 대두하였다.[29]
이런 맥락에서, 후기 공산주의 사회 주민들 가운데 일부는 공산주의
사회가 생활수준, 경제적 안정성, 공평의 문제를 최소한 수준이나마
해결했다는 점을 기억해내면서, 공산주의 시대에 대한 향수nostalgia를
나타낸다. 그리고 대부분의 주민은 이런 곤경 가운데 암중모색을 하고
있다. 다시 말해 공산주의 몰락이 자동적으로 풍족한 사회를 가져오지
않기 때문에, 후기 공산주의 사회는 고통스러운 이행사회society in transi-
tion의 모습을 보인다. 이런 모습은 러시아를 비롯한 대부분의 후기 공
산주의 사회의 공통된 양상이다. 후기 북한 사회도 유사한 경로를 밟
게 되리라고 예상해도 큰 잘못은 아닐 것이다. 즉 북한은 현재뿐 아니

---

27 Allen C. Lynch, *How Russia Is Not Ruled: Reflections on Russian Political Development* (Cambridge: Cambridge University Press, 2005), 5.

28 Silverman & Yanowitch, *New Rich, New Poor, New Russia*, 36.

29 Ibid., 39ff.

라, 미래에도 고통받는 사회가 될 가능성이 높다.

　　이런 맥락에서 선교적 의의도 따져볼 필요가 있다. 왜냐하면 후기 북한 사회에도 강자와 약자 즉 승리자와 실패자가 나올 것이 예상되는데, 교회는 약자 편에 서야 할 당위성이 있고, 선교적으로도 약자가 기독교에 적극적인 수용성을 보이기 때문이다. 교회성장학이란 선교이론에 의하면, 사회변동은 수용성 receptivity 의 요인이 된다.[30] 사회가 안정되거나 새로운 사회에 정착이 끝나면, 수용성도 낮아진다. 이런 현상은 북미지역 등 한인이민교회 사례연구에서 확인된 바인데, 북한이탈주민의 경우도 마찬가지이다. 북한이탈주민은 탈북과정에 가장 적극적인 기독교와 연관되는 경우가 많고 따라서 신자 비율도 매우 높은데, 이런 비율이 탈북 전, 탈북 직후, 탈북 후 3년 뒤 등 시기 변화에 비례하여 감소추세를 보인다.[31] 따라서 북한이탈주민의 경우든 후기 북한 사회의 경우든, 선교는 시간적 제한을 받는다는 점을 고려할 필요가 있다.

2) 개인적 변화

　　당연한 이야기지만, 후기 공산주의 사회 주민들은 사회적 변화와 더불어 개인적 변화를 경험하였다. 이런 변화들은 제도적 변화이기

30　Donald McGavran, *Understanding the Church Growth*, 3rd ed. (Grand Rapids: Wm. B. Eerd-mans, 1990), 182-86. 맥가브란은 수용성의 요인들 가운데 대표적인 것으로 6가지를 든다. 새로운 정착, 귀향한 여행자, 정복, 민족주의, 종교적 변화, 통제로부터의 자유 등이다.

31　정병호 외, 『웰컴투코리아: 북조선사람들의 남한살이』, 36, 주5).

도 하고 일상적 변화이기도 하며, 사건적 변화이기도 하고 심리적 변화이기도 하다. 이런 변화에 적응하는 데 성공하는 사람도 있고 실패하는 사람도 있다. 위에서도 언급하였듯이, 문화인류학은 이런 변화에 대하여 주목하면서, 특히 두 가지 측면을 강조한다. 하나는 구체제와 신체제의 연속성이며, 다른 하나는 일상생활이다.

첫째, 문화인류학자 험프리는 후기 공산주의를 과거와의 연속성은 물론이고, 심지어 러시아의 부리아트Buryat 공화국 같은 경우 아시아의 장기적인 역사까지 고려해야 한다고 지적한다.[32] 둘째, 험프리를 비롯한 문화인류학자들은 후기 공산주의 사회의 변화를 검토하면서, 제도부터 일상생활까지 다양한 측면을 다룬다. 문화인류학자들은 후기 공산주의 사회 주민들의 적응 양상, 즉 적응 과정과 심리 등을 주로 연속성의 관점에서 설명한다. 특히 이러한 반응과 대응 전략 등을 단순히 개별현상으로서가 아니라 공산주의 사회의 역사적 유산이란 사회적, 역사적 맥락 속에서 이해하고자 한다. 이런 맥락에서, 이들의 난해하거나 돌발적인 것으로 보이는 현상들도 잘 이해할 수 있다. 본 단원은 이런 현상들 중에서 단원 주제와 관계 깊은 대표적인 것들을 간추려보고자 한다.

---

32 Caroline Humphrey, *Marx Went Away — But Karl Stayed Behind*, vii.

3. 후기 공산주의 사회의 변화의 범주와 사례들

1) 제도: 재산

재산권이 인간의 본질이라는 주장은 신학을 비롯한 여러 학문에 나타난다. 공산주의는 이런 개인의 재산권을 부정하면서 출발하였다. 따라서 당연한 이야기지만, 후기 공산주의 사회에서는 재산이란 문제가 다시금 고개를 들었다. 재산은 제도뿐 아니라 재산 소유의 심리 기제에 이르기까지 다양한 문제를 야기하였다.

첫째, 재산이란 개념 자체가 문제되었다. 후기 공산주의 사회가 재산이란 개념을 어떻게 수용하고 대처하는가라는 문제가 대두되면서, 최근에는 이에 대한 연구가 이어지고 있다. 다시 말해 재산 소유의 경험이 없던 후기 공산주의 사회 주민에게 있어서, 재산은 단순한 재화 획득의 경제행위를 넘어서, 재산소유자로서의 정체성과 생활방식을 요구하는 사회문화적 요구인 셈이다.[33] 따라서 후기 공산주의 사회 주민들이 재산과 관련하여 아노미 현상을 겪게 되는데, 이런 혼란에 대한 대비 및 새로운 재산관, 특히 기독교 재산관의 제시가 요청된다.

---

[33] Katherine Verdery & Caroline Humphrey, eds., *Property in Question: Value Transformation in the Global Economy* (Oxford: Berg, 2004). 이밖에 후기 공산주의 사회와 재산에 관한 연구에 대해서는 다음 책을 볼 것. Ray Abrahams, ed., *After Socialism: Land Reform and Social Change in Eastern Europe* (Providence, RI : Berghahn Books, 1996); David L. Weimar, *The Political Economy of Property Rights: Institutional Change and Credibility in the Reform of the Centrally Planned Economies* (Cambridge: Cambridge University Press, 1997); Stephen K. Wegren, ed., *Land reform in the former Soviet Union and Eastern Europe* (London; New York: Routledge, 1998); Michael Burawoy & Katherine Verdery, eds., *Uncertain Transition: Ethnographies of Change in the Postsocialist World* (Lanham: Rowman & Littlefield, 1999); Katherine Verdery, *The Vanishing Hectare: Property and Value in postsocialist Transylvania* (Ithaca: Cornell University Press, 2003).

이런 맥락에서, 남한의 교회는 먼저 번영신학 등 기존의 비난받는 신학적 굴레를 벗어나 통일과 통합을 준비하는 본격적인 청지기신학을 개발할 당위성을 요구받는다.

둘째, 재산의 사회적 역할인데, 재산이 사회분화의 새로운 기준으로 등장하면서, 사회적 갈등의 한복판에 놓였다. 최근에는 북한에서도 아파트 소유 현상 등이 나타난다는 보도가 있다. 이런 현상이 북한 사회와 후기 북한 사회에 미치는 영향을 연구할 필요가 있다. 특히 남한에 정착한 북한이탈주민은 중산층 이상의 삶을 염원하지만, 실제로는 실업률이 40%에 달하고, 90% 이상이 사회복지대상자로 삶을 영위하고 있다.[34] 특히 자본주의 사회의 기본재산인 주택의 측면에서 보면, 이들은 대부분 주택보유자이기보다는 임대주택거주자이다. 그런데 이들은 주택보유와 관련하여 두 가지 어려움을 갖는다. 먼저 북한이탈주민들은 공산주의 사회인 북한에서 주택보유의 필요성과 부담이 없었는데, 남한에서는 주택보유의 가능성 여부와 상관없이 주택보유의 필요성과 부담을 갖게 된다. 왜냐하면 자본주의 사회에서는 주택보유가 생활에 미치는 영향이 지대하기 때문이다. 북한이탈주민들은 남한 내 이주민이란 신분을 넘어서서, 주택보유자냐 임대주택거주자냐에 따라 계층분화를 경험하게 되고, 남한의 서민들과 마찬가지로 상

---

34 정병호 외, 『웰컴투코리아: 북조선사람들의 남한살이』, 16. 이런 면에서 최근의 북한이탈주민 관련 연구의 주요한 분야는 바로 사회복지이다. 따라서 관련 연구에는 지원, 복지 등의 용어가 빈번하게 나타난다. 이에 대해서는 다음 책을 볼 것. 곽해룡, 『북한이탈주민 현황과 문제: 사례와 지원방안』(서울: 한국학술정보(주), 2005); 이영석, 정유경 편, 『국내외 탈북자를 위한 민간 지원: 어디까지 왔나, 무엇이 쟁점인가?』(서울: 도서출판우양, 2005); 이기영, 『북한이탈주민의 사회통합을 위한 지역복지실천의 모색』(파주: 집문당, 2007); 이순형 외, 『탈북가족의 적응과 심리적 통합』(서울: 서울대학교출판부, 2007); 그리스도대학교남북통합지원센터 편, 『북한이탈주민가족복지론』(서울: 나눔의집, 2008); 『북한이탈주민 사회복지실습』(서울: 나눔의집, 2008); 『북한이탈주민 사회복지실천론』(서울: 나눔의집, 2008).

대적 박탈감을 경험하게 된다. 이런 현상은 후기 공산주의 사회, 특히 후기 공산주의 사회의 대도시에서 주택보유 열기 고조 및 주택비 급상승 등을 통하여 이미 확인된 바이다. 뿐만 아니라, 남한의 서민들의 주택보유율도 높지 않은 상황에서 북한이탈주민들이 급속한 재산 형성을 통하여 주택보유를 성취할 가능성은 매우 낮다. 따라서 이들은 이주민의 사회 주변화 현상을 경험하게 되고, 이런 현상은 역설적으로 이들의 신분 상승 열기로 분출되기도 한다.

그러나 재산의 효율적 거래, 유지, 관리 등은 고도의 전문성이 요구되는 일이다. 가령 후기 공산주의 사회가 된 러시아에서 대규모 개인주택 건축 붐이 일었는데, 그 결과는 깔끔한 외국 수입 자재와 조악한 러시아 자재 및 사회기반시설이 뒤섞어버리는 현상으로 나타나기도 했다.[35] 더구나 일부 지역에서는 주택을 재산증식의 도깨비방망이로 생각하여 수요에 대한 정확한 예측 없이 주택을 건축하다가 파산한 경우도 적지 않았다. 다시 말해 수요와 공급의 미묘한 상관성에 대한 고도의 세련된 인식은 갑자기 생기지 않는다. 여타 경제행위에도 유사한 사례들이 벌어지는데, 가령 북한이탈주민이 유독 경제사기에 약한 것도 한 예라고 할 수 있다.

셋째, 재산의 정당성 문제이다. 공산주의 개혁의 중요과제는 자유화liberalization, 사유화privatization, 자유시장 혹은 시장제free market, marketization 등을 들 수 있다. 그런데 공산주의 사회에서 후기 공산주의 사회로 이

---

35 Caroline Humphrey, *The Unmaking of Soviet Life: Everyday Economies after Socialism* (Ithaca & London: Cornell University Press, 2002), 201.

행하는 가운데, 재산 형성이 주로 사유화 과정에서 주민들이 공감할 수 없는 부정적 방법으로 이뤄졌기에 사회의 공분을 샀다. 공산주의 개혁이 오히려 투기, 부패, 뇌물 등과 밀접하게 연상되는 이유가 여기 있다. 특히 공산국가 시절의 관료들이 사리사욕을 위하여 천민자본주의의 선봉으로 돌변하는 역사적 모순도 드러냈다. 이런 모순은 공산주의 개혁에 대한 회의로 이어지기도 한다.

> 점증하는 사회 분열의 특징 가운데 하나가 이행과정의 방향과 의미에 대하여 불확실성이 증가하는데 크게 기여하고 있다. 그것은 바로 자본주의로 이행하는 과정에서 누가 승자고 누가 패자인가에 대한 역설적이고도 예상치 못한 결과이다. 자기들이 승자가 될 것이라고 생각했지만 막상 패자가 된 사람들에게는 실망감이 매우 큰데, 특히 새로운 지도층 가운데 많은 사람들이 과거의 인물들과 다를 바 없고, 재정적 성공이 종종 진정한 재화와 서비스의 창출보다는 범죄행위와 재정적 투기에 기인할 때 더욱 그렇다.[36]

한국은 이와 유사한 경험을 해방 직후 적산敵産 처리의 부조리와 친일 청산의 좌절을 통해 맛본 바 있다. 이런 맥락에서 후기 공산주의 사회 주민 대부분은 재산 문제에서 상실감과 소외감뿐 아니라, 배신감을 느끼게 되었다. 이것은 공산주의 사회, 후기 공산주의 사회, 나아가 자본주의 사회에 대한 회의감으로 발전하게 된다. 북한이탈주민도 남

---

36 Silverman & Yanowitch, *New Rich, New Poor, New Russia*, 13.

한에서의 힘겨운 정착 과정에서 공산주의 사회에 대한 혐오감뿐 아니라 자본주의 사회에 대한 회의감과 혐오감도 표출하고 있다.

넷째, 후기 공산주의 사회가 공산주의 이전 사회와 다시 연결되면서, 구舊재산회복이라는 문제가 대두되었다. 여러 후기 공산주의 사회에서 이 문제로 인하여 혼란이 일어났다. 특히 대부분의 후기 공산주의 사회는 일부 재산에 대해서만 사유화하고, 나머지에 대해서는 용익권用益權, usufruct, use rights을 적용하였다. 흔히 '99년 사용권'이라는 것이 바로 이 용익권을 말한다. 그러나 루마니아의 경우, 재산회복 과정에서 용익권을 넘어서 완전한 소유권full rights of ownership을 허용함으로 인하여 많은 문제를 야기한 바 있다.[37] 이런 갈등에는 교회 재산도 관여된 경우가 많다. 특히 공산주의 사회에서 몰수된 교회 재산이 공공목적으로 사용되다가, 후기 공산주의 사회에서 재산회복을 통하여 교회만을 위해 배타적으로 사용되자 대중의 불만을 초래한 사례가 있다. 남한에서도 한때 북한재산포기운동이 일어났다가 큰 여파를 남기지 못하고 시들해진 바 있다. 이와 유사한 맥락에서, 남한교회들이 북한지역에 대하여 목회권 내지 영적재산권을 주장하고 있는 현상도 성찰할 필요가 있다. 한국가톨릭교회는 남한의 주교가 북한의 주교를 명목상 겸임하고 있으며, 한국개신교 특히 장로교회는 조선그리스도교연맹조그련과 교류하면서도 북한에 대한 무지역노회인 이북노회를 운영하고 있다.

---

[37] Katherine Verdery, *What Was Socialism, and What Comes Next?*, 133. 신창민도 후기 북한 사회의 토지개혁과 관련하여 부동산 개인 소유를 반대하는 입장이다. 신창민, 『통일은 대박이다』(서울: 매일경제신문사, 2012), passim.

2) 이념: 평등과 돈

(1) 평등

공산주의의 제도가 공산共産이라면, 그것의 이념 내지 현실태는 평등이다. 공산사회가 실제로 완벽한 평등사회였는가 아닌가 하는 문제와는 별도로, 공산주의적 인간관에서 평등이란 개념은 핵심적이다. 후기 공산주의 사회 주민들은 새로운 사회가 불평등사회가 되는 것을 목격하면서, 한편으로는 경쟁사회에 적응하느라 애쓰면서도 다른 한편으로 과거의 공산주의에 대한 양가적인 태도를 취하게 되는 경우가 있다. 특히 후기 공산주의 사회에 신자유주의적 이념이 도입되면서, 대부분의 후기 공산주의 사회들은 평등에 대한 사회적 장치를 제대로 가동하지도 않고 그럴 여력도 없다. 자본주의 사회도 복지라는 제도를 통하여 최소한의 평등의 요구를 충족시키는데 반해, 후기 공산주의 사회는 이행사회의 단계에 있기 때문에 극심한 불평등사회로 전락하고 만다. 평등사회라는 과거가 있음에도 불구하고 말이다. 더구나 공산주의 개혁은 추진과정에서 기본적으로 공산주의의 과거를 백안시하는 추세라서 평등의 문제는 제대로 조명받지도 못한다. 이런 과거의 유산과 현재의 실상이라는 괴리감에서 후기 공산주의 사회 주민들은 고통과 더불어 당혹감을 경험한다.

(2) 돈

후기 공산주의 사회의 평등 파괴 현상은 특히 돈의 새로운 용도 및 중요성과 밀접한 관계가 있다. 첫째, 돈은 후기 공산주의 사회에서 공산주의 사회와 다른 용도로 사용되었다. 왜냐하면 공산주의 사회 주민은 주택이나 교통보다는 옷이나 소비재에 월급을 더 많이 사용하였으나,[38] 후기 공산주의 사회 주민은 서구와 마찬가지로 후자보다 전자에 월급을 더 많이 사용하게 되었기 때문이다. 이런 변화가 후기 공산주의 사회에서 중산층의 급격한 몰락을 초래하였다. 더구나 공산주의 사회에서 월급은 사실상 용돈에 가까웠지만, 후기 공산주의 사회에서는 월급이 거의 유일한 수입원이다. 따라서 후기 공산주의 사회에서 돈에 대한 의존도는 절대적이다. 둘째, 돈의 새로운, 특히 부정적인 용도가 대두되었다. 평등사회에서도 문제해결을 위한 예외적 조치가 필요한 경우가 있었다. 이런 문제를 공산주의 사회에서 친분 관계를 통해 해결하였다면, 후기 공산주의 사회에서는 점차 돈을 통해 해결하게 되었다. 즉 공산주의 사회 주민들은 배급과 만성적인 물자 부족 현상, 즉 소위 "결핍의 경제학" economics of shortage 이라는 상황 가운데서,[39] 비공식적인 관계망을 통하여 문제를 해결하였는데, 이것을 "호의 혹은 청탁의 경제학" economy of favors 이라고 한다.[40] 이런 경제행위는 소련 정치의 이데올로기적이고 도덕적인 기반을 붕괴하는데 일익을 담당한 것이 사실이나, 공산주의 사회의 중요한 생존전략이었다. 어떤 학자들에 의하면, 후기 공산주의 사회에서 돈이 호의를 완전히 대처한 것은 아니며, 따라서 뇌물과 상호성 reciprocity 의 관계망은 구분되고, 심지어 뇌물

---

[38] Caroline Humphrey and Stephen Hugh-Jones, *Barter, Exchange, and Value: An Anthropological Approach* (Cambridge: Cambridge University Press, 1992), 5.

[39] János Kornai, *Economics of Shortage* (Amsterdam: North-Holland Publishing, 1980); Katherine Verdery, *What Was Socialism, and What Comes Next?*, 21.

[40] Silverman & Yanowitch, *New Rich, New Poor, New Russia*, xxiii.

은 비난받는다.[41] 이상의 내용을 요약하면, 후기 공산주의 사회에서도 공동체주의communalism 와 상업주의commercialism 는 병존할 것이다.

3) 세계관: 시간, 소비 및 생산에 대한 생활태도, 그리고 주체 사상

후기 공산주의 사회는 기본적으로 공산주의 사회를 부정하고 나온 사회라고 할 수 있다. 얼마 전까지만 해도 공산주의 주민이었던 사람들이 갑작스레, 준비 없이, 자발적인 동의와 상관없이, 후기 공산주의 사회 주민이 되는 과정을 겪게 되었다. 설사 후기 공산주의 사회 주민들이 의식적 차원에서 정치이념으로서의 공산주의를 거부하더라도 무의식적 차원에서 세계관으로서의 공산주의의 영향을 계속 받는다. 이런 변화는 전반적인 변화이기 때문에, 세계관의 변화요 정체성의 변화라고 할 수 있다. 새로운 세계관과 정체성이 형성되기까지 아노미 현상, 패배 의식, 부적응, 양가적 심리, 회기 본능, 절망 등의 부정적 인식을 경험할 수 있다. 문제는 과거를 부정할 때, 과거는 옳던그르던 자기의 일부이고 따라서 과거부정은 자기부정이며, 이런 변화는 고통스러울 뿐 아니라 전면적이라는 사실이다. 이런 근본적인 변화는 근대화의 경험에 비견할 수 있을 것이다. 이 자리에서는 이런 변화 중 대표적인 예만 들자.

---

41   Caroline Humphrey, *The Unmaking of Soviet Life*, 137-41.

제1부 후기 사회주의 시대의 신학 하기

(1) 시간

시간은 세계관에 있어서 중요한 한 축을 이루며, 이런 사실은 이미 문화인류학과 선교학에서 널리 수용되고 있다. 즉 문화에 따라 시간관이 다르다는 것이다. 베르더리 Katherine Verdery 는 『사회주의는 무엇이었나, 그리고 그 다음에 무엇이 오나?』 What Was Socialism, and What Comes Next? 라는 책 가운데 "차우셰스쿠 치하의 루마니아에서의 시간의 '국가주의화'" The 'Etatization' of Time in Ceauşescu's Romania 라는 단원에서 공산주의 사회의 시간관 형성과정을 탐구한 바 있다.[42] 즉 베르더리에 의하면, 국가가 시간을 국가주의적 관점에서 조정하고, 이에 따라 개인이 아닌 국가가 시간의 주도권을 가지며, 그 결과 새롭게 형성된 시간관과 시간 사용 행태가 국가의 통제수단이 되었다. 가령 목욕이나 식사도 마음대로 할 수 없었고, 수돗물과 전기 공급 시간에 맞춰야 했다.[43] 한 마디로 말해 공산국가인 루마니아에서 주민들은 시간에 대한 무력감과 수동적 태도를 가지게 되었다. 루마니아가 공산국가 가운데서도 유독 독재가 심한 국가였다는 점에서, 루마니아의 경험은 후기 북한 사회에 원용될 수 있을 것이다. 이런 맥락에서 생각해볼 것은, 북한이탈주민들이 남한에서 느끼는 어려움 가운데 하나가 바로 시간의 집약적 사용과 높은 노동강도라는 사실이다. 이런 사실은 역으로 북한이탈주민들이 시간개념이 없고 노동력이 떨어진다고 해석되곤 하였다. 자본주의사회에서는 시간이 돈인데, 공산주의 사회에서는 그렇지 않다. 따라

---

42   Katherine Verdery, *What Was Socialism, and What Comes Next?*, 39-57.

43   Ibid., 44.

서 북한이탈주민에 대한 평가는 개인적 차원뿐 아니라 세계관적 차원을 고려해야 한다. 즉 북한이탈주민은 남한에서 경쟁사회의 어려움뿐 아니라 상이한 시간관을 경험한다. 이런 문제는 후기 북한 사회에서도 동일하게 나타날 가능성이 높다. 가령 공산주의 사회에서는 배급을 타기 위한 줄을 서는데 시간을 사용하는 것을 당연하게 여겼다. 물론 이런 시간을 피하기 위하여 인맥을 이용하는 경우가 많았다.[44] 위에서도 언급하였듯이, 후기 공산주의 사회에서는 인맥 대신 돈이 작용하기도 하였다. 가령 몽골이 후기 공산주의 사회로 막 접어든 1990년대 초에, 몽골에 거주하면서 배급증을 발급받았던 일부 외국인들은 줄서는 대신 이미 배급을 받은 사람에게서 웃돈이 붙은 여분의 물건을 구입하는 행태를 보였다. 이때 외국인들이 산 것은 물건이 아니라 시간이었다. 몽골이 1993년부터 배급을 점차 중단함으로써 이런 행태는 지속되지 않았지만, 공산주의 사회가 후기 공산주의로 이행하는 과정에서 시간과 관련된 변화의 한 단면을 보여준다.

(2) 소비 및 생산에 대한 생활 태도

자본주의 사회에서 소비자가 우선이지만, 공산주의 사회에서는 생산자가 우선이다. 왜냐하면 소비자가 자본주의 사회에서는 자기의 선택에 따라 구매력을 행사하는 능동적 존재이지만, 공산주의 사회에서는 생산된 재화를 배급을 통해 공급받는 수동적 존재이기 때문이다. 더구나 만성적인 재화 부족 상황은 이런 수동성을 더욱 부추긴다. 즉

---

44   Ibid., 46.

"서구경제에서 경제행위자의 주된 문제는 재화를 팔아 이익을 얻는 것인데 반해, 사회주의의 경제행위자의 주된 문제는 재화를 확보하는 것이다."[45] 따라서 후기 공산주의 사회 주민들은 생산자 우선의 사회에서 소비자 우선의 사회로의 이행이란 급격하고도 근본적인 변화를 경험하였는데, 이런 변화는 전혀 낯선 것으로 근본적인 삶의 태도 변화와 더불어 상당 기간의 적응기를 요구하였다. 가령 몽골의 경우, 1990년대 초에 소비자는 물건을 고를 수 없었고, 종업원은 봉사자라는 인식이 없었으며, 물론 다시 오라는 인사도 하지 않았다. 즉 이들은 근본적으로 판매인이 아니라 배급인이란 의식을 가졌던 것이다. 이들의 태도가 변하는데 수 년이 걸렸다. 다시 말해 후기 공산주의 사회에서는 소비자와 생산자의 역전 현상이 예상된다.

(3) 주체사상

후기 북한 사회는 후기 공산주의 사회와 공통점을 많이 가지지만, 다른 점도 적지 않다. 험프리가 부리아트 공화국에 대해서 언급하였듯이, 아시아의 공산사회는 아시아의 장기적 역사도 고려해야 한다. 후기 북한 사회도 아시아적 경험을 반영할 것이다. 북한은 현재에도 아시아적 특성이 많이 나타나는데, 크게 세 가지로 요약할 수 있다. 먼저, 북한식 사회주의인 주체사상은 봉건주의적 정권을 낳았다. 이것은 백두혈통으로 대변되는 세습으로 정착되었다. 또한, 주체사상은 북한 사회를 가족주의적 사회로 만들었다. 게다가 한국전쟁 직후 전후 복구

---

45   Ibid., 22.

과정에서 전쟁기여도를 중심으로 북한 사회를 재편하면서, 계급보다 충성심에 의거한 핵심 계층 중심의 사회가 출현하였다.[46] 이것은 북한의 강력한 민족주의 성향으로 표출되기도 한다. 뿐만 아니라, 주체사상은 유사類似종교적 특징을 나타냈다. 따라서 주체사상은 후기 북한 사회에서 기독교를 비롯한 한국의 종교들을 해석하는 인식론적 틀이 될 뿐 아니라, 타 종교들과 경쟁하고 변용할 것이다.[47] 따라서 후기 북한 사회는 후기공산사회인 동시에 후기봉건사회, 후기가족주의사회 및 후기유사종교집단사회의 모습을 나타낼 것이다. 다시 말해 후기 북한 사회 주민은 봉건적 백성, 전근대적인 가족, 유사종교 신도에서 후기 공산주의 사회 주민으로 변모하는 이행을 경험하게 될 것이다.

4) 변화와 적응 양상: 공동체와 종교의 역할

이제 개인적 변화 중에서 변화와 적응 양상에 관한 몇 가지 예를 살펴보기로 하자.

(1) 공동체

현대사회의 급격한 변화는 새로운 지지공동체의 필요성을 부각시켰다. 과거에도 이동이나 이주가 있었지만, 특히 도시화가 진행된

---

46 조용관, 김병로, 『북한 한 걸음 다가서기』(서울: 예수전도단, 2002), 45-55.

47 기독교와 주체사상에 대해서는 다음 책을 볼 것. 김병로, 『북한 사회의 종교성: 주체사상과 기독교의 종교양식 비교』([서울]: 통일연구원, [2000]); 정대일, 『북한국가종교의 이해: 북한선교의 선이해를 위한 연구』(서울: 나눔사, 2012); 박철호, 『기독교 효 체계에 의한 북한 주체사상 효 분석』(서울: 나눔사, 2012).

이후 사람들은 고향과 소속공동체를 떠나면서 새로운 지지공동체를 필요로 하였다. 이것을 유사친족이라고도 부른다. 이런 맥락에서, 도시화 및 세계화와 교회성장의 관계를 지지공동체의 관점에서 탐구하는 연구들이 상당히 축적되었다. 그런데 조금 다른 맥락에서지만, 후기 공산주의 사회에서도 지지공동체의 중요성이 대두되었다. 위에서 언급하였듯이, 공산주의 사회 주민들은 결핍의 경제학이라는 상황을 공동체를 통하여 문제를 해결해왔다. 그런데 이런 현상은 후기 공산주의 사회에서도 계속 유지될 전망이다. 더구나 후기 공산주의 사회에 있어서 민주화의 기본인 시민사회가 단시일 내에 활성화될 가능성이 높지 않다. 따라서 후기 북한 사회에서도 이런 공동체의 중요성은 계속될 것으로 전망된다. 이런 전망은 기독교가 공동체 문제에 대하여 대비하고 건전한 공동체론을 마련할 필요가 있음을 상기시켜준다. 다시 말해 기독교가 후기 북한 사회에서 새로운 공동체로 자리 잡고, 공동체론에 있어서 지도적 역할을 할 것인가가 중요한 문제이다. 그러나 한국 교회가 수행한 기존의 후기 공산주의 사회 선교의 결과를 살펴보면, 낭만적인 기대만 할 수 없는 형편이다. 돌이켜보건대 후기 공산주의 사회 선교는 처음 시작할 때의 기대만큼 활성화되지 않았다. 즉 후기 공산주의 사회 선교는 기독교의 부흥이나 괄목할 만한 성장을 가져온 사례가 거의 없다.

특히 북한이탈주민의 경우, 공동체 문제는 더욱 중요하다. 북한이탈주민은 이주민으로서 북한이탈주민 간의 지지공동체가 필요하며, 주류사회인 남한사회와 연결고리가 되는 지지공동체도 필요하다. 그러나 이제까지의 연구 결과에 의하면, 이런 면에서 괄목할 만한 성과가 이뤄지지 않았다. 오히려 북한이탈주민 문제에 관련하여 과정치화 현상이 나타났는데, 이 분야도 예외가 아니다. 북한이탈주민 관련 기관은 정치적 성격을 띤 단체가 대부분이다. 교회는 북한이탈주민 문제 전반에 걸쳐 깊숙이 개입해온 만큼, 이런 분야에 있어서도 주도적인 역할이 요청되었고 현재도 요청되고 있다.

후기 북한 사회 주민이든 북한이탈주민이든, 남한의 영향하에 놓일 경우, 이들이 공동체가 박탈된 채 치열한 생존경쟁 속으로 내몰리는 어려움을 겪을 가능성은 매우 높다. 그 이유는 언론학자 강준만의 표현대로, 남한이 '각개약진공화국'이기 때문이다. 강준만이 주장하길, "각개약진은 한국적 삶의 기본패턴이다. 공적 영역과 공인에 대한 불신이 워낙 강해 사회적 문제조차 혼자 또는 가족 단위로 돌파하려는 경향이 매우 강하다는 뜻이다."[48] 가령 최근 미국의 여론조사기관의 보고에 의하면, 한국은 노년 복지가 개인 책임이라고 인식하는 비율이 53%로 세계 최고이다.[49] 즉 각개약진의 고단한 삶은 죽을 때까지 이어진다. 만일 이런 상황이 남한의 주민들에게 힘겨운 것이라면, 이들에게는 더욱 힘겨우리라는 것은 명약관화한 사실이다.

(2) 종교, 특히 기독교의 역할
교회는 북한과 관련하여 여러 가지 측면에서 관계를 맺고 있다.

---

48 강준만, 『각개약진공화국: 대한민국, 그 치열하고 전투적인 생존경쟁의 비밀』(서울: 인물과사상사, 2008), 4.
49 "노년 웰빙 본인 책임 인식 한국이 세계최고," 『인터넷 연합뉴스』, 2014.02.02. http://www.yonhapnews.co.kr/bulletin/2014/02/02/0200000000AKR20140202018300009.HTML?input=1179m, [2014.02.07. 접속].

과거에 있어서, 교회는 해방 전에는 북한교회가 기독교의 중심이었고, 해방 이후 특히 한국전쟁 이후 월남기독교인을 통하여 북한교회는 남한기독교의 새로운 중심이 되었다. 이런 양상은 반공주의 등 남북갈등의 한 축을 이뤘다.

현재에 있어서, 교회는 대북 관계에 있어서 남북갈등과 남남갈등의 한 축을 이루고 있다. 북한이탈주민의 문제에 있어서도 국외에서는 선교의 기능성과 종교성이란 본질적인 문제에 부닥치고 있고, 국내에서는 북한이탈주민, 교회, 사회 등의 평화와 통합에 있어서 획기적인 지도력을 발휘하지 못하고 있다. 가령 북한이탈주민의 교회 정착 상황을 보자. 이들은 이들만의 교회를 별도로 조직하거나, 기존 교회에 부서로 남거나, 기존 교회의 일원이 되는 등 다양한 정착 양태를 보였다. 심지어 제1세대 탈북민인 월남민과 제2세대 탈북민인 북한이탈주민 사이에도 세대차가 나타나는데, 이런 세대 간의 갈등은 교회현장에서도 나타난다.[50] 이와 같이 교회의 북한이탈주민 문제 개입과정에서 나타난 여러 가지 문제들과 북한이탈주민의 다양한 교회 정착 양상 등은 지속적인 관심을 요청한다.[51] 이런 면에서 교회와 기독교를 중심으로, 통일보다 통합을 강조하는 연구들이 활발해지고 있는 것은 고무적인 일이다. 즉 '땅의 통일'보다 '사람의 통일'에 관심이 있다.[52] 그러나 사람의 통일은 그 사람이 생활을 하는 사회의 틀 안에서 더욱 종

---

[50] Chung Yoube Ha, "Migration Old and New: Accepting Diversity in Creating a Catholic Community in Youngnak Presbyterian Church" (Unpublished Ph.D. Dissertation, University of Edinburgh, 2009).

[51] 한민족평화선교연구소 편, 『둘, 다르지 않은 하나: 북한이탈주민 선교의 과제와 전망』(서울: 한들출판사, 2007).

[52] 임성빈 외, 『통합적인 통일과 그리스도인들의 과제 II』(서울: 예영커뮤니케이션, 2003), 7.

합적이고 현실성 있게 볼 수 있다는 점에서, 이제 '사회의 통일'에 관한 관심이 더욱 활발해질 필요가 있다.

　미래에 있어서, 교회는 후기 북한 사회에 있어서의 긍정적인 모습을 보일 것에 대한 확신을 심어주지 못하고 있다. 이정숙은 "남북한의 교류가 진행되면서 대두되는 문제는 비교문화적, 비교우월주의적 태도"라고 지적하였다.[53] 최근에는 정현수가 박근혜 대통령의 통일대박론을 "오리엔탈리즘"이라고 비판하면서, 남한의 일방적이고 공격적인 태도에 대하여 우려를 표하기도 하였다.[54] 한국 교회는 한국 사회 및 한국 교회의 이런 부정적인 태도들로부터 자유로운가에 대한 반성이 요청된다. 더구나 위에서도 언급하였듯이, 선교의 효과는 사회변동 초기에 집중적으로 나타난다는 점에서, 교회는 후기 북한 사회를 준비하고 대처하는데 시간적 제한이란 압박을 받고 있는 것이다.

Ⅲ. 결론

　평화와 통일은 남북한은 물론 전 세계의 모든 한국인 디아스포라를 포함한 한민족의 절대 과제이다. 이 문제를 해결하기 위한 한국

---

53 이정숙, "남북한 한민족 문화공동체 형성을 위한 종교의 역할 연구: 기독교 개신교 활동을 중심으로," 이서행, 이완범, 『남북한 사회문화 변동과 21세기 한국인상(2): 남북한 문화공동체의 지속과 변동』, 102-3.

교회의 노력 가운데 하나가 바로 평화통일신학이다. 본 단원은 이 신학을 구성하는 데 있어서 몇 가지 문제점을 살펴보았다. 첫째, 한반도의 미래는 예측하기 힘들다. 둘째, 통일 담론에 대한 세대차가 나타난다. 셋째, 기존 통일 담론의 한계이다. 기존 통일 담론은 미시적 맥락보다는 거시적 맥락, 아래에서부터의 변화보다는 위로부터의 변화, 문화와 문화경제적 차원보다는 정치와 정치경제적 차원에 집중한다. 또한 문화나 문화경제를 다룰 때도 사안별 연구가 많고, 사안들의 사회역사적 socio-historical 맥락을 충분히 고려하지 못한다. 특히 공산주의가 경제와 관련된 이데올로기이고 후기 공산주의 사회의 중요한 변화가 경제적 변화라는 점에서 경제적 측면은 주목할 필요가 있다.

평화통일신학은 통일 준비, 통일 자체, 통일 후 통합 등 전 과정을 망라하는 광범위한 작업이다. 이런 전全 과정에서 당사자인 남북한의 과격한 변화가 예상된다. 특히 북한의 경우는 더욱 과격한 변화가 예상되는데, 이런 변화를 예측하고 대비하는 것은 평화통일신학 구성의 전제 작업으로서 중요하다. 따라서 본 단원은 후기 공산주의 사회의 변화에 대한 연구 결과들을 이용하여 후기 북한 사회post-North Korean Society, 북한의 미래사회의 변화를 외삽extrapolate 하고, 그 결과를 평화통일신학의 기초적인 요소로 삼고, 나아가 평화통일신학의 구성을 시도하고자 한다. 본 단원은 이 목적을 위하여, 특히 후기 공산주의 사회에 대한 문화인류학적 연구를 활용하였다. 그 이유는 문화인류학이 연속성의 관점에서 후기 공산주의 사회를 접근하기에 예측가능한 면이 많고, 체

---

54 정현수, "통일대박론의 오리엔탈리즘," 『평통기연: 평화칼럼』, 2014.1.28.

제보다는 생활에 더 큰 관심을 보이기 때문이다.

　　본 단원은 제도, 이념, 세계관, 변화와 적응 양상이라는 네 가지 범주를 통하여 후기 공산주의 사회 변화의 중요한 측면을 살펴보았고, 각 범주에서 첫째, 재산, 둘째, 평등과 돈, 셋째, 시간, 소비와 생산에 대한 생활 태도, 그리고 주체사상, 넷째, 공동체와 종교의 역할 등의 주제를 다뤘다. 본 단원은 기존 통일 담론이 체제중심적 '땅의 통일' 담론에서 문화중심적 '사람의 통일' 담론으로 나아간 것에서 한 걸음 더 나아가, '사람의 통일' 담론은 그 사람이 생활하는 사회의 틀 안에서 더욱 종합적이고 현실성 있게 볼 수 있다는 점에서 '사회의 통일' 담론을 강조하였다. 본 단원의 주제는 차후의 연구에서 다음과 같은 주제들로 발전될 수 있을 것이다. 곧 후기 북한 사회에 대한 본격적 전망, 후기 공산주의 선교의 분석과 반성, 후기 북한 사회 선교에 대한 전망 등이다.

2장

후기 사회주의 사회의 신학들과
후기 북한 사회의 신학 전망

I. 서론

1990년을 전후한 공산권의 몰락은 세계에 큰 충격을 주었다. 이것은 정치를 비롯한 사회 전반에 영향을 미쳤는데, 신학계도 예외는 아니다. 후기 공산주의 사회에 돌입하면서, 구공산권 국가의 신학자들은 새로운 맥락 가운데 새로운 문제들과 씨름하면서 새로운 신학을 형성하였다. 이런 새로운 신학에 대해서 아직 공적 용어가 없지만, 본 단원에서는 가칭 '후기 공산주의 신학' post-communist theology 이라고 부르고자 한다.[1] 후기 공산주의 신학은 다양한 의미를 지니는데, 시기로는 공산주의 이후기에 나타나는 신학, 주제로는 공산주의와 그 유산을 후기 공산주의 사회 관점에서 연구하는 신학이 될 수 있다. 문제는 공산권 붕괴 이후 거의 한 세대가 지났지만, 후기 공산주의 신학은 여타 후기 공산주의 연구 분야와 달리 본격화되지 않았다는 사실이다.

한국은 통일후※ 사회로의 이행이 예상되고, 이에 따라 변화된 북한을 후기 북한 사회 post-North Korean society 라고 부를 수 있으며, 후기 북한 사회는 후기 공산주의 사회의 특징을 나타낼 것으로 전망된다.[2] 따라서 한국신학자들도 새로운 맥락 속에서 신학을 형성할 때, 지난 30여 년간 후기 공산주의 사회에서 발생한 신학, 곧 후기 공산주의 신학으로부터 교훈을 얻을 수 있다. 왜냐하면 후기 공산주의 사회의 지난

---

[1] 혹은 후기 사회주의 신학(post-socialist theology)이라고 부를 수 있다.
[2] 후기 북한 사회의 성격에 대해서 단정할 수 없지만, 적어도 현재의 남북한의 모습과는 다를 것으로 예상되고, 후기 공산주의 사회의 측면이 나타날 것이다.

30여 년이란 과거는 후기 북한 사회가 경험하게 될 미래를 미리 보여주기 때문이다. 본 단원에서는 후기 북한 사회의 신학에 대해 아직 공적 용어가 없기에, 가칭 '후기 북한 사회 신학'이라고 부르기로 한다.[3]

본 단원은 기존의 후기 공산주의 신학들 가운데 한국 상황에 관련도가 높은 신학들을 검토하면서, 이런 신학들이 어떤 과제를 어떻게 씨름하였는지를 살펴보고, 이로부터 후기 북한 사회 신학 형성에 대한 실마리를 얻고자 한다. 따라서 본 단원은 후기 공산주의 신학에 대한 선별적 연구사라는 이론적 성격과 함께, 연구 결과를 후기 북한 사회 신학에 적용해보려는 실천적 성격을 지닌다.

II. 본론

본 단원은 후기 공산주의 신학 가운데, 과거와 관련된 역사 청산, 현재와 관련된 사회갈등, 미래와 관련된 비전제시 등을 다룬 세 가지 모델에 집중하고자 한다. 그 이유는 한국은 통일후사회로 이행하는 과정에서, 과거에 있어서는 분단과 전쟁 등에 대한 역사 청산을 해결해야 하고, 현재에 있어서는 이질적인 두 사회가 통합하면서 나타날 사회갈등을 해결해야 하며, 미래에 있어서는 통일후사회가 나아갈 청

---

3   혹은 보다 광범위하게 '한국의 통일후(後)신학'이라고 부를 수 있다.

사진 제시를 해결해야 하기 때문이다. 독일을 비롯한 구공산권 국가들에 있어서 후기 공산주의 사회로의 이행은 아직까지 완결되지 않았다.[4] 사회변화란 그만큼 장기적인 변화이기 때문이다. 즉 역사 청산도 완수되지 않았고, 사회통합도 미흡하며, 미래방향도 분명히 제시되지 못하고 있다. 따라서 이런 세 가지 문제와 관련된 후기 공산주의 신학 형성의 내부를 들여다보는 것은 매우 중요하다.

1. 역사 청산과 신학: 과거형 모델, 헝가리의 후기 공산주의 신학

역사적인 대변화는 늘 사회와 교회에 큰 갈등을 초래해왔다. 교회사 가운데 대표적 사례는 로마의 박해와 관련된 도나투스파 문제이다. 한국 교회도 해방 후 신사참배 문제로 홍역을 앓았고, 결국 교회 분열로까지 이어졌다. 공산권의 붕괴는 20세기 후반의 최대사건이라고 부를 만큼 큰 변화였고, 따라서 사회와 교회는 이에 대하여 다양하게 반응했다. 후기 공산주의 신학이 과거와 관련하여 시도한 작업 중 하나가 바로 역사 청산이라는 문제였다. 즉 신학이 과거를 어떻게 이해하고 해석하는가 하는 문제이다. 바른 과거가 바른 현재와 바른 미래의 전제가 되는 법이다. 따라서 후기 공산주의 신학의 역사 청산과 신학이라는 주제는 후기 북한 사회 신학에도 매우 큰 함의를 지닌다

---

4   안교성, "평화통일신학 구성의 전제로서의 후기 공산주의 사회의 변화에 대한 연구," 배희숙 외, 『평화통일신학: 신학적 근거의 모색』(서울: 장로회신학대학교 남북한평화신학연구소, 2015), 195-231.

고 하겠다. 그 이유는, 위에서 언급하였듯이, 통일이란 변화는 한국이 70년 전에 경험했던 해방 이상으로 큰 변화를 가져올 사건인 만큼, 이에 따른 어려움도 엄청날 것으로 예상되기 때문이다. 즉 후기 북한 사회 신학에 있어서, 역사 청산이란 문제는 반드시 유념하고 준비해야할 주제이다.

1) 구공산권 교회의 재평가: 어용교회 문제

구공산권 시절, 교회는 일반적으로 곤경에 처했다고 평가된다.[5] 이런 맥락에서, 박해받는 교회의 이미지는 대표적이다. 그런데 박해받는 교회는 지하교회로 잠적하지 않고 지상교회로 존재하는 한, 또한 국가가 종교관용 정책을 택하지 않는 한, 항상 저항교회로 존재할 수는 없다. 이런 맥락에서 소위 어용교회의 문제가 제기된다. 그러나 현실에 있어서, 어용교회와 저항교회의 구분은 흑백논리적으로 쉽게 단정할 수 없는 복잡하고 어려운 문제이고, 동시에 교회론적이고 정치적인 문제이다. 이 자리에서 반기독교적 상황하의 지상교회의 어용 문제에 대해 본격적인 논의를 할 수는 없다.[6] 다만 반기독교적 상황하의 교회도 일정한 기여를 했음을 지적하고자 한다. 가령, 동독교회, 특히 현 독일수상 메르켈의 아버지인 카스너 Horst Kasner 목사의 사택은 메르켈이 자랄 때, "국가의 이념적 통제영역으로부터 독립된 공간"이라는 분위

---

5 Kurt Hutten, *Christen Hinter dem Eisernen Vorhang* (Iron Curtain Christians), 송재천 역, 『공산세계 속의 기독교 투쟁사』(서울: 소학관, 1974).
6 남북한교회의 관계와 교류에서 가장 문제시되는 것도 바로 북한교회의 정체성에 대한 이견이다.

기를 접할 수 있는 최소한의 공간이 되었다.[7] 또한 반기독교적 상황하에서 지상교회와 지하교회의 관계가 반드시 적대적인 것만도 아니었다. 구소련 당시, 지상교회가 지하교회를 돕는 일에 대한 기록도 찾아볼 수 있다.[8] 뿐만 아니라, 후기 공산주의 사회 모두에서 과거의 어용교회 문제가 크게 부각된 것도 아니다. 가령, 공산주의 붕괴 이후의 러시아의 경우, 어용교회라는 비난의 대상이 될 수 있었던 러시아정교회가 오히려 점차 정치적 영향력을 발휘하여, 러시아 내에서 자신의 위상을 공고히 했을 뿐 아니라, 나아가 기독교의 타 교파 선교의 도전까지 효과적으로 봉쇄하였다.[9] 특히 러시아정교회는 입법에 영향을 미쳐, 1990년에 기독교의 모든 교파의 동등성이 보장되던 것이 7년 후인 1997년에는 러시아정교회의 우선권을 인정하는 것으로 법률적 변화를 성사시킨 바 있다.[10]

이상의 내용을 염두에 두면서, 역사 청산의 문제를 본격적으로 다룬 후기 공산주의 신학의 예를 살펴보자. 헝가리 신학자 휘스티-몰나르 Szilveszter Füsti-Molnár 는 자신의 박사학위논문을 단행본으로 만든 『점 없고 흠 없는 교회』 Ecclesia Sine Macula et Ruga [Church Without Spot or Wrinkle] 에서, 1989년 이후 헝가리의 정치이행과정이란 배경 속에서 나타났던 교회의 문제를, 교회사의 유명한 개념인 '도나투스파' 개념으로 접근하였

7   Volker Resing, *Angela Merkel-Die Protestantin*, 조용석 역, 『앙겔라 메르켈, 그리스도인』(서울: 한들출판사, 2010), 25.

8   Alexey Beglov, *In Search of 「Ideal Church Catacombs」: Church Underground in the USSR* (Moscow: Arepha, 2008) (in Russian), 255.

9   John Witte, Jr. & Michael Bourdeaux, *Proselytism and Orthodoxy in Russia: The New War for Souls* (Maryknoll, NY: Orbis Books, 1999). 구공산권선교에 대해서 별도의 연구가 필요하다.

10   Ibid., 227.

다.[11] 그가 제기한 질문은 다음과 같다. "어떻게 도나투스파 대 가톨릭 교회 논쟁에서 제기되었던 문제들이 공산주의 붕괴 이후의 헝가리개혁교회의 교회론적 상황을 이해하는 데 도움을 주는가?"[12]

휘스티-몰나르는 과거 헝가리 교회가 20세기 중반 공산화된 이후 교회의 운명이 결정적으로 정부의 손에 달렸다는 것을 발견했고, 이에 따라 교회와 정부의 현실적인 관계에 부응하는 신학, 즉 '섬기는 교회의 신학' The Theology of the Servant Church 을 구성했다고 한다.[13] 그러나 그는 이 신학이 기존 신학과는 다른 세 가지 특징이 있다고 하면서, 이 신학을 기존 신학과 구별하기 위하여 '공식신학' official theology 이라는 용어를 사용하겠다고 밝혔다. 세 가지 특징이란, 첫째는 헝가리 칼뱅주의 신학 전통을 반영하지 않았고, 둘째는 정치적 상황의 압력 하에 구성되었으며, 셋째는 교회의 맥락 context 이 신학적 사고의 본문 text 혹은 변명거리 pretext 가 되었다는 것이다.[14] 더구나 헝가리 정부는 1949년에 양심의 자유를 보장하는 신헌법을 만들고서도, 1951년에는 국가종교 담당처를 설립하였다.[15] 전반적으로, 공산주의 시절에 비판의 목소리는 크지 못했다. 그런데 위와 같은 교회와 정부의 관계, 그리고 상황에 부응하는 신학 구성은 결국 교회에 세 가지 문제점을 야기했다. 첫째는 개혁교회의 정체성 위기이고, 둘째는 교회론에 있어서 기독론이 우

---

11 Szilveszter Füsti-Molnár, *Ecclesia Sine Macula et Ruga: Donatist Factors among the Ecclesiological Challenges for the Refomred Church of Hungary especially after* 1989/90 (Sárospatak, Hungary: Sárospatak Reformed Theological Academy, 2008). "흠 없고 점 없는"이란 표현은 베드로전서 1: 19에 나온다.

12 Ibid., 20. 도나투스 파에 대해서는 다음 논문을 참조할 것. 이현준, "아우구스티누스와 도나투스주의의 교회일치와 국가관계론 연구,"「신학연구」 65(2014), 161-194.

13 Ibid., 137-140.

14 Ibid., 148-149.

선시되지 못함에 따른 기독론의 약화이며, 셋째는 헝가리개혁교회의 사회학적 측면, 즉 세속화 대처 미흡, 상이한 선교 이해, 밀고자 잠입 등 공산주의의 비윤리적인 방식의 교회 침투 등이다.[16]

휘스티-몰나르는 이런 역사적 유산을 지녔고 또한 공산권 붕괴를 경험한 교회가 어떻게 대처했는가에 대해 다음과 같이 설명하였다. 그는 공산권 붕괴 이후의 헝가리는 사회문제에 무능한 정부, 이행과정에서의 승자와 패자의 등장 및 양극화, 건실한 중산층 부재 등의 문제를 안고 있다고 지적했다.[17] 그는 공산권 붕괴 이후, 교회와 국가의 관계가 세 가지 모델로 변모해갔다고 주장했다.[18] 즉 국가가 교회를 재활 rehabilitation 모델 1990-1994년, 제재 restriction 모델 1994-1998년, 협력 cooperation 모델 1998-2002 등으로 대했는데, 2002-2007년에 두 번째 모델인 제재 모델이 재도입되었다고 한다. 그는 이와 더불어, 교회 내에서 과거의 역사 청산을 위한 노력들이 세 단계로 진행되었다고 주장했다. 첫째는 개혁교회 갱신운동이고, 둘째는 이전의 지도자들에 의한 갱신운동이며, 셋째는 개인적이고 소외된 경건주의적 시도였다.[19] 그러나 전반적으로 말해 헝가리개혁교회는 공산권 붕괴 후 첫 10년 내에 자기비판과 회개를 이루는 데 실패했다.[20] 오히려 헝가리개혁교회는 여러 집단이 등장하여 교회판도가 복잡하게 되었다.[21] 즉 근본주의 및 복음주의운동,

15   Ibid., 149.
16   Ibid., 169-170.
17   Ibid., 180-181.
18   Ibid., 193.
19   Ibid., 198-202.
20   Ibid., 202.

네덜란드개혁신학의 영향, 은사주의운동 및 자유주의의 대두 및 비판 등이다. 즉 후기 공산주의 사회의 신학적, 교회적 난립 현상인데, 후기 북한 사회에서도 예상된다.

휘스티-몰나르는 공산권 붕괴 이후의 전반적인 상황에 대하여 다음과 같이 요약하였다.[22] 첫째, 공산주의 부역자의 문제는 교회론의 핵심은 아니지만 결코 무시해서도 안 되는데, 막상 정치적 이슈가 되었을 뿐 제대로 해결되지 않았다. 둘째, 그렇다고 교회가 일치단결한 모습을 보이지도 않으면서, 생존 문제가 우선시되었다. 셋째, 정작 가해자인 공산주의가 제대로 처벌되지 않고 넘어가는 가운데, 오히려 다른 희생양을 만들어내 문제를 호도하는 현상이 일어났다. 결국, 진정한 갱신도 온전한 일치도 이뤄내지 못했다. 그는 교회는 '교회의 세속화'와 교회가 교회의 목적이 되는 '교회의 성화'라는 양극을 피해야 한다고 하면서, 결론적으로 세 가지를 주장했다. 즉 교회는 정체성을 확립하고, 교회의 본질이 위협받을 때 시대 상황이 반영된 구체적인 신앙고백을 하며, 복음의 중심내용에 대해서는 공감대를 이뤄야 한다.[23]

휘스티-몰나르가 요약한 공산권 붕괴 전후의 헝가리개혁교회는, 한편으로 해방 후 한국 교회가 처했던 모습을 연상시키고, 다른 한편으로 통일 이후 한국 교회의 상황이 어떻게 벌어질까를 전망하게 해준다. 교회가 내부적인 문제해결에 매몰되고 내부적인 문제해결을 제대로 처리하지도 못하면서, 소용돌이치는 시대적 변화 속에 내던져

21   Ibid., 213-218.
22   Ibid., 245-247.
23   Ibid., 269-270.

진 사회의 문제에 적극 대처하지 못한 헝가리 교회의 전례를 답습하지 않으려면, 후기 공산주의 신학의 구체적인 연구 결과를 참고하고 사례에 기반을 둔 미래에 대한 시나리오를 작성할 필요가 있다.

2) 구공산권 신학의 재해석: 디아코니아 신학에 대한 찬반

한국에서 최근 각광받는 신학 가운데 하나가 디아코니아 신학이다. 디아코니아 신학은 여러 형태로 나타났는데, 한편으로는 주로 서유럽에서 장기간에 걸쳐 교회봉사신학으로 발전되어 왔고,[24] 다른 한편으로는 공산권 국가, 특히 동유럽국가에서, 공산주의 치하의 신학으로 등장하였다.[25] 이런 맥락에서, 풍거르Joseph Pungur는 공산주의 치하에서 나온 개혁교회의 봉사신학Theology of Service과 루터교회의 디아코니아 신학Theology of Diaconia을 전반적으로 어용신학으로 비판한다.[26] 이 자리에서 굳이 디아코니아 신학의 역사적 기원을 언급하는 이유는, 한국교회와 세 가지 점에서 관련이 있기 때문이다. 첫째, 오늘날 남북한교회 교류의 민감한 상황을 고려할 때, 봉사신학으로서의 디아코니아 신학이 적합성을 보인다. 둘째, 위에서 언급했듯이, 디아코니아 신학 중

---

24 김옥순, 『디아코니아 입문』(서울: 한들출판사, 2010); Karl-Fritz Daiber, *Diakonie und Kirchliche Identity: Studien zur diakonischen Praxis in der Volkskirche*, 황금봉 역, 『교회의 정체성과 교회봉사』(서울: 한국장로교출판사, 1998). 교회봉사신학의 역사는 유구하며, 다양한 용어가 사용되어 왔다. 이와 관련된 대표적인 초기 학자로는 요한 힌리히 비헤른(Johann Hinrich Wichern)을 들 수 있다.

25 Vilmos Vajta, *Die diakonische Theologie im Gesellschaftssystem Ungarns* (Frankfurt am Main: Verlag Otto Lembeck, 1987).

26 Joseph Pungur, ed., *An Eastern European Liberation Theology* (Calgary, Canada: Angelus Publishers, [n. d.]), 134-150. 봉사신학은 봉사하는 교회의 신학이라고도 부르고, 디아코니아 신학 안에 여러 형태가 있는데 동일한 용어를 쓰기 때문에, 용어상 혼란이 있는 것도 사실이다.

일부는 공산주의 치하의 신학으로 출발했기 때문에, 오늘날 공산주의 치하에 있는 북한교회는 물론이고 여타 공산권 국가, 즉 중국, 베트남, 쿠바 등의 교회들의 신학을 이해하는 관점을 제공할 수 있다. 이와 더불어, 남한에서 교회봉사신학으로서의 디아코니아 신학을 더욱 발전시킬 필요가 있음은 두말할 필요도 없다. 셋째, 후기 공산주의 신학에서 문제시되었던 주제들이 후기 북한 사회 신학에서 반복될 수 있기에, 후기 공산주의 신학이 디아코니아 신학의 장단점을 논했던 사례가 후기 북한 사회 신학 구성의 전거가 될 수 있다.

2. 사회갈등과 신학: 현재형 모델, 크로아티아 출신 미로슬라브 볼프의 후기 공산주의 신학

미로슬라브 볼프Miroslav Volf 는 제삼세계 국가이고 공산권 국가였던 유고슬라비아의 한 지방현 크로아티아 출신으로, 국제적인 위상을 공고히 한 신학자이다. 따라서 그는 비록 현재 미국을 기반으로 신학을 하고 있지만, 후기 공산주의 신학자 가운데 한 명이라고 할 수 있다. 그는 공산주의 시절에 박사학위를 마친 신학자로, 자신의 박사학위 논문을 단행본으로 꾸민 『노동의 미래-미래의 노동』에서 볼 수 있듯이, 공산주의와 기독교의 병립 가능성을 타진했던 신학자였다.[27] 즉 제2차 세계 대전 이후 '이데올로기와 기독교의 대화'의 대표적 흐름인 '마르크스주의와 기독교의 대화'라는 신학 노선에 섰던 학자였다. 그는 『노동의 미래-미래의 노동』에서, 공산주의와 기독교의 공통분모로서 노동의 중요성을 부각하면서, 양자의 병립 가능성에 대하여 비판적이면서도 다소 낙관적인 입장을 보였다.

그러나 볼프는 공산주의 붕괴 이후 자신의 조국을 포함한 동유럽 공산권 국가들이 정치사회적 소용돌이 속에 휘말리자, 자신의 신학 방향을 갈등 해소로 잡고 그 주제를 천착해왔다. 물론 그가 구공산권 시절에 기독교인이고, 신학자이며, 더구나 미국인과 결혼한 사람이라는 이질적인 이력으로 인하여 고난을 당했던 경험도 그의 신학 구성에 영향을 줬다.[28] 그는 전자인 집단경험, 즉 기독교와 이슬람으로 대표되는 종교갈등과 후자인 개인 경험, 즉 공산주의 치하의 고난을 모두 신학화하였고, 이와 관련된 대표적인 신학 서적은 『배제와 포용』과 『기억의 종말』이다.[29] 그러나 전자가 그의 대표적인 신학적 주제라고 할 수 있다. 그는 종교갈등과 관련하여 자신에게 던진 두 가지 질문, 곧 "이 분쟁에서 종교는 얼마나 중요한가?"와 "왜 수 세기 전에 저질러진 잘못이 아직도 이러한 격분을 일으키는가?"를 중시한다.[30] 또한 이런 질문이 9·11사태 이후 다시 제기됨에 주목한다.[31] 그는 연속적인 저서들에서 기독교 신학의 주요 주제들을 다루면서, 갈등 해소에 대한 신학적 통찰을 제시한다.[32]

27 Miroslav Volf, *Zukunft der Arbeit-Arbeit der Zukunft*, 이정배 역, 『노동의 미래-미래의 노동』(서울: 한국신학연구소, 1993).

28 Miroslav Volf, *The End of Memory: Remembering Rightly in a Violent World*, 홍종락 역, 『기억의 종말』(서울: IVP, 2016), 15-36.

29 Miroslav Volf, *Exclusion and Embrace: A Theological Exploration of Identity, Otherness, and Reconciliation*, 박세혁 역, 『배제와 포용』(서울: IVP, 2012).

30 Miroslav Volf, *Allah: A Christian Response*, 백지윤 역, 『알라』(서울: IVP, 2016), 12.

31 위의 책.

본 단원은 볼프의 신학 자체를 개관하거나 요약하려고 하지 않는데, 그것은 제한된 지면에서 가능하지도 않고, 본 단원의 목적에도 맞지 않기 때문이다. 다만 두 가지에 집중하고자 한다. 첫째, 그의 신학이 사회의 갈등 해소적 신학으로서 어떤 공헌을 했고, 장차 후기 북한 사회 신학에 어떤 함의가 있는가? 그 이유는 후기 북한 사회가 갈등 소지가 매우 높은 사회로 예상되기 때문이다. 둘째, 그의 초기 신학인 '마르크스주의와 기독교의 대화'적 신학이 그의 후기 신학인 화해적 신학과 어떤 관계인가? 그 이유는 인간의 인식에도 관성이 나타나며, 따라서 후기 공산주의 사회에서 공산주의적 인식이 상당 기간 영향을 미치기 때문이다.

1) 후기 공산주의 신학으로서의 갈등 해소적 신학

공산권 몰락이라는 세계사적 사건은 국가, 집단, 개인 등에게 엄청난 변화를 가져왔다. 그중에서도 민족국가[nation state]라는 근대적 개

---

32 원서 출간 시기를 중심으로 국내 번역된 책들을 소개하면 다음과 같다. 『노동의 미래-미래의 노동』; *After Our Likeness: The Church as an Image of the Triune God*, 황은영 역, 『삼위일체와 교회』(서울: 새물결플러스, 2012); 『배제와 포용』; *Free of Charge: Giving and Forgiving in a Culture Stripped of Grace*, 김순현 역, 『베풂과 용서』(서울: 복있는 사람, 2008); 『기억의 종말』; *Captive to the Word of God: Engaging the Scriptures for Contemporary Theological Reflection*, 홍병룡 역, 『하나님의 말씀에 사로잡혀: 21세기 이슈들과 신학적 성경 읽기』(서울: 국제제자훈련원, 2012); *A Public Faith: How Followers of Christ Should Serve the Common Good*, 김명윤 역, 『광장에 선 기독교: 공공신학이란 무엇인가』(서울: IVP, 2014); 『알라』; *Public Faith in Action*, 김명희 역, 『행동하는 기독교: 어떻게 공적 신앙을 실천할 것인가?』(서울: IVP, 2014); *Flourishing*, 양혜원 역, 『인간의 번영』(서울: IVP, 2017); *Work in the Spirit*, 백지윤 역, 『일과 성령: 새 창조의 비전과 성령론적 일 신학』(서울: IVP, 2019). 그의 저서는 일종의 볼프 붐을 이룬다고 할 정도로 계속 번역·출간되고 있다. 아직 번역되지 않은 것으로는 그가 편집한 다음 책을 들 수 있다. Miroslav Volf, Ghazi bin Muhammad & Melissa Yarrington, eds., *A Common Word: Muslims and Christians on Loving God and Neighbor* (Grand Rapids, MI: Wm. B. Eerdmans Publishing Company, 2010).

념 자체가 안고 있는 모순이 인종적·종교적 갈등으로 비화한 유고슬라비아의 해체는 20세기말 가장 끔찍한 비극적 사건이었다. 볼프의 신학적 작업의 전환은 이런 맥락에서 시작되었고, 그는 공존 사회에 대한 신학적 해답을 모색하였다. 이런 모색은 일종의 정치신학적 노력이라고 할 수 있다. 이런 관점에서 볼 때, 그의 신학은 몇 가지 특징이 나타나는데, 곧 실존적 신학과 전략적 신학이다. 후자는 다시 참여의 신학, 궁극 이전penultimate의 신학, 창의적 신학으로 세분될 수 있다.

(1) 실존적 신학

볼프의 신학은 실존적 신학이다. 볼프는 실존적인 질문을 가지고 해답을 추구하였고, 이런 시도가 공감대를 얻음으로써, 세계적인 신학자로 자리 잡게 되었다. 볼프는 출세작인 『배제와 포용』의 머리말에서, 왜 그런 책을 써야 했는지를 밝히고 있다.

> 내 강연이 끝나자 위르겐 몰트만Juergen Moltmann 교수가 일어나 예의 구체적이면서도 날카로운 질문을 던졌다.
> "하지만 당신은 체트닉četnik을 끌어안을 수 있습니까?"
> 1993년 겨울이었다. 당시 몇 달 동안 '체트닉'이라고 불리던 악명 높은 세르비아 전사들이 나의 고향 땅에 파멸의 씨를 뿌리고 있었다. …
> "아니오, 못할 겁니다. 하지만 그리스도를 따르는 이로서 나는 그럴 수 있어야 한다고 생각합니다." 어떤 의미에서 이 책은 내 주장에 담긴 진리와 몰트만의 반론이 지닌 힘 사이에서 분투했던 결과물이다.[33]

볼프가 이 책에서 기독론을 재해석하면서 배제와 포용의 변증법을 설명한 과정은 매우 중요하다.[34] 그는 사라예보, 로스앤젤레스, 베를린 등의 도시로 상징되는 세계가 "문화적·민족적·인종적 투쟁의 역사"와 연결되어 있음을 주목하면서, 차이가 미움과 사실상 동일시됨을 문제시했다.[35] 그러나 새뮤얼 헌팅턴과는 달리, 그는 갈등 상황을 충돌보다는 화해와 연결하고자 한다. 이런 태도는 『광장에 선 기독교』에서 오바마와 부시를 비교한 것에 잘 드러난다.

오바마 대통령이 종교와 문명 사이의 차이와 공통점을 함께 포용한 것은 '우리는 불화할 수밖에 없으며 문명의 충돌은 운명적'이라는 주장에 반대하는 것이다. 그는 새뮤얼 헌팅턴Samuel Huntington의 '문명의 충돌'에 대한 유명한 주장을 지지하는 이들을 염두에 두고 있었다. 문명의 충돌은 부시 대통령이 테러리즘에 맞서 전쟁을 수행하는 기초적 이데올로기가 되었기 때문이다. … 헌팅턴의 명제는 싸움을 거는 사람들에게는 유용하지만 평화 가운데 공존하고자 하는 데는 도움이 되지 않는다. 오바마 대통령은 전세계의 무슬림에게 다가가고자 했기에 문명의 충돌을 분명히 서로 다르지만 많은 공통점을 가지고 있는 사람

---

33 볼프, 『배제와 포용』, 13.
34 위의 책, 43-44. 보다 상세하게 살펴본다면, 볼프는 신론, 기독론, 구원론을 동원하고 있다. "이 은유[포용]는 나의 주장에서 핵심이 되는 세 가지 상호 연관된 주제를 하나로 묶어 내기에 매우 적합해 보인다. 즉, (1) 삼위일체 안에서 자기를 내어 주는 사랑의 상호성(신론), (2) 십자가 위에서 '경건하지 않은' 이들을 향해 팔을 뻗으신 그리스도(기독론), (3) 두 팔을 벌리고 '탕자'를 받아들이는 '아버지'(구원론)이다." 볼프가 하나님 사랑과 이웃 사랑을 연결하는데, 이 두 가지 사랑의 차이점과 공통점 및 양자의 관계에 대한 신학적, 윤리적 논의에 대해서는 다음 논문을 참조할 것. 이창호, "하나님 사랑과 이웃 사랑의 관계성에 대한 신학적·윤리적 탐구 - 아웃카, 포우스트, 몰트만을 중심으로."「장신논단」48/1(2016), 253-281.
35 위의 책, 19.

들 간의 협력이라는 비전으로 대체하자고 제안한 것이다.[36]

　　그러나 본 단원의 관점에서 보다 중요한 사실은 그의 신학이 중대한 역사적 사건에 대하여 질문하고 답했다는 것이고, 그런 작업이 큰 반향을 통해 설득력과 실천성을 획득해나간다는 점이다. 볼프의 경우와는 다르지만, 한국도 근현대사가 격변, 고난, 비극으로 점철되어 왔고, 앞으로도 통일과 같은 국가적 과업을 앞두고 있기에, 이에 준하는 신학적 모색이 요청된다.

　　일찍이 함석헌은 『뜻으로 본 한국역사』에서 한국역사를 해석하면서, 한국을 고난받는 자로 파악하였고, "죄악의 결과인 고난을 내 몸에 달게 받음으로써 세계의 생명을 살리자"고 주장하였다.[37] 이 일은 "세계의 하수구요, 공창公娼인 우리만이 할 수 있는 일"인데, "저들[곧 강대국]이 너무 부하고 귀해졌다는 것은 저들은 채무자라는 말"이라고 한다.[38] 하수구가 되는 것은 더러워지라는 말이 아니라 잘 받으라는 것이고, 막히지 않으려면 하나님께 돌려야 하며, 이런 노력은 비상한 용맹과 비상하게 높은 도덕으로 싸우는 힘이 필요하다고 한다.[39] 그러면서 성서의 산상수훈과 유사한 입장을 드러낸다.[40] 비록 그의 책이 역사서라는 제약이 있지만, 함석헌이 고난받는 자에 대하여 보다 구체적인 해답을 제시하지 않은 것은 아쉽다고 하겠다. 여하튼 우리는 볼

36　볼프, 『광장에 선 기독교』, 197.
37　함석헌, 『뜻으로 본 한국역사』(새편집; 서울: 한길사, 2003), 482.
38　위의 책.
39　위의 책, 480-481.
40　위의 책, 481-482.

프와 함석헌이 모두 교회론적 개인주의 — 자유교회free church 혹은 신자들의 교회believer's church — 전승과 신학적 맥을 잇는 공통점을 주목할 필요가 있다.[41]

그러나 한국 교회의 경우, 해방 70년이 지났지만 역사 청산은 물론이고, 해방 이후에도 엄청난 역사적 사건들이 끊이지 않고 발생함에도 불구하고 이에 대하여 의미를 규명하고, 교회와 사회의 공감대를 이루며, 문제해결의 담론을 만들어내는 데 매우 미흡했다. 이런 맥락에서 과연 한국 교회가 후기 북한 사회라는 혼란에 대해 얼마나 능동적인 신학적 해명을 할 수 있을까 의문이 든다. 단적인 예로, 20세기 말부터 21세기초에 이르는 시기에 세계적으로 화해신학이 각광받고 있지만, 한국 교회는 아직 한국적 화해신학을 발전시키지 못한 채, 오히려 과정치화와 진영논리라는 외부적 영향력에 노출되는 판국이다.[42]

(2) 전략적 신학

볼프의 신학은 전략적 신학이다. 그는 주관심인 기독교와 이슬람 간의 갈등에 대해 해답을 마련하기 위하여 전략적 관점에서 신학을 전개하는데, 다음과 같다. 곧 참여의 신학, 궁극 이전penultimate의 신학, 창의적 신학이다.

---

41 볼프, 『삼위일체와 교회』, 12, 18. 함석헌도 후기에 퀘이커교에 귀의하였다. 또한 볼프도 소위 재세례파적 전승을 지닌 기독교윤리학자에 많이 의존한다.

42 안교성, "후기 세월호신학 혹은 한국적 후기 재난신학 구성에 관한 한 소고-9·11, 쓰나미, 세월호 사건을 중심으로," 「장신논단」 48/1 (2016), 68.

가. 참여의 신학

볼프는 『광장에 선 기독교』에서 아예 제2부의 제목을 '참여하는 신앙'이라고 밝혔다.[43] 그는 『베풂과 용서』에서는 현대를 "용서할 줄 모르는 문화"라고 진단하면서, "용서하는 공동체" 결성을 주장하였다.[44] 그리고 그는 기독교인을 포함한 종교인에 있어서 신에 대한 경외심과 공공선의 추구는 함께 가야한다고 주장한다.

> 어떤 사람은 바르트가 하나님에게 초점을 돌린 것을 두고 역사, 문화, 정치, 공공선과는 분리된 완전히 내세적인 태도라고 볼지 모르지만 사실은 그렇지 않았다. 그것은 종교라는 우상과 그것이 거룩한 천막으로 덮어 주는 이 세상, 집단 정체성과 국가적 이익을 내세우는 세상, '청소된' 영토, 배제와 적대감, 공격성으로 물든 세상에 맞서는 함성이었다. 종교라는 우상이 무너지고 하나님을 하나님으로 인정할 때, 세상은 조화롭게 드러나며 공공선을 위한 탐색이 비로소 시작될 수 있다.[45]

볼프는 근본적으로 사회문제의 해결은, 적어도 종교인에게 있어서는, 종교 간의 이해, 공존, 연대에 있다고 보는 것이다. 한편 그는 『베풂과 용서』에서는 이 문제를 기독교 내부에 적용하면서, 극단적 갈등 상황에서 일반적인 기독교인의 삶으로, 개인적 차원에서 공동체적

---

43 볼프, 『광장에 선 기독교』.
44 볼프, 『베풂과 용서』, 334.
45 볼프, 『알라』, 330. 교회와 공공성에 대하여는 다음 논문들을 참조할 것. 정태식, "현대사회에서의 종교의 사회적 위치와 공공성," 「신학사상」 142(2008), 195-217; 강원돈, "교회의 공공성 위임에 관하여," 「신학연구」 65(2014), 123-160.

차원으로, 그 적용 범위를 넓히기도 하였다.[46]

나. 궁극 이전 penultimate 의 신학

볼프는 『알라』에서 자신의 신학적 접근의 한계를 아래와 같이 밝혔다.

> 이 책의 목표는 기독교인과 무슬림의 신에 대한 신념이 하나뿐인 이
> 세상에서 그들이 공존할 수 있는 능력과 어떤 관련이 있는지 살펴보
> 는 것이다. 이 책은 신과 지금 세상에 관한 것이지, 신과 장차 올 세상
> 에 관한 것이 아니다. 마찬가지로, 이 책은 사회적인 차원에서 의미가
> 있는 하나님에 관한 지식을 다루며, 구원과 관련한 하나님에 관한 지
> 식을 다루지는 않는다. 구원과 영원한 운명에 관한 문제는 남겨 두기
> 로 한다. 전문용어로 이 책은 정치신학에 관한 책이지, 구원론에 관한
> 책이 아니다.[47]

문제해결을 위하여, 신학 본연의 영역이라고 간주되는 궁극 ultimate 이 아닌 궁극 이전 penultimate 을 다루는 것은 매우 전략적인 태도이며, 이런 실용적 태도는 다양한 사회적 문제에 봉착할 후기 북한 사회에서 전개될 후기 북한 사회 신학이 반드시 염두에 둘 필요가 있다.

---

46   볼프, 『베풂과 용서』.
47   볼프, 『알라』, 26.

다. 창의적 신학

볼프는 기독교와 이슬람의 문제가 신론임에 주목하면서, 기독교인으로서 무슬림에게 "무슬림과 기독교인이 조금은 다른 방식으로 이해하고 조금은 다르게 예배하기는 하지만 그들이 공통으로 믿는 하나님에 관해 함께 생각할 수 있는 방법"과 "하나의 세상에서 공존할 수 있는 방법을 제안"했다.[48]

하나님에 대해서, 볼프는 유일신론과 성삼위일체론을 재해석한다. 흥미롭게도, 그는 사벨리우스의 하나님과 아리우스의 하나님과 아타나시우스의 하나님을 언급하면서, 이런 입장들이 "서로 다른 세 하나님에 대한 설명"이 아니라 "한 분의 동일한 하나님에 대해 서로 치열하게 다투던 세 개의 서로 다른 묘사였다"고 주장한다.[49] 기존의 신학적 입장에서는 정통과 이단으로 구분되던 것을 상이한 기술이라고 주장하는 셈이다. 그리고 "하나님의 본성에 대한 무슬림과 기독교인 간의 논쟁도 비슷한 방식으로 접근할 수 있다"고 제안한다.[50] 이와 유사한 맥락에서, 한스 큉 Hans Kueng 도 삼위일체론이 대두되기 이전 단계의 사고로 돌아가면, 기독교와 이슬람의 만남에 도움을 줄 것이라고 주장한 바 있다.[51] 그러나 본 단원은 이런 주장에 대한 기독교계의 다양한 반응보다는 볼프가 새로운 해답을 모색하기 위하여 신학적 재해석을 감행하는 창의성에 더 주목하고자 한다. 한국 교회도 후기 북한

---

48 위의 책, 337. 그는 무슬림에게도 그들의 입장에서 동일한 작업을 할 것을 권한다.
49 위의 책, 195.
50 위의 책, 196.
51 Hans Kueng, *Der Islam: Geschichte, Gegenwart, Zukunft*, 손성현 역, 『이슬람: 역사, 현재, 미래』(서울: 시와진실, 2012), 896-918.

사회라는 새로운 현실에 응답하는 신학을 내놓으려면, 창의성과 모험이라는 신학의 속성을 외면할 수 없을 것이다.

　　사회에 대해서, 볼프는 "다원주의"라는 측면을 지속적으로 강조한다.[52] 그는 현대에 여러 종교의 신자들이 증가하고 그들이 사적 영역을 넘어 공공 생활에 관심을 보이는 점과 세계화에 따라 종교가 지리적으로 잘 구획되지 않는다는 점을 지적한다.[53] 문제는 이런 상황에서 특정 종교가 자신의 방식을 강요하려고 한다는 것이다.[54] 그는 "하나의 종교가 공공 생활에 침투하는 전체주의적인 입장과 모든 종교를 공공 생활에서 배제하는 세속적인 입장 모두"를 피하는 대안으로서, '다원주의'를 내세운다. 그는 적어도 기독교와 이슬람의 갈등을 피하기 위해서, 다원주의를 "하나의 정치적 기획 — 모든 종교인이 공적 장소에서 자신의 입장을 분명하게 표현할 수 있는 권리와 국가가 모든 종교(그리고 삶에 대한 중요한 해석)를 존중하며 차별하지 않은 것 — 으로서" 수용한다.[55] 특히 양자의 관계는 "종교적·문화적인 '차이'뿐 아니라 '중첩되는 내용'과 '공통의 원리'에 대해서도 정의되어야" 한다고 강조한다.[56] 그는 이에 대하여 『하나님의 말씀에 사로잡혀』에서는 성서 해석에 적용하여, 차별성과 통약성이란 용어로 설명한다.[57] 또한 그는 성서 읽기와 관련하여, 기독교인에게는 '의심의 해석학'이 아닌

52　볼프, 『알라』, 29, 다원주의에 대한 상세한 논의는 다음 책을 볼 것. 볼프, 『하나님의 말씀에 사로잡혀』, 130-139.
53　볼프, 『광장에 선 기독교』, 11-12.
54　위의 책, 12.
55　위의 책, 29.
56　위의 책, 196.
57　볼프, 『하나님의 말씀에 사로잡혀』, 112-117.

'존경의 해석학'을 추천하고, 다른 종교인에게는 함께 읽기를 추천한다.[58] 이런 다원주의적 관점은 현재 다문화·다인종·다종교사회로 급변하는 한국 사회는 물론이고 장차 후기 북한 사회라는 보다 복잡한 환경에서 종교의 공공적 역할을 탐구할 때, 반드시 염두에 두어야 한다. 서구사회는 종교전쟁 등을 통해서 관용이란 전통을 만들었고, 이것은 오늘날 일반사회의 중요한 상식으로 정착했다. 이런 맥락에서, 현한나도 중동의 국가들에 대해서, 그곳에서 "쌀람 salam 이 들려오는 길은 과거로의 회귀가 아니라 현재의 성찰과 미래로의 도전에 있다"고 주장하면서, 이슬람도 자체 내의 배려와 관용이란 유구한 전승을 회복하고 발전시킬 것을 촉구하고 있다.[59]

2) 공산주의 신학과 후기 공산주의 신학의 관계

볼프는 공산주의 하의 경험을 그의 후기 공산주의 신학 구성에 다양하게 활용하고 있다. 첫째, 위에서 간단히 언급하였듯이, 그는 『기억의 종말』에서 공산권 시절 군복무를 하면서 당했던 다양한 고통을 반추하면서, "바르게 기억하기" remembering rightly 의 중요성을 천착하였다.[60] 이 주제는, 본 단원에서는, 첫 번째 모델인 과거형 모델과 더 관련이 깊다고 할 수 있다. 그는 악이 승리하려면, 두 가지 승리가 필요

---

58 위의 책, 43-52.

59 현한나, "ISIS에 의한 현대판 딤미제도에 대한 고찰과 테러극복을 위한 화해: 이슬람주의와 이슬람에 대한 시각을 바탕으로," 「선교와신학」 38(2016), 113.

60 볼프, 『기억의 종말』.

한데, 하나는 범죄를 저지르는 악의 승리요, 다른 하나는 이에 앙갚음하는 악의 승리라고 한다.[61] 그는 자신이 다루려는 주제가 "고난을 당했지만, 범인을 미워하거나 무시하지 않고 오히려 사랑하기를 바라는 자가 자기가 당한 범죄를 기억하기"이다.[62] 즉 기독교의 원수사랑에 대한 주제이다.

둘째, 볼프는 공산주의 하의 경험을 이슬람을 이해하는데 사용하였다.[63] 그는 이슬람 문제가 야기된 미국사회를 보면서, 그가 자란 공산주의와 반＃ 전체주의 사회를 연상한다. "주제나 입장은 아주 다르지만, 이상하게도 기본 정신은 비슷했다"는 것이다.[64] 그는 사회의 주류 목소리와 진리를 대비시킨다.

> 반＃전체주의 정권의 억압 아래 살던 시절부터 나는 권위에 억지로 복종하는 것을 거부해 왔다. 나는 진리와 거짓을 나누는 경계가 정당이나 이데올로기적 투쟁 그룹 간의 경계와 동일하지 않다는 것을 잘 안다. 나는 정치적으로 편리하거나 이데올로기적으로 '옳은' 입장이 아닌, 진리를 원한다. 그리고 그리스도를 따르는 사람으로서 내가 원하는 진리는 차가운 무관심이나 숨겨진 분노에서 나온 것이 아닌, 초청하고 화해하는 사랑의 눈으로 바라본 진리다. … 나는 냉전 시대의 공산주의 통치하에 살면서 배운 교훈을 오늘날 기독교인과 무슬림 사이

---

61   위의 책, 23.
62   위의 책.
63   볼프, 『알라』, 23, 26, 29-30.
64   위의 책, 23.

의 관계에 적용하고자 한다. 두 신앙의 관계에서 가장 중요한 '이데올로기'적 문제, 즉 하나님이 누구시며 어떤 분인지에 관하여 나는 딱딱한 입장들과 감정이 실린 부정적 고정관념을 단호하게 폭로하는 대신 사랑으로 진리를 말하고자 한다. 이것이 담론의 수준에서 전쟁을 방지하고 평화에 이르는 길을 놓는 방법이다.[65]

이와 같이 공산치하의 경험이 후기 공산주의 신학으로 이어진다는 사실은, 후기 북한 사회 신학 구성에 있어서도 북한 공산주의 치하에 볼프와 같은 생각을 품었던 사람들의 의견에 귀를 기울여야 할 필요성을 제기한다. 즉 후기 북한 사회 신학 구성에 남한 신학자가 독점하거나 일방적으로 제시하는 것이 아니라, 남북한 신학자와 기독교인이 모두 참여하고 기여해야 할 것이다.

셋째, 볼프는 공산주의 시절 작성했던 박사학위논문의 핵심 개념인 노동을, 후기 공산주의 사회의 새로운 진정성 있는 인간의 삶의 조건으로서 재검토한다. 이 주제는, 본 단원에서는, 세 번째 모델인 미래형 모델과 더 관련이 깊다고 할 수 있다. 그는 후기 공산주의 사회를 비롯한 현대사회에서 나타나는 자본주의의 병폐를 막스 베버의 용어에 따라 쇠창살로 표현하면서, 풍요가 아니라 일이 해답이라고 내세운다.[66] 즉 "우리가 일꾼의 존엄성을 지키고 쇠창살의 지배권을 전복시키려면 생산 지향적 노동관을 '일 지향적 노동관'으로 대체할 필요가

---

65 위의 책, 30.

66 볼프, 『하나님의 말씀에 사로잡혀』, 198, 201, 228-235.

있다."[67] 비록 공산권 몰락으로 인하여, 공산주의가 자본주의의 실제적인 대항 이데올로기로서의 역할은 끝났지만, 자본주의를 비판하는 대안 이데올로기로서의 기능은 남은 셈이다. 그는 새로운 비전을 제시하는데, "자유의 영역은 선한 삶에 대한 종말론적 비전"이라고 한다.[68] 이 비전은 "우리가 부의 창조와 외부 재화에 대한 역동적인 욕구의 만족을 그 안에 두어야 할 가장 넓은 틀이다. 우리의 생산과 소비자로서의 선택이 우리의 개인적인 만족이 아니라 이 비전을 그 지침으로 삼으면 삼을수록, 그것들은 그만큼 더 인간적인 옷을 입을 것이다."[69]

3. 비전제시와 신학: 미래형 모델, 대다수 구공산권 국가의 후기 공산주의 신학

공산권 몰락 후, 후기 공산주의 사회는 기대처럼 자본주의 사회로의 신속하고도 성공적인 이행을 경험한 것은 아니다. 그것은 또 다른 혼란과 고통의 체험이기도 했다. 더구나 공산주의 몰락 이후 자본주의 일색인 신자유주의적 압력은 후기 공산주의 사회가 문제 파악과 해결책 마련을 하는데 제한을 가하기도 하였다.[70] 바로 여기에서, 후기 공산주의 신학이 미래 제시자로서의 역할을 떠맡게 된다. 이 신학이 씨름하게 된 주제는 공산주의의 유산 척결 이외에, 신자유주의로 대표

---

67 위의 책, 229.
68 위의 책, 232.
69 위의 책.

되는 자본주의의 대두, 기독교의 부흥을 대신한 세속화 현상의 심화, 새로운 후기 공산주의 신학 구성 등이다. 이에 대하여 몇 나라의 사례를 살펴보도록 하자.

1) 구舊소련 지역의 경우: 후기 공산주의 신학 구성의 현실 문제

푸치닌 Andrey P. Puzynin 은 『복음기독교인의 전통』 The Tradition of the Gospel Christians 에서 세 시대를 거친 '복음기독교인'들의 전통과 변화를 살펴본다.[71] 이들은 제정러시아시대부터 존재했던 보수적인 종파이다.[72] 본 단원이 이 종파의 후기 공산주의 사회에서의 변화 및 신학 구성의 특성에 대하여 살펴보는 이유는 두 가지이다. 하나는 후기 공산주의 사회로서의 구소련 지역에 대한 함의 때문이다. 위에서 언급하였듯이, 러시아정교회는 후기 공산주의 사회인 러시아에서 사실상 재활에 성공했다. 그러나 다른 종파의 경우는 상황이 다르다. 따라서 이 경우는 다른 종파의 상황을 볼 수 있는 일종의 사례연구가 될 수 있다. 다른 하나는 한국의 후기 북한 사회에 대한 함의 때문이다. 이들은 보수적이고 복음주의적 종파인데, 한국 교회도 주류가 이와 유사한 성향을 보이는 만큼, 이들의 변화가 통일 이후 한국 교회의 모습을 전망하는 데 도움이 될 것이다. 특히 교회의 신학이 교회의 사회참여 양식에 영

---

70 이런 현상이 시장 볼셰비즘(market bolshevism)이라고 묘사된 바 있다. Bertram Silvermann & Murray Yanowitch, *New Rich, New Poor, New Russia: Winners and Losers on the Russian Road to Capitalism*, expanded ed. (Armonk, NY; London: M. E. Sharpe, 2000), xx.

71 Andrey P. Puzynin, *The Tradition of the Gospel Christians: A Study of Their Identity and Theology during the Russian, Soviet, and Post-Soviet Periods* (Eugene, OR: Pickwick Publications, 2011).

72 Ibid., ix.

향을 주기 때문에, 이들의 신학 구성을 이해하는 것은 매우 중요하다.

푸치닌은 구소련 공화국이었던 우크라이나에서 이뤄지는 신학 구성의 다양한 사례를 소개한다.[73] 대표적으로 보수적인 흐름과 진보적인 흐름이 있다. 전자의 경우, 신학자들은 신학교의 맥락에서, 새로운 신학적 멘토가 된 미국선교사들과 그들의 배경인 미국 복음주의 내지 근본주의의 영향 하에 자신들의 신학적 정체성을 확실히 하는 일, 가령 칼뱅주의와 아르메니안 주의를 구별하거나 삼위일체와 같은 복잡한 정통교리보다는 미국 보수주의의 주관심인 성서론에 몰두하는 경향을 보였다.[74] 즉 연구주제 등이 새로운 상황의 지배를 받는 점이 드러났다. 후자의 경우, 한 신학자는 일반대학교의 맥락에서, 후기 공산주의 사회인 우크라이나의 세속대학교의 지적 전통에 따라, 서구 자유주의 신학자인 하르낙 연구를 시도하였는데, 지나치게 광범위한 연구 범위라든가 사료에 대한 제한된 접근 등으로 인하여, 연구가치에 대해 평가하기 어려운 문제점이 드러났다.[75] 즉 새로운 연구주제가 개방되었지만, 과연 서구의 학문적 상황을 제대로 이해하고 적용하는지가 문제다.[76] 뿐만 아니라 우크라이나 학자들은 독자적인 기준을 선호하는 경향도 보였다.[77] 이런 상황은 새로운 환경에서 충분한 선先이해 없이 새로운 학문을 시도하는 고충과 더불어, 학문의 독자성 등의 문제를 환기시킨다. 예를 들자면, 오늘날 중국에서 새로운 기독교 연구

---

73 Ibid., 219-241.
74 Ibid., 219-220.
75 Ibid., 221.
76 Ibid., 222.
77 Ibid.

분야로 등장한 한어신학漢語神學에 있어서, 학문성, 학문적 독자성, 교회 및 전통신학과의 관계성 등이 논의되는 것과 비교해볼 수 있다. 후기 북한 사회 신학에 있어서도, 북한 출신 신학자의 신학 구성 과정에서 나타날 문제점들을 예상해볼 수 있다.

푸치닌은 이상의 흐름과는 조금 다른 측면도 언급한다. 목회 경험은 풍부하지만, 우크라이나에 소개된 제한된 영어번역 신학 서적 — 주로 복음주의 진영 서적 — 에 의존하여 신학, 특히 성서 해석에 대한 연구를 진행한 신학자의 경우, 참고문헌에서 자신의 전통에서 중요한 성서 해석가의 작품을 빼는 대신 공산권 개방 이후 러시아에 번역·보급된 스코필드 성경을 넣는다든지, 미국 선교사가 선호하는 귀납법적 성경공부를 중시한다든가 하는 성향을 보인다.[78] 즉 "성서해석의 전통적인 관행이 서구선교의 강력한 영향하에 근본적인 변화를 겪었다."[79] 아마도 이런 상황을 '신학의 선교 종속성'이라고 부를 수 있을 것이다. 그러나 선교와 신학이라는 문제, 특히 후기 공산주의 사회 내지 후기 북한 사회에서의 선교와 신학이라는 문제는 여기서 다룰 수 없고, 별도의 연구가 필요하다. 푸치닌은 그의 책 결론에서, 이상적인 신학 구성에 대하여 다음과 같은 제안을 한다. 요약하면, 새로운 정체성을 형성하는 신학을 하되, 지나친 성서에 대한 강조로 인하여, 세상에 대한 관심이나 전통이 무시되어서는 안 된다는 것이다.[80]

---

78 Ibid., 234.
79 Ibid., 241.
80 Ibid., 242-279, 특히 260-275.

2) 체코의 경우: 기독교 전통이 있는 나라의 재건 문제

『1989년 이후 체코-슬로바키아 맥락에서의 위기 상황』*Crisis Situations in the Czecho-Slovak Context after 1989*이란 모노그라프는 "교회와 맥락"The Church and Context이라는 제하의 연구 프로젝트의 일부로 발간되었는데, 이 책이 다루는 주제는 다양하다.[81] 즉 위기 상황에 관한 성서 연구, 새로운 사회 도래와 관련된 제반 문제 즉 민주주의, 기관의 위기, 화이트 컬러 범죄, 시장, 소비주의 같은 문제들, 그밖에 성, 가족, 아동교육, 외상후스트레스증후군, 인종차별 등이다. 이 책은 교회가 처한 맥락을 다루기 때문에, 주제들이 당연히 교회 내적인 것보다는 교회 외적인 것이다. 이런 양상은 교회가 교회생활 및 신학에 있어서, 교회가 처한 사회적 맥락을 중시해야 한다는 자명한 사실을 다시금 상기시킨다. 그런데 이 주제들을 요약한다면, 후기 공산주의 사회에 도래한 자본주의 혹은 신新자본주의의 문제이다. 이 상황은 새로움에 대한 적응뿐 아니라, 익숙함으로부터의 결별, 그것도 갑작스런 결별을 의미한다. 후기 공산주의 사회의 시민에게 있어서 공산주의라는 과거는 양가적이다. 기본적으로는 공산권 몰락을 인정하고 나아가 환영하지만, 공산주의 사회가 그들의 정체성을 구성했다는 점에서 공산권 몰락은 혼란 내지 심지어 향수와 결부된다. 각설하고 이런 아노미 상황에서, 교회는 당면과제를 해결하는 사회 참여적 역할과 나아가 미래의 비전을 제시하

---

81   Zuzana Jurechová & Pavol Bargár, eds., *Crisis Situations in the Czecho-Slovak Context after 1989* (Prague, Czech Republic: Central European Centre for Mission Studies, 2011).

                                      제1부 후기 사회주의 시대의 신학 하기

는 역할을 담당하게 된다. 이 책에 수록된 논문 중 가장 근본적인 질문을 던지는 주장들을 살펴보기로 하자.

"완전히 새로운 세상" A Brave New World? 이란 논문은 후기 공산주의 사회인 체코-슬로바키아를 새뮤얼 헌팅턴과 프랜시스 후쿠야마Francis Fukuyama의 관점과 연결하여 조망한다.[82] 후쿠야마의 개념인 '역사의 종말'적 상황에 놓인 사회에 대하여 교회가 맡을 수 있는 역할을 7가지로 제시한다.[83] 즉 사회의 기둥, 충성된 저항가, 광야의 예언자, 만능가, 문제 회피, 해답 제공 거부, 문제 재정의하기 등. 그러면서 마지막 역할을 가장 바람직하게 여긴다. 즉 역사의 종말이란 없고, 분명히 악이 존재하지만 동시에 변화에 대한 희망이 있다고 사회를 설득하는 것이다. 이를 위해서는 건전한 역사관, 종말론, 교회론, 나아가 최근에 각광받는 공공신학적 시각이 후기 공산주의 신학 구성에 반드시 필요하다.

"기관의 위기로서의 체코 민주주의의 위기" The Crisis of Czech Democracy as a Crisis of Institutions라는 논문은 자본주의와 민주주의의 관계에 대한 질문을 던진다.[84] 경제 모델인 자본주의와 정치 모델인 자유민주주의의 관계에 대한 위험 요소가 급변하는 후기 공산주의 사회라는 특정한 조건에서는 더욱 심각하다는 점을 부각시킨다.[85] 그러나 이 문제와 교회를 긴밀하게 연결시키지 못한다. 한편 "1989년 이후 전前 체코슬로

---

82 Juraj Laššuth, "A Brave New World?," Jurechová & Bargár, *Crisis Situations in the Czecho-Slovak Context after 1989*, 39-59.

83 Ibid., 53-54.

84 Václav Němec, "The Crisis of Czech Democracy as a Crisis of Institutions," Jurechová & Bargár, *Crisis Situations in the Czecho-Slovak Context after 1989*, 75-88.

85 Ibid., 85.

바키아 [지역]에 소재한 교회의 맥락 가운데 소비주의 문제" The Problem of
Consumerism in the Context of Churches in Former Czechslovakia after 1989 라는 논문은 교회가
소비주의 문제를 다루는데, 교파 가릴 것 없이 — 즉 에큐메니칼 진영,
정교회, 로마가톨릭교회, 루터교 등 모두 — 구체적인 발언을 하지 못
함으로써 문제해결에 도움을 주지 못한다고 비평한다.[86] 대신 창조적
인 자유를 대안으로 제시하면서, "사람들이 창조적인 삶을 영위하며
따라서 일과 놀이의 조합 속에서 기쁨과 행복을 추구하기 위해 자유
가 주어졌다"고 강조하는데,[87] 이런 발언에서는 여전히 마르크스적 표
현이 남아있는 것으로 보인다.

　　각설하고, 이상의 내용을 종합하면, 후기 공산주의 사회에서 교
회가 자본주의 및 소비주의 등에 대한 분명한 인식과 대안을 가져야
함을 시사한다. 즉 교회는 새롭고도 가속화된 세속화의 물결을 직면하
게 된다. 그러나 일반적으로 교회가 친자본주의 성향을 보이고, 소비
주의 문화에 대하여 무력하거나 추종하는 태도를 보인다는 점을 감안
할 때, 그런 과제를 실천하는 것이 결코 쉽지 않다고 할 수 있다.

3) 몽골의 경우: 기독교 전통이 없는 나라의 재건 문제

　　몽골도 동유럽 공산권 국가와 마찬가지로, 공산권 몰락의 충격
을 직접적으로 받았다. 몽골은 과거에 여러 차례 선교역사가 있었지
만, 선교가 재개된 것이 공산권 몰락 이후였고, 따라서 몽골기독교의
역사는 짧고 영향력은 제한적이다. 오히려 몽골기독교의 우선적 과제
는 다종교사회에서 후발주자로서 종교시장의 경쟁에서 살아남는 것

이지만, 사회적 역할에서 자유로울 수는 없다. 『사회주의 이후의 몽골인』Mongolians after Socialism 이란 책은 후기 공산주의 사회로서의 몽골의 변화에 관하여, 정치, 경제 및 부의 양극화, 종교의 도전, 사회와 문화의 형성, 불교와 문화 역사의 유산 등의 네 가지 분야에서 접근한다.[88] 이상의 분야만 봐도, 몽골이 다종교사회, 특히 라마불교 중심의 사회라는 사실이 확연하게 드러난다.

이런 상황 속에서, 몽골기독교 지도자인 푸릅도르지Purevdorj Jams-ran는 공산권 몰락 이후 20년을 회고하면서, 몽골기독교의 상황은 선교사 주도의 교회에서 현지인과 협력하는 교회로 바뀌었다고 요약한다.[89] 그는 기독교가 사회주의 실패 이후 희망과 신앙을 유지할 새로운 이데올로기로 부상한 영적 측면이 있다고 주장한다.[90] 또한 기독교는 몽골인들이 생계수단을 찾는 가운데 돈과 경제가 최고라는 생각에 대한 보다 나은 대안으로 등장했다고 하면서, 다양한 영적·물질적 이유로 사람들이 교회로 몰려왔다고 진술한다.[91] 특히 경제파탄, 어려운 생활 여건, 가난 등이 새로운 사상에 대한 개방성을 가져왔다는 것이다.[92] 그에 따르면, 몽골기독교는 지난 20년의 역사 가운데 새로운 영

86 Pavol Bargár, "The Problem of Consumerism in the Context of Churches in Former Czechslovakia after 1989," Jurechová & Bargár, Crisis Situations in the Czecho-Slovak Context after 1989, 108-125.

87 Ibid., 123.

88 Bruce Knauft M. & Richard Taupier, eds., Mongolians after Socialism: Politics, Economy, Religion (Ulaanbaatar, Mongolia: Admon, 2012).

89 Purevdorj Jamsran, "Developing Christianity in Mongolia During the Last Two Decades," Knauft & Taupier, Mongolians after Socialism, 129.

90 Ibid., 130.

91 Ibid., 131.

92 Ibid.

적 공간을 제공하고, 경제적 어려움에 도움을 주며, 교육과 사회화의 장을 마련하였다. 특히 교도소 사역, 고아 사역, 아동 사역, 가정 사역, 지역개발 사역 등 다양하였다.[93] 결론적으로, 그는 몽골기독교가 상당히 성장하여, 몽골 유권자의 10%를 상회할 정도가 되었기에, 사회적 역할을 당연히 맡아야 한다면서, 그동안의 교회 역할을 세 가지로 요약한다. 즉 몽골기독교는 몽골의 고유문화와 기독교를 결합하고, 그것을 세계적으로 과시하며, 이를 통하여 몽골 정부와 사회와 국민을 섬겼다는 것이다.[94]

흥미로운 것은, 몽골의 다른 종교인 무교, 불교 등도 기독교와 마찬가지로, 공산주의 유산, 새로운 자본주의의 대두, 영적 필요와 경제적 필요 모두를 고려한 프로젝트 추진, 고유문화 창달, 사회적 기여, 물질주의에 대한 인본주의적 태도 등의 중요성을 강조하고 과제로 삼는다는 것이다.[95] 이런 상황을 고려할 때, 후기 북한 사회에서도 각 종교들은 경쟁, 중복, 전략적 협력 등의 다양한 관계를 형성할 것으로 예상된다.

III. 결론

본 단원은 후기 공산주의 신학이 공산권 몰락 이후 30여 년간 발전해왔고 그것이 후기 북한 사회 신학에 대한 시사점이 많다는 전제하에서, 후기 공산주의 신학의 형성을 살펴보았고 후기 북한 사회 신학에 대한 함의를 간추려보았다. 본 단원은 이런 관점에서, 후기 공산주의 신학을 세 가지 모델로 분류하여 접근하였다. 곧 역사 청산을 다루는 과거형 모델, 사회갈등을 다루는 현재형 모델, 비전제시를 다루는 미래형 모델이다. 그 결과 다음과 같은 것을 밝혔다. 과거형 모델에서는, 후기 공산주의 신학이 역사 청산이 필요한 과제이기에 나름대로 시도하였지만 전반적으로 완수하지 못했고, 어용교회와 공산주의 치하에서의 신학으로서의 디아코니아 신학을 재검토하였다. 현재형 모델에서는, 후기 공산주의 신학 가운데 미로슬라브 볼프의 신학이 공공성을 강조하는 정치신학으로 세계적으로 부상하였고, 신학의 실천성이 강조되는 실존적 신학과 전략적 신학 — 후자는 참여의 신학, 궁극 이전의 신학, 창의적 신학으로 세분되는데 — 의 특징을 나타냈다. 아울러 공산주의 신학과 후기 공산주의 신학의 연계성도 살펴보았다. 미래형 모델에서는, 다양한 나라의 후기 공산주의 신학들이 독자적이고 진정한 신학 형성, 민주주의와 자본주의의 관계 등의 사회적 혼란 대처 및 새로운 이상적 생활상 제시, 교회의 다양한 사회적 기여 등 여러 문제를 탐구하는 양상을 살펴보았다. 후기 북한 사회 신학은 이런 기존의 후기 공산주의 신학의 연구결과를 십분 활용하고 보완하여, 후기 북한 사회에서의 교회와 신학을 준비해야 할 것이다.

93 Ibid., 134-136.

94 Ibid., 137.

95 Knauft & Taupier, *Mongolians after Socialism*, 89, 101, 115, 139.

3장

사회주의 및 후기 사회주의
국가들에서의 선교

Ⅰ. 서론

지난 세기는 사회주의(공산주의)로 인한 변화가 극적으로 전개
된 세기였다. 그동안의 변천을 요약한다면, 사회주의 국가의 탄생, 사
회주의 국가의 소규모 확산, 사회주의 국가의 대폭적인 확산, 사회주
의 국가의 일부 붕괴, 사회주의 국가의 다변화 등으로 정리할 수 있다.
특히 1989년 베를린 장벽 붕괴로 구소련 및 동유럽 공산권(이하 '동유
럽 공산권'으로 약함)의 몰락이란 드라마가 연출되었지만, 중국은 사회
주의 국가로 남았고 베트남, 북한 등 주로 아시아에 위치한 사회주의
국가들이 동일한 노선을 걷고 있다. 따라서 동유럽 공산권의 붕괴 이
후 사회주의 국가는 후기 사회주의 국가(사회주의를 더 이상 국시로 삼지
않는 국가)와 사회주의 국가(사회주의를 계속 국시로 고수하는 국가)로 양분
되었다. 이런 맥락에서 오늘날 1989년 동유럽 공산권의 변화에 대해
'공산권의 붕괴'라는 일반적인 표현보다 '동유럽 공산권의 붕괴'라는
구체적인 표현이 널리 사용되고 있다.

사회주의 국가의 선교는 바로 이런 사회주의권圈의 거시적 변
천사를 배경으로 이뤄지고 있다. 따라서 사회주의 국가라는 용어 자체
를 사용할 때 조심할 필요가 있다. 즉 해당 국가가 과거에 사회주의 국
가였던 후기 사회주의 국가인지 혹은 현재에도 사회주의 국가인지. 물
론 후기 사회주의 국가와 사회주의 국가는 불연속성과 더불어 연속성
이 있기 때문에, 공통부분에 대해서는 함께 다루는 것도 가능하지만,
차이가 있는 것만은 엄연한 사실이다.

뿐만 아니라, 개별 사회주의 국가의 미시적 변천사도 놓쳐서는 안 된다. 특히 사회주의 국가의 교회와 국가의 관계는 해당 국가의 역사적 배경, 특히 기독교 전통에 따라 크게 차이가 난다. 사회주의 국가의 종교정책은 무신론이란 우선적 요소와 인권에 포함되는 종교의 자유란 부차적 요소가 긴장 가운데 작동한다. 교회의 역사가 깊고 위상이 높은 곳에서는 교회가 국가통제 하에 놓이는 불균형한 역학관계이기는 하지만 교회와 국가의 공존 양상을 보이고, 교회의 역사가 짧고 위상도 미약한 곳에서는 보다 노골적인 종교억압정책이 적용된다.

II. 사회주의 국가의 교회와 선교

10월 혁명을 통한 사회주의 국가의 탄생은 교회에 새로운 신학적 문제를 제기했다. 바로 사회주의 국가 내에 존재하는 교회(이하 '사회주의 국가의 교회'로 약함)라는 개념이다. 물론 사회주의 국가의 출현 이전에도 사회주의가 교회와 영향을 주고받았지만, 당시는 이념 간의 관계였다. 기독교와 사회주의의 대화가 시작했고, 기독교사회주의(종교사회주의 혹은 사회복음운동)가 등장했다.

그러나 사회주의 국가의 출현은 사회주의와 교회 간의 관계에 근본적인 변화를 요청했다. 교회는 이제 '사회주의 국가의 교회'라는 새로운 교회상을 구축해야 했다. 다시 말해 사회주의는 이제 단순한 교회의 대화 상대라는 임의적인 조건이 아니라, 교회의 '삶의 자리'Sitz im Leben을 규정하는 절대조건이 된 것이다. 즉 사회주의 국가의 교회라는 개념은 교회의 정체성과 사역을 근본적으로 도전하는 문제, 신학적으로 말해 교회론과 선교론에 관한 문제를 제기하였다. 따라서 사회주의 국가의 교회는 스스로의 교회상을 구축해야 했고, 외부 역시 사회주의 국가의 교회라는 새로운 현상을 어떻게 이해하고 관계를 맺을까 하는 문제에 봉착하게 되었다. 원칙적으로 사회주의 국가의 교회와 국가의 관계는 다양하게 나타나는데, 저항형, 지하교회형(은둔형 혹은 잠복형), 지상교회형(생존형, 미묘한 공존형, 우호 관계형) 등을 들 수 있다. 이런 맥락에서 여러 가지 신학적 노력이 시도되었는데, 그중에서 사회주의 국가들에서의 선교에 전향적으로 유의미한 것들을 간추려 보기로 하자.

1. 기독교와 사회주의의 대화

사회주의 국가의 교회는 사회주의와의 대화를 시도하기 시작했다. 대표적인 신학자로는 흐로마드카Josef Luki Hromadka와 그 뒤를 이은 로흐만Jan Milic Lochman이 있다. 사회주의와 기독교의 관계는 예외는 있지만 전반적으로 적대적인 관계가 주를 이뤘다. 사회주의 국가의 출현 이전에도 기독교와 사회주의의 대화는 있었지만, 이제 사회주의 국가라는 새로운 현실 속에서 이런 대화는 필연적인 것이었다.

사회주의 국가의 신학자들은 기독교와 사회주의 간의 의미 있는 관계를 추구하였다. 교회가 사회주의 국가에서 존재하면서, 단순한 생존을 넘어 사회주의 사회라는 현실 속에서 의미 있는 일부가 되고자 한 것이다. 교회는 사회주의 사회에 대하여 지도자적 입장에서 주장하는 것이 아니라 사회의 일부로서 참여하여 공동선을 추구하였다. 이것은 오늘날 서유럽에서 각광받기 시작한 공공신학의 태도와도 유사하다. 차이가 있다면 동유럽 공산권은 사회주의가 서유럽은 세속주의가 각각 사회의 주류를 이루고 있고, 공통점이 있다면 교회가 두 지역에서 모두 소수자 내지 주변인의 위치에 있다는 것이다. 이것은 기독교의 긍정적인 인간상과 사회주의의 긍정적인 인간상의 만남, 기독교의 하나님의 나라와 사회주의의 유토피아의 만남을 시도한 것이라고 할 것이다. 이런 만남을 위하여 종교적인 입장차는 일단 내려놓거나 판단 정지하고 그 대신 인간적인 혹은 인본적인 공통점에 주목하는 것이다.

역설적인 것은, 이런 한계를 염두에 둘 때 오히려 양자 간의 새로운 관계도 가능하다는 사고이다. 즉 흐로마드카는 "무신론자를 위한 복음"을 설파했는데, 복음이 사회주의 국가의 무신론자에게도 적합성이 있다는 주장이다.[1] 이것은 복음의 새로운 해석이다. 선교사가 선교지의 문화를 고려하여 복음을 전하듯이, 사회주의 국가의 교회가 사회주의라는 문화를 고려하여 복음을 전하려고 하는 것이라고 비교해볼 수 있다.

---

1   Josef Smolík, *Nepřeslechnutelná výzva : sborník prací k 100. výročí narození českého bohoslovce J.L. Hromádky*, 1889-1989, 이종실 역, 『요세프 흐로마드카: 체코의 에큐메니칼 신학자』(서울: 동연, 2018), 243-282.

2. 디아코니아 신학

　　동유럽 공산권의 교회 연구에 있어서 반드시 짚고 넘어가야 할 국가는 독일, 바로 동서독이다. 그 이유는 동독은 동유럽 공산권 가운데 교회의 역사가 길고 위상이 비교적 높은 곳이고, 분단 기간 동안 서독과의 관계를 맺었고 또한 동유럽 공산권 붕괴 이후 통일로 나아가기 때문에, 여러 가지 차원에서 시사점이 많은 사례이기 때문이다. 사실 동독은 종교개혁의 발상지인 작센 주가 그 중심에 놓인 곳이다. 그런데 독일, 곧 동서독에 공히 중요한 역할을 한 것이 바로 디아코니아 신학이다. 이것은 무엇이고, 왜 중요한가?

1) 서독의 디아코니아 신학

　　디아코니아는 독일 분단 이전부터 교회의 주요 개념으로 정착했고, 학문의 한 분야로 발전했으며, 분단 이후 동서독 각각의 교회에서 그리고 양자의 관계에서 중요한 역할을 했으며, 통독 이후에도 중요한 역할을 계속해오고 있다. 디아코니아는 성서에서 비롯된 개념으로, 교회의 직제로는 집사deacon라는 직분을 통해 구체화되었다. 초대교회 이후 감독제가 정착되는 과정에서 교회의 직제가 성직자로 수렴되면서 집사가 부제로 바뀌었지만, 종교개혁 특히 칼뱅의 종교개혁을 통하여 집사 직분이 회복되었고 장로 직분과 더불어 평신도(안수 받지 않은 교인)의 양대 직분으로 정착하였다. 오늘날 주목받는 디아코니아도 바로 이런 종교개혁의 맥락에서 부상하였다. 테어도르 스트롬Theodor Strohm은 디아코니아의 출현과 창시자로 간주되는 비혜른Johann Hinrich Wichern에 대하여 다음과 같이 설명한 바 있다.

> 요한 힌리히 비혜른은 1848년 비텐베르크에서 열렸던 교회의 날 행사에서 독일 개신교회 디아코니아 사업단의 초석을 놓았습니다. 그는 1517년 종교개혁을 태동시킨 도시에서 두 번째 종교개혁을 불러 일으켰습니다: 어려운 이웃을 향한 사랑의 실천과 관련된 종교개혁에 관련하여 그는 다음의 사실들을 상기시킵니다. "개신교 교회는 다음의 사실을 총체적으로 승인해야 한다: 내적 선교Innere Mission의 디아코니아 사업은 교회의 사안이다! 내적 선교는 이러한 사역을 전체적으로 표현한 하나의 커다란 표식이다. 사랑은 교회에 있어 신앙에 속한다". 비혜른은 교회로 하여금 그들의 임무, 즉 교회가 단지 사람들에게 하나님 사랑의 말씀을 선포하는 것뿐만 아니라 구체적인 행동으로 섬기는 것임을 상기시킵니다.[2]

서독에서 디아코니아는 계속해서 중요성을 인정받았고, 결국 디아코니아학이 독자적으로 대두되었다. 그런데 분단 이후 서독교회는 동독과 동독교회에 대하여 기본적으로 디아코니아 입장에서 접근하였다. 이런 태도는 위의 인용문에서 보듯이 기본적으로 내적 선교의 연장인 것이다. 그러나 동서독교회의 관계가 내적 선교로 볼 수 있는

---

2 Evangelische Kirche in Deutschland, *Herz und Mund und Tat und Leben: Grundlagen, Aufgaben und Zukunftsperspektiven der Diakonie: eine evangelische Denkschrift, 3. Aufl.* 홍주민 역, 『디아코니아 신학과 실천: "가슴과 입, 행동 그리고 삶" 디아코니아의 근거, 과제 그리고 미래적 전망(개신교 백서)』(청주: 한국디아코니아연구소, 2006), 8-9.

88   **제1부** 후기 사회주의 시대의 신학 하기

가라는 문제도 제기될 수 있다. 동서독교회의 관계가 돈독한 것은 좋지만, 분단 상황에서 서로의 독자성과 동독교회의 주도성을 인정하는 것도 선교에 있어서 염두에 두어야 하기 때문이다. 그렇지 않을 경우, 선교의 일방성과 의존성이라는 문제가 재현된다. 이런 문제는 동독교회 출신의 목회자가 서독교회의 선교적 노력에 대하여 고마워하면서도 지적하는 사안이기도 하다. 통독 후의 동독교회 재건도 양교회의 주도성이 모두 발휘하기보다는 서독교회 중심으로 재편되는 양상을 노출했다.

2) 동독의 디아코니아 신학

서독교회에서 디아코니아가 주로 선교적 관점에서 이해되었다면, 동독교회에서는 교회와 선교 양면에서 중요한 의의를 지녔다. 동독교회는 기독교와 사회주의의 만남이라는 주어진 조건 가운데 무신론 이데올로기인 사회주의와의 관계를 위하여 신적 차원이 아니라 인간적 차원에서 대화의 장을 마련했는데, 디아코니아가 적절한 신학 개념이 아닐 수 없었다. 그리고 동독교회가 선교함에 있어서도 사실상 가능한 형태는 디아코니아였다. 다시 말해 '사회주의 국가의 교회 스스로의 선교'나 '사회주의 국가의 교회를 향한 외부 교회나 선교기관의 선교' 모두 디아코니아 선교 이외의 다른 형태가 사실상 불가능하다. 가령 한국 교회가 진영에 따라 북한선교에 있어서 이론의 차이는 매우 크지만 막상 사역은 대동소이할 수밖에 없는 것이 좋은 예라고 하겠다. 결국 동독교회의 디아코니아 신학은 디아코니아 교회론과 디아코니아 선교론 모두를 의미했다. 이런 맥락에서 동유럽 공산권의 여타 국가에서도 이와 유사한 신학과 선교가 등장하였다.

이런 맥락에서 사회주의 국가의 교회의 새로운 교회론과 선교론에 대한 부정적인 태도도 살펴볼 필요가 있다. 가령 동유럽 공산권 붕괴 이후 헝가리 신학자인 휘스티-몰나르 Szilveszter Füsti-Molnár 는 헝가리 개혁교회가 "교회와 정부의 현실적인 관계에 부응하는 신학, 즉 '섬기는 교회의 신학' The Theology of the Servant Church 를 구성했"는데, 이것은 '공식 신학' official theology 으로 문제점이 있는 부적절한 신학으로 평가했다.[3] 나아가 풍거르 Joseph Pungur 는 "공산주의 치하에서 나온 개혁교회의 봉사신학 Theology of Service 와 루터교회의 디아코니아 신학 Theology of Diaconia 을 전반적으로 어용신학으로 비판"했다.[4] 다시 말해 디아코니아 신학이 동유럽 공산권에서 새로운 교회론으로 등장하자 부분적이든 전면적이든 간에 부정적 평가를 받게 된 것이다. 그런데 이 자리에서 한 가지 염두에 둘 것이 있다. 세계교회협의회는 1948년 전후 사회의 역사적 맥락 속에서 "인간의 무질서와 하나님의 계획" Man's Disorder and God's Design 이라는 주제하에 제1차 암스테르담 총회를 개최하면서, 기독교는 자본주의나 사회주의나 어떤 특정 이데올로기와 동일시될 수 없고 오히려 모든 이데올로기에 대해서 비판적인 자세를 취해야 한다고 주장한 바 있다. 이런 주장이 반 세기 전에 나왔음에도 불구하고 아직까지 교회론과 이데올로기의 상관성에 대한 신학적 정립이 제대로 되지 못하여, 교회

---

3 안교성, "후기 북한 사회의 기독교 신학 구성에 대한 서설: 후기 공산주의 사회들의 기독교 신학의 변화를 중심으로," 「신학연구」 68(2015), 201.

4 위의 논문, 204.

론의 평가가 원칙보다는 이데올로기적 전제에 의해서 좌우되는 경우가 있다. 평가가 부정적인 것도 긍정적인 것도 있을 수 있지만, 전체를 일률적으로 매도하는 것은 경계할 일이다. 동유럽 공산권 붕괴 과정에서 발견한 사실은 사회주의 국가의 교회들이 민주화의 훈련이 가능한 최소한도의 자율적 공간이었고 따라서 민주화의 발상지가 되었다는 점이다. 따라서 사회주의 국가에서 교회가 성장, 발전하도록 돕는 일이 선교의 시작이라고 할 수 있는데, 이것은 해당 교회에 대한 신뢰나 신뢰구축 의지가 전제가 되어야 가능하다.

통독 이전의 동독의 사례는 오늘날 사회주의를 고수하는 사회주의 국가의 교회의 교회론과 선교론을 이해하는데 전거가 된다. 이런 사례는 사회주의 국가의 교회와 관계를 맺거나 사회주의 국가에서 선교를 하려는 외부 교회나 선교 기관에게 반드시 필요한 사전지식이라고 할 수 있다.

3. 에큐메니칼 연대

김용복은 "사회주의권 사회에서의 기독교 선교 정책을 위하여"라는 글에서, 6가지를 제안한 바 있다. 곧 "수난받는 교회를 지원하는 선교", "수난받는 교회의 선교를 위하여 유대를 맺자", "통전적인 선교적 유대", "아시아교회와 세계교회의 선교적 유대망 속에서 선교적 유대를 맺자", "한국 교회의 신앙적 체험과 교회사적 경험 그리고 선교적 경험을 나누자", "선교적 인적자원의 강화를 지원하자"이다.[5] 이상의 내용을 요약하면, 지원하자, 유대를 맺자, 현지교회의 선교적 역량을 강화하자 등 3가지이다. 한 마디로 이것은 현지교회의 선교적 주도성을 인정하는 것이다.

제2차 세계 대전 종전은 제국주의와 식민주의의 종식을 의미했기에, 자의반 타의반 제국주의와 식민주의의 그늘에서 진행된 선교를 반성하는 과정에서 에큐메니칼 선교가 등장했는데, 이것은 현지교회의 선교적 주도성을 인정하고, 현지교회와 선교적 동역 관계를 맺으며, 현지교회의 선교적 역량을 강화하는 것으로 요약할 수 있다. 다시 말해 선교는 현지교회가 하는 것이고, 외부는 현지교회의 선교를 지원하고 동역하는 것이다. 그런데 아직까지 이런 에큐메니칼 선교의 개념이 충분히 인식되거나 실천되지 못하고 있고, 사회주의권 선교도 예외가 아니다. 독일교회는 국가 분단에도 불구하고 한동안 분열되지 않았다가 마침내 분열의 수순을 밟게 되었을 때, 보완책으로 동서독교회가 특별한 유대관계가 있음을 천명한 바 있다.

또한 사회주의의 특성상 국가통제가 매우 발달했기 때문에, 지하교회나 비밀선교란 사실상 거의 불가능에 가까울 정도로 매우 제한적인데, 이 분야에만 집중하느라 선교 가능성이 있는 분야를 놓치거나 현지교회를 곤란하게 만드는 경우가 있다. 더구나 외부의 일방적인 선교는 장기적으로 현지교회의 의존성을 높이거나 심지어 현지교회의 선교를 방해 내지 위축시키는 경우가 있다. 그러나 선교 역사상 자국

---

5   김용복, 『지구화시대 민중의 사회전기: 하나님의 정치경제와 디아코니아 선교』(천안: 한국신학연구소, 1998), 372-377.

민과 현지교회의 참여와 주도성 없이 선교가 완수된 적은 없다. 더구나 사회주의 국가의 선교는 가시적 결과가 단시일 내에 나타나기 어렵고 심지어 지리멸렬할 경우도 많으며 전망이 어렵다는 점에서, 마치 밑 빠진 독에 물 붓기 식의 사역이 되기 십상이다. 따라서 분명한 소신과 방향 제시가 뒷받침하지 않는 한, 외부 교회나 선교 기관의 원조 피로감donor fatigue이 급증하게 된다.

　　이런 맥락에서 한 가지 더 살펴볼 것은 디아코니아와 에큐메니칼 연대의 관계이다. 유럽의 경우, 디아코니아는 에큐메니칼 연대를 통해 실현되고 확산되었으며, 에큐메니칼 연대의 핵심 가운데 하나가 디아코니아였다.[6] 특히 사회주의권 선교의 중심이 디아코니아이기에, 디아코니아가 에큐메니칼 연대를 통해서 구현되어야 함을 주목해야 한다. 가령 중국교회가 공산화 이후 세계교회와 단절되었다가 국제무대로 다시 나온 것은 세계 에큐메니칼 교회들과 기구들의 중국방문이 물꼬를 튼 셈인데, 이때 발견한 사실은 중국교회 지도자들과 중국교회를 방문한 에큐메니칼 지도자들이 수십 년 전 청년 시절에 에큐메니칼 운동을 함께한 동료였다는 점이다.[7] 이런 방문이 있은 후에야 비로소 아미티 재단Amity Foundation 설립이 가능했다.

6　독일 개신교 연합(EKD), 『디아코니아 신학과 실천』, 117-122.

7　Christian Conference of Asia, "Asian Christian Leaders in China: Impressions and Reflections of a Visit to China, June 1-14, 1983" (Pamphlet; Singapore: Christian Conference of Asia, 1983), 34.

4. 사회주의권 맞춤형 상황화^{contextualization} 선교 개발

한 때 사회주의권 선교가 미개척 선교지가 고갈되었던 세계 선교계에 새로운 블루오션으로 떠오른 바 있다. 사회주의권 선교는 동유럽 공산권 붕괴와 더불어 구舊공산권에서 시작하였다가 점차 사회주의 국가와의 교류가 가능해지면서 사회주의 국가로 영역이 확장되었다. 사회주의권 선교를 추진하는 과정에서 사회주의권 선교 대박론이 대두되었고, 오늘날 북한선교도 이런 맥락에서 이해되고 있다. 별도의 상세한 연구가 필요하지만, 사회주의권 선교가 시작된 지 이미 한 세대가 지났으나 선교 대박은커녕 크게 내세울 만한 선교 결과가 많지 않은 형편이다. 물론 베트남에서 사역하는 한아봉사회처럼 기존 선교 패러다임이 아닌 디아코니아 선교 패러다임으로 새로운 실험을 시도하는 움직임도 있다. 그러나 이런 실험적 선교는 NGO와의 차별성 같은 정체성 문제에 대해, 에큐메니칼 선교 특히 디아코니아 선교에 대한 이해가 보편화되지 않은 한국 교회의 상황에서 선교신학적으로 해명하고 납득시켜야 할 과제도 안고 있다.

오늘날 사회주의권 선교 상황은 단적으로 말해 사회주의권 주민들이 기대와는 달리 하나님께 돌아오기보다는 세속주의로 나아가는 모습을 수수방관할 수밖에 없는 셈이라고 말할 수 있다. 이제는 사회주의권 선교의 기존의 선교신학과 방법론 등 전반적인 선교관을 재평가하고, 새로운 선교관을 마련해야 할 때이다.

사회주의권 선교를 위해서는 당연한 이야기이지만 상황화적 접근이 필요하다. 사회주의 국가 및 후기 사회주의 국가의 상황을 정확하게 이해하는 일, 그에 맞는 선교신학과 선교방법론 등 전반적인 선교관을 새롭게 마련하는 일, 새로운 선교관에 따라 외부가 아닌 현지교회의 선교 주도성을 인정하고 현지교회와 동역하거나 협조하는 일 등이 요청된다.

Ⅲ. 결론

한국 교회는 사회주의권 선교에서 가장 적극적인 선교 세력 가운데 하나였다. 지난 30년간의 노력을 통해, 적지 않은 가시적 성과를 거둔 것이 사실이다. 그러나 기대했던 것과는 거리가 멀다. 그리고 평가나 사실 확인이 제대로 이뤄지지 않아, 아직까지 막연한 기대 속에서 진행되고 있다. 북한선교의 경우는 문제가 더욱 심각하다. 사회주의권 선교를 시작한 지 한 세대가 지났지만, 과연 사회주의 국가와 후기 사회주의 국가를 망라한 사회주의권 선교의 선교신학과 선교방법론 등 선교관이 무엇인지 확실하게 정립되었다고 말하기도 어렵다. 순환논리이지만, 선교관이 정립되지 않아 기준이 없으니, 평가나 컨설팅도 쉽지 않다.

한국 교회는 사회주의권 선교를 하면서 점차 사회주의 국가나 사회주의 국가의 교회에 대한 태도에 있어서 유연함을 보여 왔다. 사회주의 국가와 접촉하는 데도 적극적이고, 사회주의 국가의 교회에 대해서도 흑백논리로 백안시하던 것에서 긍정적으로 이해하고 능동적인 협력관계를 맺는 등 발전적인 모습을 보이고 있다. 그러나 아직까지 북한선교는 예외이다. 남북한 간의 골과 상처가 깊고, 통일 전단계인 평화 담론도 부진하며, 북한선교도 답보상태인데, 새로운 세대는 통일에 대한 관심이 줄어들고 있다. 사회주의권 선교는 기회인데, 점차 사라져가고 있다. 더구나 이 기회는 한국 교회 선교의 절대명제인 북한선교로 이어져야 하는데, 상승효과도 사라지고 있다. 2019년은 3·1운동 100주년을 맞아 민족과 국가를 생각해야 하지만, 베를린 장벽 붕괴 30주년을 맞아 분단과 통일도 함께 생각해야 할 때이다.

제2부

한국 교회와 통일 담론

4장

통일 담론의
신학적 근거와 과제

Ⅰ. 서론

"우리의 소원은 통일." 〈우리의 소원〉이라는 제목의 이 노래는 한국의 많은 사람들에게 익숙하고 감흥을 주는 노래이다.[1] 그러나 이 노래를 잘 모르는 세대가 점차 늘어나는 것과 더불어, 오늘날 통일이 가능한지, 아니 과연 통일이 필요한지 라는 질문이 대두될 정도로, 통일의 전망은 불투명해지고 있다. 한국 교회는 그동안 통일 문제에 있어서 적극적인 집단 가운데 하나였다. 그 이유 가운데 하나는, 무엇보다 해방 전 한국 교회의 집중지역이 서북지역이었고, 해방 후 월남한 서북지역의 기독교인들이 한국 교회의 중요 부분을 구성함에 따라, 한국 교회 내에는 북한과 북한교회를 회복하고자 하는 통일에 대한 염원이 늘 자리잡고 있었기 때문이다. 그러나 한국 교회의 통일론은 문제에 봉착하고 있다. 한편으로는 통일론의 실제적인 면에서 문제가 있고, 다른 한편으로는 통일론의 이론적인 면에서 문제가 있다. 기독교의 신앙은 이성을 추구하는 신앙 fides quaerens intellectum 이기 때문에, 모든 신앙의 문제는 결국 신학의 문제이다. 특정 문제에 대한 신학이 정립되어야, 그 문제에 대한 논의도 실천도 제대로 이뤄질 수 있다. 그런데 그동안 한국 교회 내에서 통일의 논의도 통일을 위한 실천도 계속되

---

[1]   이 노래는 1947년 안석주가 가사를 쓰고 그의 아들 안병원이 곡을 붙인 노래로, 원래는 독립에 대하여 노래한 것이, 1948년 남북 분단이 기정사실이 되면서 통일로 가사가 바뀌어 불리게 되었다고 한다. 북한에서는 〈우리의 소원은 통일〉이라는 제목으로 불린다고 한다. 본래 남한에서만 불리다가 1988년 임수경의 방북을 통해 북한에서도 불리게 되었다는 것이다. 다음 항목 참조, http://Ko.wikipedia.org/wiki/%EC%9A%B0%EB%A6%AC%EC%9D%98_%EC%86%8C%EC%9B%90, [2012.03.02. 접속].

었고, 어느 면에서는 활발하기도 했지만, 막상 이런 논의와 실천의 근거가 되는 신학적 노력은 비교적 미약하고 일천하다고 평가할 수 있다. 다시 말해 통일을 위한 주장, 통일을 위한 방법론, 통일을 위한 실용적인 방법에 대한 글들이 양산되는 데 반해, 본격적인 통일론에 대한 신학 혹은 "통일신학"은 아직 답보상태라고 할 수 있다. 본 글에서 통일신학을 본격적으로 논할 수는 없지만, 통일에 있어서 필수적인 신학적 측면과 교회의 과제에 대하여 언급하고자 한다.

II. 통일을 위한 신학 혹은 통일신학

1. 성서적, 신학적 기초

통일이 교회의 주제가 되려면, 성서적, 신학적 근거가 있어야 할 것이다. 성서와 신학에 있어서 통일신학의 근거를 몇 가지 면에서 추론할 수 있다. 하나는 하나님이요, 다른 하나는 인류요, 또 다른 하나는 역사이다. 첫째, 하나님은 통일의 하나님 혹은 일치의 하나님이다. 기독교의 신은 삼위일체 하나님인데, 삼위일체 하나님은 내재적 삼위일체에 의하면, 독자성과 일치성이 함께 있다. 즉 신의 존재 자체가 통일을 지향하고 통일을 계시하고 있다고 볼 수 있다. 둘째, 인류는 하나님의 자녀요, 하나님의 창조물이다. 따라서 기독교의 이해에 따르면, 모든 인류는 하나이다. 물론 성서와 신학은 인류의 분열을 증거하지만, 동시에 인류의 분열에 앞선 인류의 일치에 대한 기억을 상실하지 않는다. 이런 전제는 결국 구원을 인류의 재일치와 연결 짓게 만든다. 셋째, 이런 사고는 성서의 역사와 교회의 역사에도 지속적으로 나타난다. 그 예는 여러 가지를 들 수 있다. 먼저 거시적인 관점에서 인류에 대하여 생각해보자. 가령 바벨탑 사건은 인류의 분열을 보여주지만, 오순절 사건은 인류의 일치를 잠정적으로 보여주고, 이런 인류의 일치는 새하늘과 새땅에서 실현된다. 또한 미시적인 관점에서 이스라엘에 대하여 생각해보자. 이스라엘의 경우, 12지파가 하나의 공동체를 이루게 된다. 허호익은 이런 계약공동체의 역사를 통일신학의 근거로 삼았다. 또한 이스라엘은 안식년, 희년 등을 통하여 파괴적 사회의 재통합을 추구한다. 민영진은 희년을 통일신학과 연관시킨다. 뿐만 아니라, 새 이스라엘이라고 일컬어지는 교회도 통일을 지향한다. 예수 그리스도는 교회의 본질로 일치성을 드셨다. 그의 마지막 대제사장적 기도가 나오는 요한복음 17장에서 교회, 일치, 선교를 한꺼번에 말씀하셨다. 즉 "아버지여, 아버지께서 내 안에, 내가 아버지 안에 있는 것 같이 그들도 다 하나가 되어 우리 안에 있게 하사 세상으로 아버지께서 나를 보내신 것을 믿게 하옵소서"요 17:21. 인류의 경우와 마찬가지로, 교회 역사는 교회의 분열을 증거하지만, 동시에 교회의 분열에 앞선 교회의 일치에 대한 기억을 버리지 않았다. 이런 역사는 결국 오늘날 제2의 종교개혁운동이라고 부르는 에큐메니칼 운동으로 이어지게 되었다. 또한 에큐메니칼 운동은 "교회의 일치와 인류의 일치" 혹은 "교회의 일치와 인류의 갱신" 같은 주제를 통하여 통일의 관점에서 교회와 인류를 보려는 노력을 지속적으로 하고 있다.

2. 한국에서의 통일신학의 전개

그렇다면 한국에서 통일신학은 어떻게 전개되고 있는가? 한국과 한국 교회는 1945년의 분단, 그리고 1953년의 재분단 이후 통일에 대한 관심을 지속적으로 유지하였다. 그러나 분단, 전쟁, 국가안보, 독재, 반민주 등의 극단적인 정치 상황으로 인하여, 한국 사회는 물론이고 한국 교회에서 통일론은 건전하게 발전하지 못했다. 1980년대들어 민주화운동이 통일운동으로 이어졌다. 분단이란 맥락을 고려하지 않고서는 민주화가 불가능하다는 인식이 대두되었기 때문이다. 이런 통일운동으로 인하여, 통일론은 점차 활발하고 다양해졌다. 그러나한반도를 둘러싼 상황의 극적인 변화가 이뤄지지 않자, 이런 통일론의다양성은 건전한 통일론으로 발전하지 못하고, 파행적인 양상을 계속적으로 보였다. 즉 통일을 논하는 통일론 자체가 분열과 갈등에서 벗어나지 못했으며, 심지어 통일론이 통일을 둘러싼 갈등의 빌미를 제공하는 경우까지 있었다. 이런 상황은 통일을 중심으로 한 남북갈등 및남남갈등의 양상으로 요약할 수 있다. 이런 상황 가운데서도 한국의통일신학이 서서히 발전하기 시작했다. 먼저 통일을 위한 실천적 경험을 반성하는 노력들이 나타났다. 이어서, 한국의 분단 및 통일 과정을신학적으로 비판하고자 하는 노력들이 나타났다. 그러다가, 1988년한국기독교교회협의회의 "민족의 통일과 평화에 대한 한국기독교교회선언[88선언]"이라는 획기적인 문서가 나타났다. 이 문서는 통일과 관련된 신학 연구의 토대를 제공하는 한편, 신학 연구의 도화선을 당겼다. 그러나 이 문서는 역사적인 문건임에도 불구하고, 통일론을 중심으로 한 남북갈등과 남남갈등을 해결할 정도의 공감대를 형성하지 못했다. 가령, 필자가 소속된 교단인 대한예수교장로회 통합측은 1988년 통일교육 문제 등으로 갈등을 가졌고, 위의 문서를 수용하는 대신 1991년 독자적인 문서를 작성했다.

각설하고, 이런 와중에도 한국의 통일신학은 계속 발전하였다. 통일신학의 노력 가운데 주목할 만한 것은 『통일과 민족교회의 신학』이라는 저서이다. 이것은 "1988년 12월 수원 아카데미하우스에서 열린 '민족의 화해와 평화통일의 신학 정립을 위한 학술회의'에서 발표된 글들과 그에 대한 논평과 토론을 정리하여 펴낸 것"이다.[2] 흥미로운 사실은, 이 학술회에는 당시 통일에 관심을 보이던 진보와 보수 학자들이 대거 참여했다는 것이다. 이런 노력을 전환점으로, 진보 계열과 보수 계열들이 계속해서 신학적 노력을 기울였는데, 안타깝게도 각자의 노선을 따르는 모습을 보였다. 가령 전자는 『남북교회의 만남과 평화통일신학』, 후자는 『민족통일을 준비하는 그리스도인』을 예로 들수 있다.[3] 최근 들어서는 다양한 주제들에 대한 신학적 노력들이 시도되고 있다. 먼저, 통일 이후 시대의 신학의 양상이 어떤 것일까에 대하

---

2   통일신학동지회 편, 『통일과 민족교회의 신학』(서울: 한울, 1990), [5].
3   한국기독교교회협의회 통일위원회 편, 『남북교회의 만남과 평화통일신학: 기독교통일운동자료 및 평화통일 신학논문 모음집』(서울: 한국기독교사회문제연구원, 1990); 남북나눔 연구위원회, 『민족통일을 준비하는 그리스도인』(서울: 두란노, 1995).

여 연구하고 있다. 가령 감리교신학대학교를 중심으로 기독교사회주의에 대한 논의가 다시 일고 있다.[4] 또한 그동안의 한국과 한국 교회의 통일론의 변천 과정에 대한 역사적, 신학적 연구도 이뤄지고 있다. 뿐만아니라, 북한의 중심사상인 주체사상의 종교성에 착안하여 주체사상과 기독교를 비교하는 노력도 이뤄지고 있다. 이에 더하여, 20세기 말은 소위 민족과 종족 간의 분쟁의 시기, 혹은 냉전 이후의 열전의 시기라고 부르는데, 이런 맥락에서 화해와 수용이 중요한 신학적 주제로 등장하고 있다. 이런 화해와 수용의 관점에서 통일을 연구하는 노력도 기울여지고 있다.

3. 한국 통일신학의 주제들

그렇다면, 신학적으로 문제가 되거나 자주 논의되는 내용들은 무엇인가?

첫째, 한국 역사에 대한 이해이다. 그동안 한국 역사에서 주도적인 것은 통일국가론이었다. 이런 관점에서는 통일은 당연한 과제이다. 다시 말해 한국은 통일국가로 있는 것이 정상이고, 분단 상황은 비정상이라는 시각이다. 이런 관점에서는 통일에 대한 "왜"라는 질문은 필요 없고, 다만 "어떻게"라는 방법이 중요하다. 물론 남북 분단 상황

4　감리교신학대학교 한반도평화통일신학연구소 편, 『통일 이후 신학 연구』 I & II (서울: 신앙과지성사, 2008; 2009).

에서 통일문제를 정부가 독점함으로써 ― 오늘날은 민간차원이 강화되었으나 여전히 정부의 역할은 절대적이다 ― 한때는 통일을 언급하는 것 자체가 조심스러운 때도 있었지만, 여하튼 통일은 거의 당연시되었던 것이다.

그러나 오늘날 민족주의론이 비판받고, 남북의 간격이 커짐에 따라, 소위 단일민족론이 도전받고 있다. 단일민족론에 대한 학문적 관심이 크게 비등하지는 않지만, 통일비용 부담 등의 이유로, 분단 상황의 현상 유지 status quo를 유지하고 수용하려는 목소리가 증가하고 있다. 더구나 오늘날 대한민국은 급속도로 다인종·다문화·다종교사회로 진입하고 있다. 이런 상황에서 과연 한민족이 무엇인지를 정의하고, 그에 대한 공감대를 형성하며, 그것을 통일론과 연결시키는 것이 매우 중요한 이론적, 실천적 문제가 되고 있다. 물론 이 과제가 통일신학만의 과제인가, 혹은 통일신학의 본래적인 과제인가는 의문이지만, 적어도 이런 전제가 해결되지 않는 한, 통일신학을 전개해 나가기는 어렵다. 특히 오늘날 통일의 중심이 국가인지, 민족인지, 계급인지 등에 대해서도 논쟁이 계속되는 형편이다.

둘째, 통일의 성격이다. 20세기 3/4분기에는 소위 북진론과 북한선교론이 대세를 이뤘다. 그러다가 20세기 4/4분기부터 화해, 평화, 그리고 평화통일론이 대두되었다. 오늘날 한국 교회의 통일론 혹은 통일신학 역시 이런 두 가지 흐름으로 대별되고 있다. 주로 보수진영은 북한선교론을, 진보 진영은 평화통일론을 지지하고 있다. 대한예수교장로회(통합측)는 중도적인 입장을 취하고 있고, 그 예로 "남북한선교통일위원회"라는 명칭의 부서를 두고 있다.

그런데 통일의 성격이라는 문제는 남북한의 관계, 분단의 책임, 북한교회에 대한 이해 등과 연관되어 있다. 이에 대하여 좀더 상술해 보자. 먼저, 남북한의 관계는 단순히 분열된 것만이 아니라, 적대적이다. 특히, 김병로가 지적했듯이, 북한이 한국전쟁 이후 단순한 계급이 아니라, 한국전쟁 피해자들을 중심으로 계층을 나눴기 때문에, 오늘날 북한의 상류층은 반ㅅ대한민국 정서를 지니고 있으며, 따라서 남북한의 적대적 상황은 상존할 가능성이 높다.[5] 특히 이런 분단이 지속됨에 따라, 남북한은 적대국을 넘어서, 실질적으로 서로에게 미지의 세계가 되고 있다. 따라서 상대방에 대한 오해가 계속적으로 증폭되고 있다. 이런 사실은 남북한이 결코 서로를 잘 알고 있다는 선입견을 지녀서는 안 된다는 점을 상기시킨다. 더구나 유엔 동시 가입을 통해서, 남북한은 실질적으로 상대방을 국가로 인정한 셈인데, 이런 외교적인 현실은 국내 정서에는 크게 반영되지 않고 있다.

또한, 통일론과 관련하여, 분단에서 화해로 전개되어나가는 과정에서 분단의 책임론이 대두되었고, 책임을 인정하지 않는 측과 화해를 위하여 공동책임을 인정하는 측 사이의 첨예한 대립이 있었는데, 이 문제는 오늘날도 완전히 해결되지 못했다.

그리고 남북한에 대한 정치적 이해는 북한교회에 대한 종교적 이해에 영향을 미치고 있다. 북한교회를 어떻게 보느냐는 시각이 통일 신학의 방향에 큰 영향을 미칠 것으로 여겨진다. 가령, 구 동독교회와 북한교회를 동일선상에서 비교하기는 어렵지만, 통일 이전에 서독교

---

5   조용관, 김병로, 『북한 한 걸음 다가서기』(서울: 예수전도단, 2002), 48-55.

회가 구 동독교회를 인정하고, 구 동독교회 역시 제한된 상황에서나마 존재하고 사역함으로써, 통독에 크게 기여한 사실, 그리고 그런 제한된 상황 가운데서나마 기독교 가정에서 자랐던 앙겔라 메르켈^{Angela} Merkel이 오늘날 통일독일의 총리가 되어 기독교적인 정책을 추진하고 있다는 사실은 시사하는 바가 적지 않다.[6]

셋째, 통일의 단계이다. 통일을 점으로 보느냐 선으로 보느냐에 따라 통일신학의 주제가 달라질 수 있다. 만일 통일을 과정으로 본다면, 통일 이전, 통일, 통일 이후 등의 다양한 단계에 대한 관심을 기울일 필요가 있다.

넷째, 통일의 내용의 다양성이다. 과거에는 통일은 주로, 정치적, 경제적, 외교적, 지리적 문제로 여겨졌다. 오늘날도 이런 문제들이 통일론에서 중요한 부분을 차지하는 것은 사실이다. 그리고 교회의 통일신학도 이런 면에 많은 관심을 가졌다. 그러나 점차 통일의 다면적 측면에 관심을 가지게 되었다. 즉 정치적, 경제적, 외교적, 지리적인 문제가 해결된다고 하더라고, 문화적, 인간적 문제가 남아있다는 자각이다. 이런 맥락에서, 문화 동질성, 사람의 통일 등의 주제가 대두되고 있다. 그리고 이런 문화적, 인간적 측면에서는 교회의 역할이 크게 작용할 것으로 기대된다. 이제 통일의 실제적인 과제들을 언급하기로 하자.

---

6 Volker Resing, *Angela Merkel-Die Protestantin*, 조용석 역, 『앙겔라 메르켈, 그리스도인』(서울: 한들출판사, 2010).

III. 통일을 위한 과제들

1. 통일을 위한 인식:
"화평케 하는 자가 복이 있나니"[마 5:9]

위에서도 언급하였듯이, 한국의 통일은 우선적으로 정치적인 문제이다. 그래서 결코 바람직한 것은 아니지만, 여러 가지 이유로 인하여 통일이 이뤄지지 않은 채 분단이 계속될 가능성도 배제할 수 없다. 비록 한국이 선진국 진입을 앞두고는 있지만, 한반도가 세계의 가장 극적인 분쟁지역이라는 사실은 부정할 수 없다. 바로 이런 이유로 해서, 세계개혁교회연맹[WARC, 오늘날 WCRC]은 1989년 서울 총회를 개최하면서, '정의, 평화, 창조질서의 보전'[Justice, Peace, and the Integrity of Creation, JPIC]을 주제 가운데 하나로 삼았고, 세계교회협의회[WCC]는 이듬해인 1990년 '정의, 평화, 창조질서의 보전' 세계대회를 한국에서 가졌고, 2013년 부산 총회도 '정의, 평화, 창조질서의 보전'의 맥락에서, "생명의 하나님, 우리를 정의와 평화로 인도하소서"[God of life, lead us to justice and peace]를 주제로 내세웠다. 따라서 통일의 성취 여부도 중요하지만, 그보다 더 중요한 것은 분단 상황에 머물든 통일로 나가든 간에, 과연 한국 교회가 평화를 실현할 수 있겠느냐 하는 질문이다. 다시 말해 통일을 이루지 못하더라도 평화는 이뤄야 한다. 이와 유사한 맥락에서, 남태욱은 평화신학이 통일신학이 되어야 한다고 주장한다.[7] 이를 위하여 한국 교회는 먼저 한국 내에서 평화를 생활화하는 노력을 기울여야 한다.

화평케 하는 자가 되려면, 그 자신이 평화의 사람이 되어야 하기 때문이다. 오늘날 대한민국은 극도의 갈등 사회가 되고 있다. 만일 대한민국의 평화 구축에 실패한다면, 장차 통일 후 사회에서 평화를 감당할 수 있을까? 그런데, 특히 남북한 간의 평화는 분단, 대립, 전쟁 등으로 물든 역사 속에서 이뤄내야 하기 때문에, 오늘날 세계적으로 대두되는 화해신학을 주목해야만 한다. 화해신학은 화해를 위해서 자기 자신과 상대에 대한 변화된 새로운 의식을 요청한다. 과연 이 일이 가능하겠는가가 오늘날 한국 교회가 당면하고 있는 숙제이다. 이 과제는 자연스럽게 다음 과제로 이어진다.

2. 통일을 위한 연습:
"우리에게 화목하게 하는 직분을 주셨으니"[고후 5:18]

한국 교회가 통일을 위하여 감당할 사명은 특히 화목자의 역할이다. 다시 말해 한국 교회는 스스로 평화의 사람이 될 뿐 아니라, 갈등 가운데 있는 당사자들을 화해시키는 화해의 직분을 구현해나가야 한다. 흔히 우리는 한국의 통일 연구를 위하여 독일을 벤치마킹한다. 그런데 통독과정에서 교회의 역할이 매우 중요했다는 것은 자타가 공인하는 바이다. 그렇다면, 오늘날 한국 교회는 통일의 과정에서 이런 역할을 하는가를 자문해야 한다. 물론 한국의 경우는 한국전쟁이란 상처 때문에, 상황이 더욱 어려운 것이 사실이다. 그러나 그렇기 때문에,

---

7 남태욱, 『한반도 통일과 기독교 현실주의: 라인홀드 니버를 중심으로』(서울: 나눔사, 2012).

교회의 역할이 더욱 중요한 것이다. 그런데 안타까운 것은, 한국 교회가 통일론을 중심으로 한 갈등에서 한국 사회보다 진일보된 모습이나 차별화된 모습을 거의 보이지 못하고 있다는 사실이다. 최근 들어 남북관계가 경색되어 있다. 문제는 이런 양상에서 교회도 그런 경색국면을 뚫을 수 있는 돌파구 역할을 하지 못한다는 것이다. 그만큼 한국 교회의 화해자로서의 역할은 제한되어 있다는 의미이다. 이런 맥락에서, 한국 교회는 몇 가지 역할이 요청되고 있다. 첫째, 한국 교회는 한국정부와 스스로를 차별화하여, 통일과정에 있어서 민간차원의 지도력을 발휘해야 한다. 그래야 정부 간의 관계가 경색되어도 별도의 대화 창구를 열 수 있는 여지가 있게 된다. 둘째, 한국 교회는 한국 교회의 통일 관련 남남갈등을 좀더 적극적으로 해소해나갈 필요가 있다. 위에서 언급했듯이, 1988년에 한국의 통일문제를 위하여 진보와 보수가 머리를 맞댄 적이 있다. 이런 대화와 상호이해의 노력이 재개되어야 한다. 그래서 이런 역량을 통해, 한국 교회뿐 아니라, 한국 사회의 통일 관련 남남갈등을 해결하는 물꼬를 터야 한다. 셋째, 한국 교회는 북한이탈주민^{탈북자 혹은 새터민} 사역에 더욱 적극적이어야 한다. 북한이탈주민은 그 자체로서도 심각한 문제이지만, 통일한국의 시금석이다. 만일 한국 교회가 대한민국 안에 들어온 작은 북한이라고 할 수 있는 북한이탈주민이라는 소규모 문제마저 대처하는데 무능하다면, 통일 후 한국의 사회통합이란 대규모 문제의 해결을 염원한다는 것은 어불성설이다. 북한이탈주민 사역은 북한이탈주민을 위한 선교뿐 아니라, 북한이탈주민을 통일 후 교회사역자로 준비하는 일도 필요하다. 특별히 통일 후 한국 교회의 사역에 있어서, 북한이탈주민들은 잘 준비될 경우

남북한을 모두 이해하는 독특한 존재로서 크게 쓰임받게 될 것이다.

3. 통일을 위한 희생:
"자기 십자가를 지고 나를 따를 것이니라"[막 8:34]

최근 들어, 통일에 부정적인 입장을 가진 사람들이 늘고 있는데, 그 이유 가운데 중요한 것 중 하나가 통일 부담 비용이라는 것이다. 물론 이런 견해를 가질 수도 있지만, 기독교인으로서 중요한 문제를 자기 유익이라는 관점에서 결정할 수는 없는 노릇이다. 무릇 기독교인이 주님의 제자로서 가는 길은 모두 십자가의 길이다. 왜냐하면, 제자는 자기 십자가를 지고 주님을 따라야 하기 때문이다. 더구나 이제까지의 역사가 증언하는 바에 의하면, 통일의 길은 가시밭길이요, 십자가의 길이었다. 만일 통일이 한국 교회가 반드시 추구해야 할 일이라면, 한국 교회는 통일을 위한 대가를 치룰 각오를 해야 할 것이다. 주님께서 제자가 되고자 하는 자에게 경고하면서, 망대를 세우거나 전쟁에 나갈 때 미리 계산해야 한다는 비유를 드셨다. 믿음은 맹목적인 것이 아니라, 희생 즉 제자직의 대가를 미리 헤아려보고, 그것을 직면하고 각오하는 일이다.[8] 통일이 교회가 할 일이라면, 한국 교회는 미리 그 대가를 염두에 두고 용감하게 나가야 한다. 갑자기 놀라 도망치는 일이 있어서는 안될 것이다.

---

8 본회퍼의 제자직에 대한 저서인 『나를 따르라』(Nachfolge)의 영어번역본 제목이 바로 『제자직의 대가』(The Cost of Discipleship)이다.

IV. 통일을 위한 사명자:
누가 "눈물을 흘리며 씨를 뿌릴" 것인가?^{시 126:5}

한국 교회는 그동안 통일을 위하여 많이 기도하고 눈물을 흘렸다. 특히 월남민 출신 기독교인들은 더욱 그러했다. 그러나 통일은 비단 월남민이나, 2세대 월남민인 북한이탈주민만의 일이 아니다. 하나님께서 화해와 일치를 원하신다면, 현대사에서 가장 큰 문제였고 현재도 그 상태가 지속되고 있는 한반도를 둘러싼 분단, 대립, 전쟁, 갈등은 어떤 모양으로든 해결되어야 한다. 만일 이 문제를 위해서 희생할 자가 나와야 한다면, 교회가 나서야 할 것이다. 하나님께서 주님을 죄를 알지도 못한 분이시지만 우리를 위하여 죄를 삼으신 것처럼^{고후 5:20}, 통일이 교회의 과제가 분명하다면 교회는 억울해도 오해를 받아도 손해를 봐도 그 길을 가야 한다. 그 길에서 더 많은 눈물을 혹은 피를 흘려야 한다 하더라도.

5장

통일의 필요성과
한국 교회 통일 담론

Ⅰ. 서론: 통일의 필요성?

최근 들어 통일이 다시금 교회와 사회의 관심거리가 되고 있다. 특히 2014년 박근혜 대통령의 "통일은 대박"이라는 발언이 나온 이후, 통일은 하나의 유행어가 되는 대중성을 띄게 되었다.[1] 심지어 한때 '통일펀드'까지 나올 정도로 과열되었다.[2] 물론 통일은 대박이란 생각은 신창민이 이미 2012년 그의 저서 『통일은 대박이다』에서 제기한 바 있다. 여하튼 통일은 민족의 숙원이고 대의명분이라고 할 수 있다.[3] 그러나 동시에 통일은 지난한 과제이요, 따라서 실현 가능성을 염두에 두어야 한다. 이런 맥락에서, 자칫하면 "통일은 쪽박"이 될 수도 있다는 점을 유념해야 할 것이다.[4]

그런데 기존의 통일 담론을 살펴보면, 막상 통일 담론의 기초라고 할 수 있는 '통일의 필요성'이란 주제를 당연시하면서도, 충분한 논의를 하지 않고 있다.[5] 다시 말해 통일과 관련하여 현상 및 논리 분석 혹은 과제 및 방법 제안 등 주로 '어떻게'의 문제에 집중한 나머지,

---

1 "대통령 신년기자회견," 2014.01.06.
2 "통일펀드, 투자 대상은 어디?: 인프라 위주 투자 … 사실상 대형우량주펀드," 『그린경제』, http://www.egreennews.com/news/articlePrint.html?idxno=101124, [2014.05.30. 접속].
3 신창민, 『통일은 대박이다』(서울: 매일경제신문사, 2012).
4 정현수, "통일대박론의 오리엔탈리즘," 『평통기연』 2014.01.28.
5 통일부 통일교육원, 『2016 통일문제 이해』(서울: 통일교육원 교육개발과, 2015), 14-19, 특히 17-19. 이 책은 통일의 필요성을 간략히 다루고, 그 필요성을 개인적, 국가적, 민족적, 국제적 차원에서 재구성해 요약, 설명하고 있다.

'왜'라는 문제를 천착하지 않고 있다.[6] 설사 후자를 다루더라도, 부분적인 언급에 그칠 뿐, 이 문제를 집중적이고 본격적으로 다루고 있지 않다. 그 결과, 통일 담론은 통일의 기초를 학문적으로 다루는 '통일학'[가칭]보다 '통일전략'이 대부분을 차지하고 있는 형편이다. 기독교계에서도 상황은 마찬가지로, 기독교 통일 담론은 '통일신학'보다는 '기독교적 통일전략'이 주류를 이루고 있다.[7] 가령, 기존의 통일 담론은, 신창민의 경우처럼, "감상적 면이나 당위론은 일단 논외로 하자"면서,[8] 곧장 통일의 실천적이고 실용적인 측면을 언급함으로써, 통일 담론의 당위론을 생략해온 것이 사실이다. 즉 대부분의 기존의 통일 담론은 서론 부분에서 통일의 필요성이나 당위성을 간략하게 언급하고 지나가면서, 서둘러 통일전략에 몰두한다. 그러나 통일의 필요성은 통일의 당위성과 기본 방향을 결정짓는다는 점에서 매우 중요하며, 따라서 철저한 논의가 요청된다. 만일 그렇지 않을 경우, 통일 담론은 뿌리 없는 논의나 피상적인 논의가 될 위험이 크다.

이런 맥락에서, 본 단원은 다음과 같은 두 가지를 목적으로 한다. 첫째, 본 단원은 기존의 통일 담론 중에서, 통일 담론의 기초요 전제가 되는 '통일의 필요성'에 관련된 담론의 유형과 발전을 살펴보고자 하며, 이를 통하여 적합성이 높은 통일 담론의 기초를 제공하고자 한다. 이를 위해서, 통일의 필요성에 대한 담론을 두 가지 측면에서 접

---

6   가령 다음 책을 볼 것. 김형기, 『남북관계 변천사』(서울: 연세대학교출판부, 2010); 송건호 외, 『변혁과 통일의 논리』(서울: 사계절, 1987); 심지연, 『남북한 통일방안의 전개와 수렴』(서울: 돌베개, 2001); 정진위, 김용호, 『북한 남북한 관계 그리고 통일』(서울: 연세대학교출판부, 2003).
7   안교성, "통일신학의 발전에 관한 소고," 『한국기독교신학논총』 90(2013), 87.
8   신창민, 『통일은 대박이다』, 4.

근하고자 한다. 즉 역사적 접근, 그리고 통일의 주체^{agent} 내지 당사자 party concerned에 따른 접근이다. 둘째, 본 단원은 이런 연구결과에 기초하여 기독교통일 담론에 대한 함의를 간추리고자 한다.

본론에 들어가기에 앞서, 서론에서 몇 가지 지적할 것이 있다. 첫째, 통일에 대하여는 다양한 태도들이 존재한다. 이런 태도들을 요약하면, 통일지상주의, 통일현실주의, 통일무관심주의라고 말할 수 있다. 이런 태도의 차이는 세대차와도 일정한 상관성을 보이고 있다.[9] 즉 연령이 낮을수록 통일에 대한 관심도가 낮다. 본 단원은 이 자리에서 이런 태도들을 상술하지는 않겠지만, 한 가지 분명한 사실은 오늘날 더 이상 통일의 필요성이 당연시되지도 않고, 모든 사람이 공감하지도 않는다는 것이다. 다시 말해 오늘날 통일의 필요성 자체가 의문시되고 있다. 따라서 통일의 필요성을 당연한 것으로 전제하고 추진하는 통일 담론은 일방적이고 편파적인 것이 될 수 있다. 둘째, 통일은 복잡한 과정이다. 통일은 상세히 살펴보면, 통일 전 과정, 통일 과정 자체, 그리고 통일 이후 과정으로 말할 수 있다. 본 단원은 이 자리에서 이런 과정들을 상술하지는 않겠지만, 이런 과정들은 각각 공존, 통합, 화해 등의 주제로 세분할 수 있고, 이 모든 주제를 아우르는 상위개념은 평화라고 할 수 있다. 기독교신학은 평화를 크게 '팍스'^{Pax, 외형적이고, 무력에 의해 지탱되고, 분쟁이 중지된 소극적인 의미의 평화}와 '샬롬'^{Shalom, 명실상부하고, 갈등이 해소되고, 각자의 가능성이 실현되는 적극적인 의미의 평화}로 대별한다.[10] 따라서 한반도의 통일을 추진한다는

---

9 임성빈, "세대 차이와 통일인식에 대한 신학적 반성," 「장신논단」 46/2 (2014): 247-270.

10 Klaus Wengst, *Pax Romana*, 정지련 역, 『로마의 평화: 예수와 초대그리스도교의 평화인식과 경험』(서울: 한국신학연구소, 1994).

의미는 정전상태의 소극적인 평화를 넘어서 새로운 정체성을 지닌 국가의 풍성한 평화를 갈구한다는 것이고, 이런 맥락에서 통일은 평화의 확대와 심화가 병행되어야 한다.

아울러, 본 단원의 한계는 통일의 필요성에 관련된 통일 담론을 주로 남한의 것만 다루었다는 것이다. 이런 문제점을 보완하기 위하여, '남한 속의 북한'이라는 북한이탈주민들의 입장을 반영할 수 있지만, 근본적인 한계를 불식할 수는 없다.[11] 통일이 남북한 모두의 과제라는 점에서, 북한의 것을 본격적으로 다루는 후속 연구가 나와 균형을 이룰 것을 기대해본다.

II. 역사적 접근: 우리의 소원은 통일!

"우리의 소원은 통일"이라는 노래는 대한민국에서 널리 회자되는 노래이다. 그런데 오늘날 이와는 다른 생각을 하는 사람들이 급속히 늘고 있는 것도 사실이다. 이 자리에서는 통일의 필요성에 대한 담론을 역사적 차원에서 접근해보고자 한다.

---

11   정병호 외 편, 『웰컴투코리아: 북조선사람들의 남한살이』(서울: 한양대학교출판부, 2006).

1. 과거(1): 통일국가의 전통

먼저, 통일의 필요성과 관련하여 가장 대표적인 담론은 한국사에 나타난 통일국가의 전통이다. 즉 한국은 통일국가였고, 따라서 한국은 분단을 극복하고 재통일되어야 한다는 논리이다. 이런 관점에서 한국사는 고조선, 통일신라, 고려, 조선, 그리고 앞으로 나타날 통일한 국으로 이어지는 것을 강조한다.[12] 다시 말해 한국은 단일국가로 존재하는 것이 정상이라는 소위 '일국가설'−國家說이 주종을 이루는 것이다.[13]

2. 과거(2): 건국의 숙원

통일의 필요성은 건국과 관련되어서도 주장된다. 즉 임시정부로 시작된 건국은 해방 후 정부수립으로 완성되어야 하는데, 이것이 분단의 양상으로 이뤄졌기 때문에 불완전하고, 따라서 통일이 될 때 비로소 건국도 완성된다는 입장이다. 즉 통일은 건국의 숙원이라는 것이다. 이런 면에서 남북한은 각각 자기가 중심이 되는 흡수통일 담론을 주장하였다.[14] 이런 입장은 최초의 무력적인 입장에서 점차 평화적

---

12 이런 점에서, 고조선, 통일신라, 고려, 조선 이외의 다른 국가는 주목받지 못한다. 가령, 중국학자들은 만일 일국가설과 연관하여 통일신라를 논한다면, 발해의 존재는 어떻게 설명할 것인가라는 질문을 제기하면서, 발해의 중국 귀속설을 주장하기도 한다.
13 이런 관점에서, 통일 이전의 남북한은 상호간에 인정을 하지 않고, 서로를 괴뢰(傀儡)라고 불렀다. 유엔 동시가입 이후에도, 정치적 상황이 악화되면, 상대방을 인정하지 않는 태도를 보였다.

인 입장으로 바뀌고, 이와 더불어 점차 통일의지도 약화되어 간 것이 사실이다. 가령, 분단 직후, 남한은 북진통일을, 북한은 적화통일을 주장하였다. 이런 맥락에서 이승만 대통령은 한국전쟁 종전 과정에서 정전에 동의하지 않았고, 그 결과 정전협정은 남북한 간이 아니라, 미국과 북한 간에 맺어졌다. 남북한은 1972년 7·4공동선언에서 평화를 주장할 때까지 전투적인 양상을 보였다. 그러나 이런 평화 선언이 자동적으로 한반도에 평화를 정착시킨 것은 아니다. 오히려 "이것[고려연방제]이 여의치 않자 1975년 김일성은 중국에 제2의 무력 남침 지원을 타진"하기도 하였다.[15]

3. 현재: 정전 이후의 평화와 통일

통일의 필요성은 정전 이후의 남북한 긴장관계와 관련해서도 주장되었다. 즉 현재의 평화는 정전상태의 위태로운 평화에 불과하기 때문에, 진정한 평화를 위해서 통일이 되어야 한다는 것이다. 지난 70여 년 동안, 남북한은 사실상 준전시 상태에 놓여있었고, 주민들은 극도의 긴장과 불안 가운데 살아왔으며, 심지어 그런 위기에 대하여 불감증을 느낄 정도가 되었다. 따라서 이런 위기를 타개할 평화는 한반

---

14 김일영은 분단 이후 남북의 노선이 각기 단정 노선과 민주기지론이었으며, 이것들이 북진통일론과 남진통일론(국토완정론[國土完整論])으로 이어졌다고 한다. 김일영, 『건국과 부국: 현대한국정치사 강의』(서울: 생각의 나무, 2004), 80-83. 20세기 후반의 북한의 통일정책에 관해서는 다음 책을 볼 것. 신정현 편, 『북한의 통일정책』(서울: 을유문화사, 1989).

15 신창민, 『통일은 대박이다』, 5.

도의 절대명제라고 할 수 있다. 이것은 한국전쟁과 같은 재래식 전쟁의 위협뿐 아니라, 새롭게 대두되는 핵전쟁의 위협으로 이어지면서 계속해서 중요한 과제가 되고 있다. 그러나 남북한은 사실상 반공주의와 사회주의 건설 등을 통일보다 더 중요시하고, 분단체제를 공고히 한 측면도 있었다. 따라서 한반도에는 평화와 호전성, 안보와 개방성, 분단과 통일이라는 양면이 동시에 진행되어 왔다.

4. 미래: 강대국의 염원

통일의 필요성은 한국의 미래상과도 연결된다. 한국은 기본적으로 자기의 정체성에 대하여 부정적인 관점에서 약소국弱小國으로 이해하는 경향이 있다. 따라서 그 대안으로 강대국强大國이 되기를 바란다. 이런 맥락에서 약한 나라를 강한 나라로, 작은 나라를 큰 나라로 만드는 요술방망이가 바로 통일이라는 생각이 힘을 얻어왔다. 물론 1920년대에 약소국의 문제를 타개하기 위한 모델로 강소국强小國인 덴마크를 염두에 둔 적도 있다.[16] 그러나 사실 한국의 규모를 고려한다면, 한국은 약중국弱中國에서 강중국强中國으로 바꾸는 과제가 중요했다. 각설하고, 한국의 미래에 대한 청사진은, 심지어 학문적 엄격성을 요하는 미래학이 제시하는 청사진까지도, 한국을 강대국으로 묘사하면

---

16   박희준, "1920~30년대 한국 교회 지도자들의 덴마크 농촌운동 이해," 「한국기독교역사연구소소식」 105(2014), 23-26.

서 가장 매력적인 방안으로 통일을 제시하고 있다.

우리는 이상에서 네 가지 유형을 살펴보았다. 이것들은 모두 역사적 접근에 해당되지만, 각각 역사성, 정통성, 현실성, 실용성이란 것과 밀접하게 결부된다.

Ⅲ. 주체별 접근: 우리의 소원은 통일?

통일은 다양한 주체들이 개입된 사건으로, 개인부터 국제사회에 이르기까지 다양하다. 그리고 각 주체에 따라 통일의 필요성에 대한 이해와 입장도 다르다. 이 자리에서는 주체별로 통일의 필요성과 이에 대한 이해의 변화 과정을 살펴보고자 한다. 그 순서는 개인, 사회, 국가 및 국제사회에 이르는 점차 확대되는 방향으로 나가도록 한다.

1. 개인: 국가의 분단과 개인의 운명

통일에 있어서, 국가의 분단은 개인의 운명과 밀접하게 관련되어 있다. 따라서 개인은 통일에 대한 가장 직접적이고 우선적인 당사자이다. 그런데 이런 개인에 관한 논의는 다시 세분할 수 있다.

1) 이산가족: 이주의 자유

통일과 관련된 개인적 주체에서 가장 대표적인 경우는 이산가족이다. 통일은 정치·경제 등 거시적인 차원만이 아니라, 가족의 분열이란 미시적인 차원과도 관련된 사건인데, 후자의 직접적인 당사자인 이산가족의 경우, 통일의 필요성은 논리의 문제가 아니라 실존의 문제이다.

이산가족에게서 있어서, 통일은 이주의 자유와 연결된다. 이산가족은 동거는 물론 만남까지 거부당한다는 점에서, 인간의 가장 직접적인 피해와 연결된다. 특히 인권에는 이주의 자유도 포함되는데, 남북의 이산가족들은 생사확인을 비롯한 최소한의 인권도 보장받지 못하고 있는 셈이다. 이런 점에서 남북한 정부는 이 문제 타결에 있어서 소극적이고 무능하다는 평가를 면할 수 없는 형편이다.

2) 남북한 주민: 현재진행형의 분단 상황

분단으로 인하여 고통받는 것은 이산가족만이 아니라, 남북한의 모든 주민이다. 다시 말해 분단은 이산가족처럼 과거지사만이 아니라, 남북한 주민에게 있어서 현재의 문제이다. 남북한 주민에게 있어서, 기본적으로 남북 간의 교통과 왕래가 불가능하다. 이것은 또 다른 분단국가였던 동서독의 경우와 비교해도 극단적이라고 할 수 있다. 이산가족 상봉을 포함한 남북 간의 민간교류가 여러 차례 시도되었지만, 이것은 결코 확산되거나 정례화되지 못했다. 심지어 해외에서의 남북한 주민 간의 만남조차 불법으로 간주될 정도로 경직되어 있다. 세계화를 통하여 해외에서의 남북한 주민 간의 만남이 빈번해지는 추세인데도 이 문제에 대한 구체적인 대안이 마련되지 못하고 있다.

이런 분단 상황은 개인의 왕래를 넘어서 다양한 영향을 미친다. 경제적으로, 남한은 대륙으로의 진출이 막혀 있고, 공동투자나 공동사업이 원활하게 이뤄지지 못하고 있다. 최근 들어서는 개성공단 등 경제적인 교류가 시도되었지만, 이것 역시 정치 논리에 좌우되어 중단되고 말았다. 문화적으로도, 남북한의 학술연구 및 교류가 제한된다. 즉 분단으로 인하여 남북한의 남북한연구, 남북한의 해외연구 및 해외의 남북한연구가 모두 부분적이고 파행적으로 이뤄지고 있다. 기타 국제교류에 있어서도, 단일팀 구성 등이 원활하지 못하는 등 파행이 거듭되고 있다. 이로 인하여 동아시아의 지역적 교류가 기본적으로 한반도에서 병목현상을 이루고 있다.

최근 들어 남북한 주민 간 교류의 예외적인 형태로 나타난 것이 바로 북한이탈주민이다. 역설적으로 이것은 만일 남북한 교류가 자유롭다면 생겨날 수 없는 현상이다. 소위 남한 속의 북한이라는 북한이탈주민 현상은 궁극적으로 남북한 통일의 "리트머스 시험지이자, 소규모 예비실험이라고" 볼 수 있다.[17]

---

17 정병호 외,『웰컴투코리아: 북조선사람들의 남한살이』, 5. 기독교선교의 관점에서 북한이탈주민에 대한 관심에 대해서는 다음 책을 볼 것. 조용관, 김병로,『북한 한 걸음 다가서기: 하나됨을 위한 새로운 시작, 새로운 도전』(서울: 예수전도단, 2002), 107-65.

3) 한인디아스포라: 특히 해외한인교회

해외의 한인 디아스포라도 분단에서 자유롭지 못하다. 남북한의 정치대립에 따라 해외 한인사회가 분열하고 대립하거나, 해외 한인사회와 남북한의 교류가 제한을 받는다. 특히 해방 후 분단의 혼란 속에서 남북한이 모두 환국還國이라는 국가적 과제를 제대로 수행하지 못함에 따라, 재일동포, 재중동포속칭 조선족, 재러동포속칭 고려인 등 다수의 한인 디아스포라는 해방 이전의 비참한 상황이 지속되고 이데올로기로 인한 분열을 경험하는 등 이중적 어려움을 겪었다. 그러나 동시에 해외 한인사회는 통일운동에 적극적으로 참여하였고, 특히 한국 종교 중에서 일찍부터 세계에 진출했던 해외 한인교회가 민간차원의 통일운동의 물꼬를 트는 데 큰 역할을 감당하였다.

2. 사회: 새 모델 창출의 필요성

남한은 지난 세기 동안 엄청난 변화를 겪어왔다. 한 세기만에 전근대사회에서 근대사회로, 다시 후기근대사회로 이행하는 혁명적 변화를 체험했다. 뿐만 아니라, 최근 들어 사회의 성격 자체가 바뀌고 있다. 남한의 이런 변화와 통일의 필요성은 어떤 관계가 있는가? 이에 대하여 사회적 이유, 세대적 이유, 인종적 이유 등 세 가지로 대별하여 살펴보고자 한다.

1) 사회적 이유: 분단, 민주화, 통일

한국은 근대화의 과정에서, 건국이란 민족적 과제(정치적 근대화), 민주국가 건설이란 민주적 과제(사회적 근대화), 나아가 복지국가 건설이란 민중적 과제(경제적 근대화)를 추진해왔다. 남한은 여러 가지 정치사회적 우여곡절 속에서 이런 과제를 상당부분 완수하였고, 이제 선진국 진입을 앞두고 있다. 그런데 이런 정치사회적 우여곡절의 대표적인 것으로, 분단, 민주화, 통일 등을 들 수 있다. 특별히 해방과 더불어 발생한 분단 상황은 해방 직후의 정부수립뿐 아니라, 이후의 민주화 및 통일 등 전 과정에 깊은 영향을 미쳤다.

첫째, 위에서도 언급하였듯이, 분단은 건국을 미완성적인 것으로 만들었고, 따라서 온전한 건국을 위하여 분단극복과 통일이 전제되었다. 다시 말해 통일은 한국에 있어서 단순한 미래적 사건이 아니라, 과거를 청산하기 위한 절대적인 조건인 셈이다. 따라서 한국이 스스로를 통일국가로 간주하는 역사관을 수정하거나 현재의 분단 상황을 현상유지의 현실적인 대안으로 수용하지 않는 한, 한국의 통일 담론에서 통일의 필요성은 명시적으로든 암시적으로든 전제된다. 이런 상황 속에서, 통일의 필요성은 실현여부에 상관없이 절대적인 것으로 인식된다.

둘째, 분단은 민주화의 건전한 발전을 막았고, 따라서 온전한 민주화를 위하여 분단극복과 통일이 전제되었다. 다시 말해 학자들의 평가에 의하면, 남북한 정부는 모두 통일정책을 전면에 내세우면서도, 동시에 정권 유지를 위하여 분단극복에 소홀하거나 심지어 분단고착에 기여했다. 즉 분단이 독재의 빌미를 제공하였다는 것이다. 가령, 1970년대 초 역사적인 7·4공동선언 이후 남북한 통일이 앞당겨지기는커녕, 북한은 주체사상을 발전시켰고 남한은 10월 유신을 단행하였다. 이런 상황 속에서, 통일의 필요성은 정치적 논리에 압도되었다. 특히 1980년 광주민주화운동 이후, 분단 문제 해결 없이 진정한 민주화 해결 없다는 인식하에서 민주화운동은 통일운동으로 발전해 나갔다. 따라서 통일의 필요성은 통일은 물론이고 민주화의 실현을 위한 전제 조건으로 인식되었다.

셋째, 분단은 글자 그대로 반통일反統-적인 상황이고, 따라서 분단과 통일은 공존할 수 없다. 만일 한국 사회가 통일을 절대적 명제로 받아들인다면, 통일과 분단을 공존시키려는 노력은 지양되고 극복될 수밖에 없다. 다시 말해 통일은 분단극복의 실현 가능한 청사진으로 제시되고 추진될 필요가 있다. 따라서 이런 상황 속에서, 통일의 필요성은 통일의 가능성의 전제가 된다. 이런 관점에서 통일의 필요성에 관한 담론의 진정성을 검토하는 한편, 반통일적이거나 비통일적인 담론의 적합성도 검토할 필요가 있다.

2) 세대적 이유: 세대차와 통일인식

위에서 언급한 사회적 이유는 기존의 통일 담론에서 이미 많이 다뤄진 사항이다. 이제 새롭게 관심을 가져야 할 것은, 통일인식과 세대차의 관계이다. 다시 말해 남한의 세대에 따라서 통일, 특히 통일의 필요성에 관한 인식이 차이를 보인다.[18] 이 자리에서 상술하기는 어렵지만, 통일의 필요성과 관련하여, 남한의 세대는 크게 한국전쟁 경험세대, 40-50세 세대, 그리고 신세대로 3분될 수 있으며, 통일에 대한 입장차가 세대차와 거의 병행한다.[19]

첫 번째 세대의 경우, 북한은 회복되어야 할 동포이며, 이런 맥락에서 '재건', '수복' 혹은 '회복' 등의 용어가 사용되며, 통일은 반드시 필요한 것으로 인식된다. 즉 분단은 반드시 종식되어야 할 것이고 임시적인 것인데 반해, 통일은 궁극적인 것이다. 따라서 첫 번째 세대의 경우, 통일의 필요성은 거의 절대적인 것으로 나타난다. 특히 북한이탈주민 제1세대라고 할 수 있는 월남민의 경우, 그런 성향은 더욱 두드러진다. 가령, 한 월남민의 기념문집 제목에서 읽어볼 수 있듯이, 북한은 "떠나온 고향"이요 따라서 "돌아갈 고향"이다.[20] 물론 분단과 전쟁의 경험으로 인하여, 북한 문제에 대하여 아예 소극적인 태도를 보이는 경우도 있다. 가령, 한국가톨릭교회의 한 고위층 인사는 북한에 대한 무관심과 소극적 태도에 대하여 다음과 같이 비판하였다.

> 평양교구라 하면, 북한이라 하면, 그곳과 관련이 있는 일부 사람들, 또는 관심이 있는 일부만의 일로 잘못 알고 있으며, 나와는 아무 상관이 없는 것으로 알고 있으며, 또 실제로 평안도에서 태어나 자란 어르신

---

18 Kyo Seong Ahn, "Tensions in the Korean Peninsula"(Unpublished manuscript for the Forum of 'Tensions in the Korean Peninsula', the University of Otago, October 9, 2013).

19 이를 위해서는 본격적인 통계조사가 요청된다.

20 향산 한영제 장로 교회기념문집 간행위원회, 『떠나온 고향 돌아갈 고향: 향산 한영제 장로 교회기념문집』(서울: 기독교문사, 1995).

들도 혹독했던 공산치하에 몸서리치며 기억도 하기 싫어하기에, 다시금 그곳을 가고, 교회를 재건해야 하며, 그곳의 고통중의 형제자매들을 도와야 한다는 의식은 점차 흐려지고, 현재의 삶만으로 만족하는 이기심이 팽배해 가기에 … 우리의 모두의 새로운 출발의 전환점이어야 합니다.[21]

두 번째 세대의 경우, 북한은 애증의 대상인데, 즉 가장 가까운 인접 국가인 동시에 현실적인 적대세력이다. 다시 말해 위험한 이웃이다. 이런 맥락에서, 남한의 북한에 대한 태도는 '평화'[적 공존]과 [흡수]'통일'이 양가적으로 나타난다. 즉 분단과 통일의 논리가 대등하게 현실적인 영향력을 미치고, 현실 가능한 존재 양태로 인식된다. 이것은 정부의 입장에서도 반영되는데, 남북한은 유엔 동시 가입을 통하여 동일한 유엔 회원국이 되었지만, 여전히 정치적 상황에 따라 긴장을 늦출 수 없는 적대국이다. 따라서 두 번째 세대에게, 통일은 무조건적으로 추구해야 할 절대적인 명제가 아니라, 현실 인식하에서 꼼꼼히 따져봐야 할 정치·사회적 과제이다. 즉 두 번째 세대의 경우, 통일의 필요성은 상당히 유동적이거나 상대적인 것으로 나타난다.

세 번째 세대의 경우, 북한은 사실상 낯선 외국이다. 분단 및 한국전쟁 발발 이후 이미 2세대가 넘는 세월이 흐름에 따라, 이 세대는 북한에 대하여 상당히 객관적인 태도를 취한다. 특히 세 번째 세대는

---

21 평양교구설정80주년 기념준비위원회, 『교구설정80주년기념천주교평양교구(1927.3·17.-2007.3·17.)』(서울: 평양교구설정80주년 기념준비위원회, 2007), 4.

비록 분단국가이지만 선진국 문턱에 들어선 남한이란 안정된 삶의 자리 가운데서 성장하고 생활해왔기 때문에, 기본적으로 이런 상황이 위협받는 것을 원치 않는다. 다시 말해 세 번째 세대는 통일과 분단의 긴장 가운데, 통일의 이익을 분명히 제시하지 않는 한 또한 통일비용 등 통일의 손해를 방지할 대책을 내놓지 않는 한, 선뜻 통일을 선택할 가능성은 매우 낮다. 따라서 세 번째 세대의 경우, 통일의 필요성은 이익에 종속된다. 더구나 세 번째 세대는 시기적으로, 신한국을 구성하기 시작한 다문화 세대의 대두와 연관된다. 이에 대해서는 아래에서 재론하기로 한다.

여하튼, 통일의 필요성에 대한 이상의 태도들을 요약한다면, 각기 당위적 태도, 기능적 태도, 공리적 태도라고 할 수 있을 것이다. 혹은 서론에서 언급한 대로, 통일지상주의, 통일현실주의, 통일무관심주의와도 대략 궤를 같이한다. 따라서 기독교 통일 담론을 포함한, 오늘날의 통일 담론은 세련된 논의를 위해서 통일과 세대차의 관계를 염두에 둘 필요가 있다.

3) 인종적 이유: 세계화

남한은 급속히 세계화하고 있으며, 따라서 다민족(다인종), 다문화, 다종교사회로의 과격한 이행을 맛보고 있다.[22] 특히 단일민족 혹은 단일인종 패러다임 paradigm 에 익숙한 한국의 경우, 인종적 변화는 통일

---

22 손호철 외, 『세계화, 정보화, 남북한: 남북한의 국가-시민사회와 정체성』(서울: 이매진, 2007).

담론을 포함한 한국 전반의 논의에 영향을 미치고 있다.[23] 따라서 통일의 필요성을 인종적 이유에서 살펴볼 필요가 있다.

첫째, 한국은 그동안 과도하게 단일민족 패러다임에 의존해왔다. 특히 기존의 통일 담론은 민족주의적 관점에 기초한 것이 사실이다. 그렇다면, 기존의 통일 담론은 남한의 다민족사회 이행이라는 현실 앞에서 둘 중 한 가지를 선택할 것을 요청받고 있다. 먼저, 현실을 인정하지 않고 단일민족 패러다임을 고수하는 것인데, 이것은 궁극적인 해결책이 될 수 없다. 또는 현실을 인정하고 다민족 패러다임에서 기존의 통일 담론을 수정하여 새로운 통일 담론으로 발전시키는 것이다. 다시 말해 어떻게 한민족이란 단일민족의 통일 담론을 신한국을 구성하는 다민족의 통일 담론으로 발전시키는가 하는 문제이다.

둘째, 한국에는 여러 가지 꿈이 존재하는데, 크게 두 가지를 들 수 있다. 하나는 기존의 한국인에게 중요한 통일의 꿈이다. 이것은 위에서도 언급하였듯이, 기본적으로 민족주의적 꿈 혹은 단일민족 패러다임에 기초한 꿈이다. 또 하나는 선진국으로 진입하는 남한의 시민이 되는 꿈, 즉 번영의 꿈이다. 이것은 '아메리칸 드림'이란 표현을 원용하면, '코리안 드림'이라고 말할 수 있다. 오늘날 남한으로 몰려드는 이주민들, 특히 남한에 정착하는 '신한국인'의 우선적인 꿈은 번영의 꿈이라고 할 수 있다.

기존의 한국인의 경우, 통일의 꿈과 번영의 꿈은 공존한다. 때론 두 가지 꿈이 경쟁하기도 하고, 한 가지 꿈이 다른 꿈을 압도하기도

---

23 김영명, 『신한국론: 단일사회 한국, 그 빛과 그림자』(고양: 인간사랑, 2005).

하지만, 여하튼 두 가지 꿈이 모두 중요하다. 최근에는 통일의 꿈이 바로 코리안 드림이라는 입장도 나타나고 있다.[24] 물론 위에서 언급하였듯이, 세대차에 따라 통일의 꿈이 약화되는 추세를 보이는 것도 사실이다. 그러나 신한국인의 경우, 그들이 과연 번영의 꿈 이외에 통일의 꿈을 공유할 것인가라는 질문이 제기된다. 특히 그들이 통일의 꿈을 번영의 꿈보다 우선시할 이유가 있는가라는 문제를 고려해야 한다. 만일 신한국인이 통일의 꿈을 공유하지 않는다면, 장차 신세대와 신한국인을 통하여, 통일의 필요성은 크게 위축될 것이다.

이런 맥락에서, 새로운 통일 담론에 관하여, 다음과 같은 몇 가지 질문이 제기된다. 다문화사회로서의 한국의 통일 담론은 어떤 것이어야 하는가? 신한국인은 새로운 통일 담론에 어떻게 참여할 것인가?

3. 국가: 정부와 민간

분단과 통일이 우선적으로 정치적인 문제라는 점에서 국가는 통일의 주요당사자이다. 국가가 통일과 관련된 이유는 다양하지만, 대표적인 것으로 네 가지를 살펴보겠다.

1) 정치적 이유: 전쟁과 정전

한국은 현재 종전이 아닌 정전상태이다. 다시 말해 휴전상태이다. 따라서 현 상태가 종식되려면, 전쟁이 재발하거나 전쟁이 종료되어야 한다. 가장 이상적인 해결책은 전쟁의 가능성이 원천적으로 봉쇄되는, 즉 전쟁당사자가 아예 존재하지 않는 통일이다. 따라서 통일의 필요성은 국가의 최우선적인 과제를 수행하기 위한 전제이다.

2) 경제적 이유: 안보와 경제발전

국가경제적인 면에서도, 통일의 필요성은 깊이 인식될 수밖에 없다. 첫째, 정치학계의 다수 의견에 의하면, 국가 발전에 있어서 안보 비용은 크나큰 저해 요인이 아닐 수 없다.[25] 더구나 적대적인 분단국가의 안보 비용의 문제점은 재론의 여지가 없다.

둘째, 통일은 국가 경제의 규모와 차원을 한 단계 높인다는 점에서 기회가 될 수 있다. 이점은 남북교류가 활발해지기 시작한 20세기말, 특히 2000년대 들어서면서부터 자주 거론되어 왔다. 가령, 1988년 남한 정부가 '민족자존과 통일번영을 위한 특별선언'(7·7선언)을 통하여 모든 부문에 걸친 교류를 촉구하였고, 이것이 남북한 간의 경제 협력의 중대한 전기가 되었다.[26] 특히 당시 한국의 내수경제가 부진함에 따라, 통일이 새로운 돌파구로 거론되기도 했다. 그러나 위에서도 언급하였듯이, 박근혜 대통령의 발언 이후, 통일이 한 때 유행어가 되었으나, 구체적인 후속 논의는 기대만큼 나오고 있지 않다.

---

24 지구촌평화연구소, 『통일한반도를 향한 꿈 코리안 드림』(서울: 도서출판태봉, 2012).

25 Lynch, Allen C, *How Russia Is Not Ruled: Reflections on Russian Political Development* (Cambridge: Cambridge University Press, 2005).

26 정형곤 외, 『한반도 경제공동체, 그 비전과 전략』(서울: 서울대학교출판문화원, 2009), v.

3) 문화적 이유: 문화통합 비용 – 남북 간의 통합과 다민족사
회의 통합

통일은 국가의 문화적 차원에서도 언급되고 있다. 남한의 통일
담론은 정치에서 경제로, 다시 문화로 영역을 넓혀왔다.[27] 특히 통합이
주요한 의제로 거론되고 있다. 이런 맥락에서, 남북통합과 남남통합이
주목을 받았다.

특히 남한이 다민족사회로 이행함에 따라, 남남통합은 한민족
간의 통합을 넘어서 다민족 간의 통합으로 비약하고 있다. 심지어 이
런 맥락에서, 남한의 미래와 관련된 문화통합 비용에 있어서, 과연 남
한의 다민족사회의 통합과 남북한 간의 한민족 중심의 통합이 어느
것이 더 효율적이냐는 문제까지 대두되고 있다. 가령, 개성공단의 운
영도 이런 관점에서 새롭게 검토될 수 있을 것이다.

4) 국가 경영적 이유: 정부와 민간의 공조

통일의 필요성과 국가의 관계를 생각할 때, 주로 정부를 염두에
두기 쉽지만, 오늘날 국가경영에 있어서, 정부와 민간의 공조가 중요
한 의제로 대두되고 있다. 따라서 통일의 필요성에 있어서도, 정부의
입장, 민간의 입장, 정부와 민간 공동의 입장 등이 각기 다르게 나타날
수 있기 때문에, 당사자 간의 공조가 매우 중요하다. 특히 지난 세기에

---

27 안교성, "통일신학의 발전에 관한 소고," 87-113.

남북한의 정부는 통일 문제에 있어서 독점현상을 보여 왔는데, 아직도 민간의 참여와 영향력이 매우 제한된 상태이다. 그리고 이런 상황은 오늘날 남북한 관계 교착상태의 주요 원인이기도 하다.

4. 국제사회: 자주화와 국제화

한국의 통일은 비단 한국만의 관심거리가 아니라, 세계의 관심 거리이다. 그 이유는 오늘날 세계는 '지구촌'Global Village 이란 표현처럼 하나로 연결되어 있기 때문이다. 가령, 세계교회는 이런 관점에서 정의, 평화, 환경 등의 문제가 집약적으로 나타나는 장소로 한반도를 주목하였고, 이에 따라 세계교회협의회와 세계개혁교회연맹 등이 '정의, 평화, 창조질서의 보전'Justice, Peace, and the Integrity of Creation, JPIC과 관련된 대회를 1989년, 1990년, 2013년에 연속해서 한국에서 개최한 바 있다. 다시 말해 한국의 통일은 세계적 차원이 있다는 것이다. 따라서 통일 문제에 있어서, 한국 고유의 목소리를 내는 자주화 및 세계와 공조하는 국제화 간의 긴장과 균형을 염두에 둘 필요가 있다.[28]

1) 지정학적 이유: 냉전의 종식

먼저 지정학적 이유를 생각해볼 수 있다. 오늘날 동북아시아는

---

28   심지연, 『남북한 통일방안의 전개와 수렴』, 17-102.

여전히 인권, 생명, 비핵화, 환경 등 심각한 문제를 안고 있다.[29] 최근에는 지역분쟁 가능성까지 고조되고 있다. 이런 문제의 핵심에 북한이 있다. 따라서 이런 문제를 해결하기 위한 청사진에는 동북아시아공동체 건설과 북한의 변화가 포함된다. 그런데 북한의 변화의 가장 이상적인 해결책은 평화로운 통일이다. 따라서 세계가 통일문제에 관심을 가지고 있다. 물론 국제사회에 반통일적인 세력과 의도가 존재한다는 것도 사실이다. 여하튼 한국을 포함한 동북아시아의 평화는 동유럽 및 구소련 공산주의의 붕괴로 인해 세계적 차원에서 종식되었으나 동북아시아라는 지역적 차원에서 잔존하는 냉전을 실제적으로 종식시키는 중요한 계기가 될 것이며, 이런 맥락에서 통일의 필요성은 계속 논의되고 있다.

2) 문화적 이유: 한국 이해의 파행

한국의 분단의 세계사적 함의 가운데 문화적 이유도 빼놓을 수 없다. 왜냐하면 한국의 분단은 정치적 파행을 넘어서 문화적 파행을 낳고 있기 때문이다. 특히 한국 연구에서 그런 양상이 두드러지게 나타난다. 남북분단은 남북한은 물론이고 세계 각국의 한국 연구를 심각하게 제한시키고, 이로 인하여 한국의 이해는 파편화를 면치 못한다. 왜냐하면, 남한 연구는 상대적으로 접근가능성이 높지만 반쪽 연구일

---

29 제주발전연구원 · 동아시아재단 공편, 『동북아 공동체: 평화와 번영의 담론』(서울: 연세대학교출판부, 2006).

수밖에 없고, 북한 연구는 접근가능성이 매우 낮아 미지의 분야일 수밖에 없으며, 한국 연구는 기본적으로 남북한 대립구도를 통하여 조명되기 때문이다.

비록 최근에는 상황이 변화하였지만, 과거 냉전 시대에는 진영논리에 따라 남북한의 국제관계가 제한을 받았는데, 이런 관계는 학문세계에도 영향을 미쳤다. 가령, 1990년 북방정책의 일환으로 수립된 남한과 몽골 간의 외교관계는 남한의 기존 한국 연구, 특히 역사, 문화, 언어, 종교 등의 분야에 새로운 전기를 마련하였다. 따라서 남북한 당사자를 포함한 세계 각국의 한국 연구의 진정한 발전을 위해서도 통일의 필요성은 요청되고 있다.

IV. 기독교 통일 담론에 대한 함의

한국 교회는 한국에서 통일에 있어서 가장 적극적이고 지속적인 관심을 보인 집단 가운데 하나이다. 그리고 한국 교회는 통일에 있어서 독특한 위상을 차지한다. 특히 위에서 살펴본 개인, 사회, 국가, 국제사회 전 영역에 걸쳐 관련성이 있다. 첫째, 한국 교회는 분단 이후 통일 관련 종교단체로서 줄곧 고유한 기능을 감당해왔다. 특히 구성원 가운데 상대적으로 북한 출신이 많아 북한 및 통일 문제는 실존적인 문제로 존재해왔다. 둘째, 한국 교회는 최근 들어 사회의 일원으로서의 자기 위상을 인식하고, 공공신학의 구성과 사회 참여에 적극적인 모습을 보이고 있다. 이것은 통일 문제에 있어서도 마찬가지인데, 통일은 교회뿐 아니라 사회의 문제이기 때문이다. 셋째, 한국 교회는 그동안 정부와 민간의 공조 분야에서 물꼬를 텄으며 가장 적극적인 파트너였다. 따라서 이 분야에 있어서 지속적인 역할이 요청되고 있다. 넷째, 한국 교회는 한국 사회 내에서 어느 기관보다 국제교류가 활발한 기관이었다. 특히 기독교의 특성에는 민족주의와 세계주의의 긴장이 있는데, 이것은 통일문제의 자주화와 세계화와도 밀접하게 관련된다.

1. 기독교통일 담론의 필요성

한국 교회가 통일에 관심을 보이는 이유는 다음과 같이 세분할 수 있다. 이런 이유들에 근거하여 기독교의 고유한 통일 담론을 구성할 수 있다.

1) 역사적 이유: 기독교의 중심지, 기독교의 단절

먼저, 역사적 이유가 있다. 첫째, 한국 교회는 개신교는 물론이고 가톨릭교회까지 북한이 복음 전파의 우선적인 통로였다. 즉 서북지방은 한국개신교의 본산이었고, 한국가톨릭교회의 경우도 한국개신교만큼은 아니었지만 서북지방이 중심지 가운데 하나였다. 따라서 북한교회가 사라짐에 따라 두 가지 결과가 나타났는데, 하나는 기독교 중심지의 상실이요, 다른 하나는 기독교의 단절이다. 물론 북한교회는 대부분 남한으로 이주하여 일종의 망명교회를 구성하였고, 그 결과 개신교에는 이북노회가, 가톨릭교회에는 북한교구가 존재하고 있다. 더구나 아직까지 월남민 1세대가 생존하고 있다. 따라서 통일은 이론이 아닌 현실의 문제이다.

2) 선교적 이유: 기독교 재부흥

교회의 상실은 교회의 재부흥을 전제하며, 따라서 남한의 교회는, 개신교와 가톨릭교회 모두, 전도 및 선교를 주목표로 삼고 있다. 북한에 대한 선교적 태도는 북한선교론과 남북한평화통일 담론으로 양분되어 발전하고 있다. 그런데 특히 북한선교론은 선교학적 문제를 제기한다. 즉 누구의 선교냐는 것이다. 최근 들어 현재의 북한교회 — 소위 지하교회와 조선그리스도교연맹 모두 — 의 현실과 위상이 문제시되면서, 선교론적 문제는 교회론적인 문제로 이어진다.[30] 가령 독일통일에 있어서 일반적으로 서독교회를 주목하는데, 김형만은 동독교회의 역할과 기능에 대해서도 주목할 것을 요청한 바 있다.[31] 뿐만 아니라, 선교는 보다 넓은 차원에서, 위에서 언급된 통일의 필요성과 관련된 다양한 과제들을 교회의 과제로 수용하여 사회에 기여하는 것을

---

[30] 김흥수, "분단 70년, 북한 기독교의 이해,"「한국기독교와역사」44(2016): 71-96; 김영동 외,『북한 선교 어떻게 할 것인가? 성경적, 신학적, 역사적 연구』(서울: 굿타이딩스, 2013); 한민족선교정책 연구소,『한국 교회북한선교정책』(서울: 한민족선교정책연구소, 2002).

[31] 김형만, "독일 통일과 동독교회의 역할과 기능,"『통일이후신학연구』, III (2011), 237-73.

적극 고려할 필요가 있다.

3) 교회적 이유: 교회 일치와 사회 일치

역사적 이유 및 선교적 이유 못지않게 중요한 것이 교회적 이유이다. 교회의 본질 가운데 하나는 일치이며,[32] 최근 신학은 교회 일치 나아가서 사회 일치를 강조한다.[33] 특히 통일과 관련하여 한국 교회는 남북갈등 및 남남갈등, 그리고 남북교회 갈등 및 남남교회 갈등이란 문제에 봉착하고 있다. 다시 말해 한국 교회는 통일 관련 분쟁에 있어서 문제해결자인 동시에 문제당사자인 셈이다.

2. 기독교 통일 담론의 개발

본 단원은 통일 담론, 특히 통일의 필요성에 관한 담론이 기독교 통일 담론에 미치는 함의를 언급하는 것을 목적으로 한다. 본격적인 기독교 통일 담론 연구는 별도의 논문을 필요로 할 것이다. 이제 통일의 필요성에 관한 담론을 일별하는 가운데 나타난 사항들을 고려하면서, 기독교 통일 담론을 개발할 때 유의할 점을 고려해보자. 필자는 지면상, 이에 대한 논의를 간단히 하기 위하여, 전통적으로 교회의 네

---

32 형상사 편집부 편, 『교회도 하나 나라도 하나: 평양엔 교회가 글리온에서 만남이』(서울: 형상사, 1989).

33 사회일치는 인류일치 내지 인류의 갱신이란 주제로 다뤄지고 있다.

가지 특성으로 알려진 바를 원용하고자 한다. 즉 '하나요, 거룩하며, 보편적이고, 사도적인' 교회라는 개념이다.[34]

1) 민족교회의 통일 담론: 일치의 신학, 교회의 일치성

한국 교회는 민족교회로서 민족사에 관심을 갖고 기여해왔다. 그런 점에서 민족의 숙원인 통일문제를 신앙적으로 신학적으로 씨름하는 것은 매우 중요하다. 위에서도 살펴보았듯이, 예외는 있겠으나 기존의 통일 담론, 특히 통일의 필요성에 대한 담론은 역사성, 정통성, 현실성, 실용성 혹은 당위성, 기능성, 공리성 등 다양한 입장을 보였다. 이런 다양한 입장은 '통일의 필요성'에 대하여 나름대로 타당성을 보이지만, '그토록 필요한 통일'을 어떻게 성취할 것인가에 대한 구체적인 해답 제시에는 미약함을 보인다.

이 두 가지를 연계하는데 기독교 통일 담론이 기여할 수 있다. 첫째, 기독교적 이해에 의하면, 통일 혹은 일치는 희생을 통하여 이뤄진다.[35] 이것을 신학적 용어로 구속이라고 한다. 즉 어떤 과업을 위하여 희생이 필요하고, 이를 위한 대가를 치루는 것을 의미한다. 오늘날 통일이 내게 어떤 유익을 가져올 것인가에 대한 관심이 고조되는 상황에서, 기독교 통일 담론은 역으로 내가 통일을 위하여 어떤 희생을

---

34 홍성현도 필자와 유사하게 한국기독교통일론의 원칙으로 4가지를 제시한 바 있다. 즉 평화와 화해의 원칙, 자주의 원칙, 민중민주의 원칙, 생명과 상생의 원칙이다. 이 원칙은 '7·4선언'과 1988년 한국기독교교회협의회가 발표한 '민족의 통일과 평화에 대한 한국기독교교회선언'과 맥을 같이 한다. 필자의 것은 보다 신학적 측면을 강조하였다. 홍성현, 『통일을 향한 여정: 홍성현 목사 회고록』(서울: 동연, 2011), 171-72.

35 에베소서, 2장 11-22절.

하고 대가를 치룰 것인가라는 질문을 제기한다. 다시 말해 통일의 길이 십자가의 길이라면, 기독교 통일 담론은 그 길을 갈 수 있는 십자가의 신학을 제시할 수 있다. 즉 기독교 통일 담론은 오늘날 주로 이익의 관점에서 접근하는 통일 담론에 대해서 당위의 관점을 강조함으로써 균형을 가져올 수 있다. 둘째, 통일 담론의 보편화 작업이다. 일반적으로 동서독통일도 갑작스럽게 도래했다고 여기는데, 그 이면에는 서독 교회의 지속적인 통일 관련 설교와 교육이 있었다고 한다. 현실 가능성이 줄어들수록 희망을 버리지 않는 통일 교육은 교회의 중요한 교육의 주제와 장이 될 것이다.[36]

2) 망명교회의 통일 담론: 재건의 신학, 교회의 거룩성聖性

남한교회는 단순한 분단교회가 아니라, 남한으로 이주한 북한 기독교인들과 남한기독교인들이 함께 구성하고 있는 교회로 이산교회, 망명교회의 특성도 아울러 지니고 있다. 이런 망명교회의 통일 담론은 교회 재건을 필연적으로 목표로 삼을 수밖에 없다. 그런데 기독교의 교회 재건과 남한의 국토 수복은 공통점도 있고 차이점도 있다.

기독교 통일 담론은 다음과 같은 측면에서 한국의 통일 담론에

---

36 일반대중과 관련한 통일 담론의 보편화에 대해서는 다음 책을 볼 것. 이일하, 신석호, 『토요일에는 통일을 이야기합시다』(서울: 필맥, 2003). 최근 장로회신학대학교는 기독교 대중을 상대로 한 다양한 통일 관련 교육프로그램과 연구물을 내놓고 있다. 다음 책을 볼 것. 양금희 편, 『소원So One: 통일사역자 훈련, 학습자용』(서울: 장로회신학대학교 남북한평화신학연구소, 2014); 『소원So One: 통일사역자 훈련, 지도자용』(서울: 장로회신학대학교 남북한평화신학연구소, 2014); 김도일, 『조화로운 통일을 위한 기독교교육』(서울: 나눔사, 2013). 또한 다음 책을 볼 것. 평화와 통일을 위한 기독인연대, 『하나님은 통일을 원하신다: 한국 교회통일교육서』(서울: 평화와 통일을 위한 기독인연대, 2012).

기여할 수 있다. 첫째, 오늘날 평화 만들기와 평화 지키기가 중요한 주제로 부상하고 있다.[37] 이런 평화신학은 새로운 미래를 위해서는 과거의 복고만이 아니라 과거의 치유가 병행되어야 함을 강조하고 있다. 기독교는 교회사를 통하여 수많은 위기를 경험하였고, 위기 종식 이후 과거의 위기의 경험과 처리 과정이 새로운 갈등과 분열을 가져왔음을 경험하였다. 가령, 일제 청산 문제는 정부와 교회 모두에 치명적인 영향을 미쳤다. 그동안 교회는 과거 극복을 위해서 주로 교회의 거룩성을 중시하였다. 그러나 교회는 이 문제에 있어서 거룩성에 대한 배려와 화해적 사명에 대한 배려가 균형을 이뤄야한다는 역사적 교훈을 얻었다. 이런 교훈이 통일과 후기통일사회에서도 반영되어야 할 것이다.[38] 둘째, 후기통일사회에서 주요한 주제 가운데 하나는 권리회복이다. 이점에서도 교회는 일반사회에 대하여 대안적 자세를 보일 수 있다. 통일과정뿐만 아니라, 통일이후에도 희생적 자세, 심지어 권리포기자세가 요청되는 것이다. 구공산권국가에서 이뤄진 교회의 권리회복의 사례를 보면, 긍정적인 면만 있는 것이 아니다. 남한교회도 올바른 재건을 준비하려면, 올바른 재건의 신학이 핵심적이다. 그리고 그 재건의 신학은 거룩성의 신학과 화해의 신학을 균형 있게 포함해야 할 것이다.[39]

---

37 노정선, 『동북아 평화를 위한 패러다임의 전환: 북핵 해결과 한반도 평화 정착을 위한 제언』(서울: 동연, 2008).

38 남북나눔운동 연구위원회 편, 『21세기 민족화해와 번영의 길: 남북기본합의서의 이행을 중심으로』(서울: 크리스챤서적, 2000). 최근에는 남북나눔운동 20년을 회고하는 책이 나왔다. 홍정길 외, 『화해와 평화의 좁은 길: 남북나눔이 걸어온 20년』(서울: 홍성사, 2013).

39 일반학에서도 공존과 화해라는 개념이 주목받고 있다. 가령 다음 책을 볼 것. 유호열 외, 전국대학북한학과협의회 편, 『남북 화해와 민족 통일』(서울: 을유문화사, 2001); 김인호, 『공존과 화해의 한국현대사: 대한민국의 발전과 고민』(서울: 국학자료원, 2008; 개정증보판, 2013). 기독교의 입장에 대해서는 다음 책을 볼 것. 조은식, 『통일선교: 화해와 평화의 길』(서울: 미션아카데미, 2007).

3) 세계교회의 통일 담론: 만민의 신학, 교회의 보편성

기독교는 처음부터 보편적 교회임을 깊이 인식했다. 그러나 그런 보편적 교회는 실제로는 여러 민족교회들의 형태로 존재하였다. 따라서 보편성과 특수성, 세계성과 민족성의 갈등과 균형의 역사가 교회를 관통한다. 한국기독교는 유독 민족주의적 성향이 강했다. 이점이 한국기독교가 외래종교에서 민족종교로 정착하는데 기여한 것도 사실이다. 그러나 이제 한국기독교, 특히 남한기독교는 세계화를 직면하면서, 민족주의적 패러다임의 변화를 요청받고 있다. 이것은 특히 통일과 관련하여 더욱 그렇다.

그러나 기독교 통일 담론은 한국의 통일 담론에 나름대로 기여할 수 있는 여지가 있다. 민족주의와 보편주의의 양면성을 가진 존재로서, 한국기독교는 몇 가지 과제를 안고 있고 그것을 수행해 나가는데 장점을 지니고 있다. 그 과제는 다음과 같다. 첫째, 민족주의의 신학과 보편주의의 신학의 융합이다. 둘째, 민족적 과제에서 세계적 과제로 교회의 과제를 발전시키는 것이다. 셋째, 단일민족적 인식을 다민족적 인식으로 확장하는 것이다. 이런 작업을 통하여, 기독교 통일 담론은 한국의 통일 담론의 세계화를 성취하는데 기여할 수 있다. 한국의 통일이 결코 세계의 위협이 아니라 세계의 축복이라는 인식을 국제사회에 제기할 필요가 있는데, 이런 한국의 통일 담론의 세계화가 기독교 통일 담론부터 시작될 수 있다.

4) 공교회의 통일 담론: 공공의 신학, 교회의 사도성

최근 남한교회는 공공신학에 관심을 가지고 있다. 과거에도 교회는 정치참여 혹은 정치신학 등의 작업 등을 통하여 사회문제에 관심을 표명해온 것이 사실이다. 그러나 공공신학의 차이점은 교회가 사회의 공동문제를 해결하기 위하여 공동선을 추구하는 과정에 사회의 일원으로서 참여한다는 데 있다. 즉 교회가 지도자나 훈수꾼이 아니라, 섬기는 이요 사회성원으로서의 자기 위상을 인식하는 것이다. 즉 공교회로서의 교회는 이제 교회의 공공성을 교회 안에서만이 아니라 교회 밖에서도 실현할 차비를 하고 있다. 최근 들어 교회는 교회의 사도성을 단순한 '역사적 계승'이 아니라 사도(파송된 자)라는 단어의 원래 의미에 따라 '파송성'을 강조하고 있다. 기독교 통일 담론은 이런 맥락에서 한국의 통일 담론에 몇 가지 점에서 기여할 수 있다. 첫째, 통일이 교회의 문제요 사회의 문제인 만큼, 교회는 교회와 사회의 신학적, 실천적 소통의 증진을 통하여 사회적 연대를 발전시킬 수 있다. 둘째, 교회는 세상 안에, 세상과 함께 있는 존재이지만, 동시에 세상에 속하지 않은 존재로서, 사회에 대한 예언적 사명을 지니고 있다. 한국에서 통일문제만큼 여론이 혼란스럽고 데마고그demagogue가 횡행하는 분야는 없을 것이다. 이런 맥락에서 정치학자 남주홍도 "우리가 원하는 것은 '바른' 통일이지 '빠른' 통일이 아니"라고 강조한 바 있다.[40] 교회는 독자적인 목소리를 내는 동시에, 다른 목소리들이 통일 정론으로

---

[40]   남주홍, 『통일은 없다: 바른 통일에 대한 생각과 담론』(서울: 랜덤하우스중앙, 2006), 8.

나갈 수 있도록 하는 감시자의 역할도 요청받고 있다.

V. 결론: 통일의 필요성

통일은 한국 사회의 숙원인 동시에 현안이다. 따라서 통일 담론
도 무성하다. 최근에는 통일에 대한 관심이 다시 고조되고 있는 실정
이다. 동시에 통일에 대한 입장도 다양하여, 소위 통일지상주의, 통일
현실주의, 통일무관심주의 등 그 폭이 넓다. 그런데 기존의 통일 담론
은 현상 분석, 대안 마련 등 '어떻게'라는 문제에 관심을 가지면서, 정
작 이런 논의의 기초가 되는 '왜'라는 문제, 즉 통일의 필요성에 대하
여서는 소홀한 양상을 보인다. 다시 말해 많은 논의는 후자를 당연시
하거나, 간략하게 다룬 뒤, 전자에 몰두한다. 그런데 후자가 분명하게
이해되지 않으면, 전자도 적합성이나 현실 가능성을 담보할 수 없다.

본 단원은 이런 관점에서 통일의 필요성에 대한 담론들을 검토
하고, 그 내용을 종합하고자 하였다. 이를 위하여, 첫째, 역사적 접근을
시도하였다. 과거에 있어서는 통일국가의 전통과 건국의 숙원, 현재에
있어서는 정전 이후 평화와 통일, 미래에 있어서는 강대국의 염원 등
이 중요한 주제였다. 이런 다양한 입장은 역사성, 정통성, 현실성, 실용
성과 연관되었다. 둘째, 주체별 접근을 시도하면서, 개인, 사회, 국가,
국제사회 등을 살펴보았다. 개인에 있어서는 이산가족, 남북한 주민,

한인 디아스포라의 분류를 통하여, 이주의 자유, 현재진행형의 분단 상황, 해외 한인사회 등을 살펴보았다. 사회에 있어서는 사회적 이유, 세대적 이유, 인종적 이유의 분류를 통하여, 분단, 민주화, 통일, 세대 차와 통일인식, 단일민족 대 다민족, 통일의 꿈과 번영의 꿈(코리안 드림) 등을 살펴보았다. 국가에 있어서는 정치적 이유, 경제적 이유, 문화적 이유, 국가 경영적 이유의 분류를 통하여, 전쟁과 정전, 안보와 경제발전, 문화통합비용, 정부와 민간의 공조 등을 살펴보았다. 국제사회에 있어서는 지정학적 이유, 문화적 이유의 분류를 통하여, 냉전의 종식, 한국 이해의 파행 등을 살펴보았다.

이와 더불어 기존의 통일 담론이 기독교 통일 담론에 대하여 지니는 함의를 살펴보았다. 우선 기독교가 통일 담론에 관심을 가지는 이유를 역사적 이유, 선교적 이유, 교회적 이유의 분류를 통하여, 기독교의 중심지와 기독교의 단절, 기독교 재부흥, 교회일치와 사회일치 등을 살펴보았다. 그리고 기독교 통일 담론이 한국의 통일 담론에 기여하는 방식으로 일치의 신학, 재건의 신학, 만민의 신학, 공공의 신학 등을 살펴보았다. 기독교 통일 담론은 고유한 목소리를 통하여, 그리고 다른 목소리의 감시자 역할을 하는 예언적 목소리를 통하여 한국의 통일 담론에 참여할 수 있다.

6장

한국 사회 통일 담론과
한국 교회 통일 담론 비교

I. 서론

통일은 한반도의 가장 중요한 현안 가운데 하나이다. 그동안 통일의 방법, 정책 등에 대해서 논란이 있었지만, 통일의 당위성에 대해서는 거의 이견이 없었다고 해도 과언이 아니다. 그러나 최근에는 상이한 분위기가 고개를 들고 있고, 이런 관점들이 변화를 요청하고 있다.[1] 본 단원은 한반도 가운데 한국(남한)의 경우를 주로 다룰 것인데, 분단 이후 이미 70여 년 즉 거의 2세대 반에 이르는 역사가 흐르면서, 한반도의 통일 판도가 급속도로 달라지고 있다. 즉 통일성취에 대한 기대보다 분단 현실에 대한 익숙함이 더 커지고, 젊은 세대로 갈수록 통일에 대한 태도가 부정적이거나 소극적으로 변하며, 사회구성 자체가 단일민족사회에서 다문화사회로 급속히 이행중이다. 이런 맥락에서 기존의 '단일민족 중심적이고 당위성을 전제한 통일 담론'은 다각도로 도전받고 있다. 한마디로 통일은 물론이고 통일 담론마저 위기이다. 따라서 통일 담론 자체에 대한 연구가 어느 때보다 시급하다.

본 단원은 한국 통일 담론에 있어서, 기독교(개신교) 통일 담론의 기여에 대해 집중적으로 다루고자 한다.[2] 한국기독교는 한반도의 근현대사에 있어서 매우 중요한 역할을 했고, 특히 통일 문제에 있어

---

1 최근의 상황에 대해서는 다음 글을 볼 것. 김상덕, "통일 및 남북관계에 대한 개신교인의 인식," 「기독교사상」 731(2019.11), 60-72. 이 조사의 결론에 의하면, 개신교인과 비개신교인 간에 인식의 차이가 크지 않고, 또한 통일이 공동체보다 개인이 판단하는 영역으로 변화하고 있다. 다음 책도 참고할 것. 정동준 외, 『2018 통일의식조사』(서울: 서울대학교 통일평화연구원, 2019).

2 기독교 통일 담론의 전반적인 흐름에 대해서는 다음 책을 볼 것. 이창호, 『평화통일 신학과 실천: 기독교 통일 연구의 흐름과 전망』(서울: 나눔사, 2019).

서도 그러했다. 다시 말해 한국기독교는 통일운동은 물론이고 통일 담론에 일정한 몫을 담당했다. 그런데 기독교 통일 담론이 이런 역할을 했음에도 불구하고, 한국 통일 담론에 있어서 기독교 통일 담론과 여타 통일 담론 간에 원활한 상호소통과 교류가 부족하여 거의 평행선을 그리고 있는 형편이다.[3] 이런 사정은 통일연구자들 가운데 개인적으로 기독교 배경을 가진 이들이 많다는 사실에도 불구하고 그러하다. 따라서 한국 통일 담론의 발전을 위해서 양자를 비교하는 연구는 필요한데, 이런 비교연구는 양자 간의 시너지 효과를 위해서도 필요하다. 그러나 이런 비교연구를 위해서는 양자가 공동주도하는 본격적인 연구가 필요한데, 이것은 본 단원의 범위를 벗어나는 일이다. 따라서 본 단원은 범위를 좁혀, 한국기독교가 통일 담론에 어떻게 기여했고 기여할 수 있는지를 간추려보고자 한다.

본 단원은 기독교 통일 담론에 집중하지만, 그 좌표를 잡기 위해서는 한국 통일 담론의 전체적인 윤곽이 필요한데, 이것 역시 방대한 작업이다. 따라서 이를 위해 편의상 한국 통일 담론에 절대적인 영향을 미쳐온 정부 통일정책의 기본개념을 기준으로 삼고자 한다. 한반도의 특수사정에 따라, 모든 통일 담론은 남북한 공히 정부 통일정책에서 자유로울 수 없고, 따라서 정부 통일정책의 기본개념은 모든 통일 담론의 핵심을 이룬다. 즉 정부 통일정책의 기본개념을 통해, 통일

---

3   형식논리학의 관점에서 볼 때, 한국 통일 담론의 하위 개념을 기독교 통일 담론과 여타 통일 담론으로 구분하는 것은 '범주의 오류'를 범하는 일이다. 그러나 본 단원이 기독교 통일 담론을 중심으로 다루고, 기존의 한국 통일 담론에서 기독교 통일 담론이 차지하는 위치가 높다는 점에서, 편의상 이런 구분을 채택한다. 물론 기독교 통일 담론의 상위 개념으로 종교 통일 담론을 설정하여, 기독교를 포함한 다양한 종교의 통일 담론에 대한 개별연구 및 비교연구가 가능할 것이다.

담론의 기본 방향과 주제를 간접적으로 확인할 수 있다. 이런 점에서, 본 단원은 한국 통일 담론 자체 대신 정부 통일정책의 기본개념을 다룰 것이다. 각설하고, 한국 정부는 그동안 여러 가지 성명, 합의서 및 선언을 발표했고, 이 가운데 통일정책의 기본개념을 제시해왔는데, 중복되는 것을 빼고 중요사항을 정리하면 다음과 같다.[4]

첫째, '7·4공동성명'^{이하 7·4공동성명, 1972}의 '자주', '평화', '민족적 대단결'가 있다. 이외에 신뢰와 교류가 포함된다. 둘째, '남북사이의 화해와 불가침 및 교류·협력에 관한 합의서'^{이하 남북합의서, 1991}의 '이익과 번영', '특수관계'가 있다. 이외에 화해, 불가침, 협력(특히 경제 협력, 균형 발전, 문화 협력, 인도적 협력 등)이 포함된다. 셋째, '한반도의 비핵화에 관한 공동선언'^{이하 비핵화선언, 1992}의 '비핵화'가 있다. 넷째, '6·15남북공동선언'^{이하 6·15선언, 2000}의 '공통성'이 있다. 다섯째, '남북관계 발전과 평화번영을 위한 선언'^{이하 10·4선언, 2007}의 기존 성명 및 선언의 '재확인'이 있다. 이외에 통일 지향적 발전, 법률적 제도적 장치 정비, 평화수역, 9·19공동성명, 2·13합의, 역사, 문화, 민족 내부, 해외 동포 등이 포함된다. 여섯째, '한반도의 평화와 번영, 통일을 위한 판문점 선언'^{이하 판문점선언, 2018}의 '비핵화를 위한 국제사회의 지지와 협력' 촉구가 있다. 일곱째, '9월 평양공동선언'^{이하 9월선언, 2018}는 통일의 정책적 실현 노력, 군사분야합의서, 상호호혜와 공리공영, 환경협력, 남북 화해와 단합의 내외 과시, 3·1운동 100주년 행사 등 공동주최, 비핵화 협력 등이 있다.[5] 여기서 다룬 문건들은 남북한 양측이 합의한 것을 대상으로 했

---

4   통일부, 『2019 통일문제 이해』(서울: 통일부, 2019), 164-184.

다.[6] 따라서 위에서 간추린 기본개념은 남북한 모두에게 구속력이 있고 성실한 준수가 요청되는 사안들이라고 할 수 있다. 다만 본 단원에서는 주로 남한의 상황을 다룰 것이다.

이상의 내용을 간추리면, 크게 몇 가지 줄기로 나눠볼 수 있다. 민족(자주, 민족적 대단결), 평화, 인도주의 및 민간 참여(민주, 민중), 번영(이익과 번영) 등 4가지 주제이다. 본 단원은 이런 구분에 따라, 기독교 통일 담론의 기여를 살펴보고자 한다.

Ⅱ. 민족(자주, 민족적 대단결)과 기독교 통일 담론

1. 정부 통일정책의 변화

한국의 첫 번째 공식 통일정책이라고 할 수 있는 7·4공동성명는 자주, 평화, 민족적 대단결의 세 가지 주제를 제시했다. 세 가지 주제는 각각 자주는 통일의 주체에 대해서, 평화는 통일의 방법에 대해서, 민족적 대단결은 통일의 방향 및 목적에 대해서 밝힌 것이라고 할

---

5   '역사적인 판문점선언 이행을 위한 군사분야 합의서'(이하 군사분야합의서, 2018)는 9월선언과 더불어 발표되었는데, 적대행위(무력, 군사연습), 평화지대, 평화수역, 교류협력 및 접촉 활성화에 필요한 군사적 보장대책, 조치 등이 거론되었다.

6   참고로 해당문건들의 서명인들은 다음과 같다. 7·4공동성명 - 이후락/김영주, 남북합의서 - 정원식/연형묵, 비핵화선언 - 정원식/연형묵, 6·15선언 - 김대중/김정일, 10·4선언 - 노무현/김정일, 판문점선언 - 문재인/김정은, 9월선언 - 문재인/김정은, 군사분야합의서 - 송영무/노광철.

수 있다. 그중에서 자주와 민족적 대단결은 민족이라는 상위 개념에 수렴시킬 수 있다. 민족적 대단결은 번영에도 수렴되는데, 후술하도록 하겠다. 흥미롭게도 7·4공동성명의 역사적 배경으로는 '냉전 해빙기' 데탕트[detente]라는 국제정세 이외에, 남북한에서 거의 동시적으로 추진된 외세 영향에서 벗어난 정치 자립을 추진하려는 시도라는 국내정세도 있었다. 비록 이런 정치적 민족주의 성향을 띤 시도가 남북한 공히 독재체제 공고화의 빌미로 사용되고 말았지만 말이다.[7] 일단 7·4공동성명과 정치의 관계는 논외로 하고, 한국 통일정책의 첫 번째 줄기가 민족이라는 점에서 통일과 민족주의 관계를 주목하지 않을 수 없다. 이후 성명과 선언에 나타난 통일정책을 보면, 이런 관계가 계속 확장됨을 알 수 있다.

첫째, 7·4공동성명은 자주와 민족적 대단결이라는 개념을 제시한다. 두 가지는 다음과 같이 요약할 수 있는데, 자주가 남북한 모두의 대외 관계에 대한 표명이라면, 민족적 대단결은 남북한 간의 대내 관계에 대한 표명이다. 이 단계는 아직 주된 관심이 한반도에 머물고 있다. 그러나 남북한이 공히 통일 문제의 '우선적인 당사자'요 '공동 당사자'라는 점을 천명한 셈이다.

둘째, 남북합의서는 남북한 관계가 특수관계임을 밝혔다. 7·4 공동성명이 남북한 관계를 언급했지만 내용에 대해서는 언급하지 않은 반면, 남북합의서는 그것을 구체적으로 밝히기 시작했다. 즉 남북한 관계가 단순히 통일 당사자라는 객관적 관계에 머물거나 분단 현

---

7 7·4공동성명 당시 북한의 주체체제 구축과 남한의 유신체제 구축이 동시대적으로 이뤄졌다.

실 속의 적대적 관계에 머물지 않고, 오랜 역사 속에 공존해온 특수관계라는 것에 주의를 환기시켰다는 점에서 진일보한 인식이라고 할 수 있다. 다시 말해 양자는 적어도 양자의 존재를 인정하기 시작한 것이다. 이런 인식은 교류와 협력의 물꼬를 트는 계기가 되었다. 물론 교류와 협력의 실질적인 활성화 여부는 국내외 정치 변화에 좌우된다는 사실도 묵과해서는 안 될 것이다.

셋째, 6·15년선언은 남북합의서보다 더 나아가 남북한 관계에 공통성이 있음을 확인했다. 이제 남북한 관계는 공존 가능성을 지닌 두 개의 개별존재라는 소극적 관계에서 서로를 아우르는 공통성을 지닌 공동존재라는 적극적 관계로 이해하는 계기를 마련한 셈이다.

넷째, 10·4선언은 이전의 성명과 선언의 내용을 재확인하는 한편, 한반도 내외의 다양한 측면에 관심을 표했다. 그런 관심은 민족 내부적인 문화 등의 측면에서 시작하여, 민족 범위를 한반도를 넘어 해외 동포로 확대했다. 따라서 통일은 한반도 내의 한민족뿐 아니라 전세계에 흩어진 재외동포코리안 디아스포라의 문제가 되었다.

다섯째, 판문점선언은 남북한 관계를 더욱 심화하는 한편, 이를 위한 국제사회의 지지와 협력을 촉구했다. 이로써 통일은 한반도와 지구촌에 산재한 한민족의 문제를 넘어서 전 세계적인 문제가 되었다. 그러나 이런 인식의 연장이 이에 상응하는 조치로 이어진 것은 아니다. 가령 한국의 경우, 아직 한국 사회가 다문화사회로 전환되는 현실이나, 통일 담론이 후기단일민족담론 내지 다민족담론으로 변환되는 상황에 대해 충분히 대처하지 못하고 있다. 다시 말해 통일의 범위가 외부적으로는 전 세계로 확장되었지만, 내부적으로는 다문화사회의 현실이 내실화되지 못했다. 이상의 내용을 정리하면, 민족과 관련된 인식이 다음과 같이 확장됨을 알 수 있다. 즉 당사자 → 특수관계 → 공동존재 → 한반도의 한민족과 재외동포 → 한민족과 세계화.

2. 기독교 통일 담론의 도전과 기여

한국이 격랑의 근현대사를 거쳐오면서, 민족주의가 한국 사회의 모든 영역에 영향을 미쳤다. 기독교도 예외가 아니다. 더구나 한국기독교는 초기부터 종교 본령의 선교사역 이외에, 민족주의와 근대화의 대의명분을 강력히 추구했고 이에 따라 다른 비서구국가에 비해서 신속하고 용이하게 외래종교에서 민족종교로 전환하였다. 따라서 한국기독교는 민족주의적 색채가 매우 강한 기독교이다.

그러나 한국기독교는 남북한 분단을 계기로, 해방 전 북한 중심적 기독교에서 해방 후 남한 중심적 기독교로 크게 변모했다. 이 과정에서 한국기독교의 민족주의는 반공적 민족주의의 특징을 강하게 나타냈다. 이런 특수한 사정으로 인하여, 한국기독교의 통일 담론은 통일보다 반공을 우선시하는 경우까지 나타났다. 한국기독교는 한국 사회의 반공세력 가운데 중심세력 중 하나로 자리잡았다.[8] 반공은 정치적으로는 안보로 이어졌고, 경제적으로는 자본주의 혹은 자유민주주

---

8   강인철, 『한국의 개신교와 반공주의: 보수적 개신교의 정치적 행동주의 탐구』(서울: 중심, 2007);
윤정란, 『한국전쟁과 기독교』(파주: 한울아카데미, 2015).

의로 이어졌다. 이런 맥락에서 한국기독교를 포함한 한국 사회의 반공적 민족주의는 민족 우선을 내세우는 다른 나라의 민족주의와는 달리, 안보 우선에 따른 외세 친화적 자세도 보였다. 최근 '토착왜구'담론도 이런 맥락에서 이해될 수 있다.

이런 맥락에서 남북갈등이 남남갈등으로 이어지고 다시 남남교회 갈등으로 이어지면서, 한국기독교의 통일 담론은 크게 양분되었다. 즉 통일과 평화를 강조하는 진보 담론과 반공과 안보를 강조하는 보수 담론으로 대별된다. 다시 말해 한국기독교는 자체 내의 통일 담론에 있어서 갈등을 해소하거나 합의에 이르지 못하고 있다. 그 결과 기독교 통일 담론이 한국 통일 담론을 선도하기보다 한국 통일 담론의 특정 입장에 동조하거나 추종하는 양상을 보이고, 점차 사회적 영향력도 약화되고 있다. 최근의 이런 양상은 기독교 통일 담론이 초기에 진보집단이 독점적으로 주도하면서, 비록 소수 입장이었지만 일관되게 영향력을 발휘한 것과는 대조를 이룬다.[9] 기독교 통일 담론은 학문적으로는 발전하는데, 영향력에 있어서는 퇴보하는 양상을 보였다. 이것이 바로 오늘날 한국 통일 담론 내에서 기독교 통일 담론이 주목받지 못하고 소외되는 이유 중 하나이다.

그렇지만 기독교 통일 담론이 한국 통일 담론 발전에 기여한 바가 크고, 그 유산이 여전히 남아있다는 것을 기억할 필요가 있다. 그런 기여 가운데 주목할 것은 다음과 같다. 첫째, 해외동포기독교인의 역

---

9 가령 한국의 통일운동을 열고 결정적인 통일 담론을 개발한 주요 세력 중 하나가 바로 교회일치와 인류갱신(혹은 인류일치)을 추구하는 에큐메니칼 운동인데도 불구하고, 이런 입장이 한국 교회의 신학 이해와 교회 정치의 역기능으로 말미암아 한국 통일 담론과 기독교 통일 담론의 대세로 정착하지 못한 것을 들 수 있다.

할이다. 분단과 한국전쟁 이후 남북한기독교인의 만남의 물꼬를 튼 것이 바로 한반도의 경색국면을 타개하고자 했던 해외동포기독교인이었다. 해외동포가 통일문제에 본격적으로 참여하기 시작한 것은 1980년대 초로, 남한의 정부 통일정책이 통일에 있어서 해외동포에 대해 공식 언급한 것보다 무려 30년 전 일이다. 1981년 '조국통일기독자회의와 조선그리스도교연맹의 통일대화'(조국통일에 관한 북과 해외동포, 기독자간의 대화)가 바로 그것이다.[10] 아직 이에 대한 연구가 일천하지만, 최근 『기독교사상』의 인터뷰 등을 통하여 내부사정이 밝혀지기 시작했다.[11] 그런데 이 사건은 이후 한국 통일 담론에서 여러 가지 의미에서 전거가 되었다.

먼저, 해외동포기독교인의 만남은 민족과 통일 관계에서 민족 범위를 확장하여 세계사적인 차원을 부각시켰다. 다시 말해 통일은 한반도 내의 문제만이 아니라 한반도 내외의 문제이고, 문제해결도 남북 관계만이 아니라 한반도 내외 관계가 중요하다는 것이다.[12] 이런 시각의 중요성은 거시적으로는 남북관계를 위한 6자 회담, 미시적으로는 국제적 월경越境사건으로 부각된 북한이탈주민 사역과 해외한인교회의 통일운동 참여를 통해 입증된다. 오늘날은 북한이탈주민 문제가 교회를 넘어서 사회의 과제가 되었지만, 이 분야에 있어서 한국기독교가

---

10 김흥수, "남북한 정부의 통일정책과 한국 교회 통일운동의 관계," 「선교와신학」 35(2015), 101. (83-115).

11 이영빈, 김순환, 김흥수, "자료 소개: 이영빈, 김순환과의 대담─독일에서의 한국 민주화운동과 통일운동(1)," 『기독교사상』 725(2019.05), 52-70; "자료소개: 이영빈, 김순환과의 대담─독일에서의 한국 민주화운동과 통일운동(2)," 726(2019.06), 87-108.

12 최근의 해외동포의 역할에 대해서는 다음 책을 볼 것. 미국장로교 한국선교회 편, 『평화로 숨쉬다: 미국장로교 한국선교회 화해평화 좌담회, 2015년 1월~2019년 5월』(서울: 미국장로교 한국선교회, 2019).

담당한 초기의 역할은 부정할 수 없다. 북한이탈주민 사역은 돌파구를 찾지 못하던 북한선교의 새로운 전기를 마련했고, 관련 연구도 활성화되었다. 가령 북한교회사 연구, 기독교사회주의 연구, 이주 및 다문화 문제의 일환으로서의 북한이탈주민 연구, 북한이탈주민과 통일 연구, 북한선교와 남북한평화통일운동 연구 등이다. 이런 연구들은 모두 북한학과 통일학 등의 토대가 되었다. 북한학과 통일학의 연구자 중 기독교 배경을 가진 사람이 많은 이유도 이와 무관하지 않다.

또한, 해외동포기독교인의 만남은 주체사상과 기독교 관계를 연구하는 계기가 되었다. 주체사상에 대한 입장차에 상관없이, 주체사상이 북한의 공식적이고 가장 강력한 이데올로기요 세계관이라는 점에서, 통일 관련 연구는 어떤 것이든 간에 이 주제를 무시할 수 없다. 이 주제를 거론하기 시작한 것이 해외동포기독교인의 만남이었고, 이후 남북한기독교인의 만남으로 이어졌고 다시 통일운동으로 이어졌다. 이런 과정에서 여성통일신학자인 박순경이 주체사상을 논하던 중 교황론과 수령론을 비교한 것이 문제가 되어, 구속되는 사태까지 벌어진 바 있다.[13] 그런데 주체사상 연구는 기독교 통일 담론에 있어서 매우 중요하다. 그 이유는 이 주제가 해외동포기독교인의 만남을 통해 일찍부터 다뤄졌을 뿐만 아니라, 기독교의 연구 전통과도 연관되기 때문이다. 주체사상은 공산주의에서 진화된 것으로 이데올로기인 동시에 종교성을 띤 사상이라고 평가되기 때문에, 기독교는 이중으로 주체사상에 접근할 수 있다.

---

13 안교성, 『한국 교회와 최근의 신학적 도전』(서울: 장로회신학대학교, 2017), 134.

한편으로 세계기독교는 기독교와 공산주의 혹은 기독교와 마르크시즘Marxism의 대화라는 연구 전통이 있는데, 한국기독교가 이런 전통을 계승·발전시킬 수 있다.[14] 다만 한국기독교는 분단 및 냉전 상황에서 기독교와 마르크시즘의 대화 분야에 거의 참여하지 못해 관련 연구가 거의 축적되지 못한 아쉬움이 있다. 이 분야의 기존 연구마저 주로 무신론, 종교박해, 반反자본주의 등에 치우쳐, 정작 이데올로기요 세계관으로서의 공산주의에 대한 연구는 더욱 부족한 형편이다. 그런데 세계기독교의 주요 기관 중 하나인 세계교회협의회World Council of Churches는 1948년 제2차 세계 대전 종전 직후 냉전 시대가 시작되는 가운데 출범하면서, 이데올로기에 대한 입장을 밝힌 바 있다. 즉 기독교는 특정 이데올로기의 편이 아니라, 모든 이데올로기에 대하여 비판적인 거리를 두어야 한다는 것이다.[15] 한국기독교는 이런 입장을 견지함으로써, 맹목적 민족주의와 이데올로기의 결합 속에서 객관성을 상실하기 쉬운 한국 사회와 한국 통일 담론에서 일종의 참여적 비판자의 역할을 감당할 수 있을 것이다.[16]

다른 한편 주체사상의 종교성은 기독교 통일 담론이 놓쳐서는 안 될 분야라고 할 수 있는데, 실제로 이 분야의 선구적 학자들 가운데

---

14 선구적인 연구 가운데 하나로는 서구의 신학자와 동유럽의 목회자가 나눈 서신 모음집인 다음 책을 볼 것. Karl Barth & Johannes Hamel, *How to Serve God in a Marxist Land*, with an introductory essay by Robert McAfee Brown(New York: Association Press, 1959).

15 World Council of Churches, *Mans' Disorder and God's Design: The Amsterdam Assembly Series, Book III. The Church and the Disorder of Society* (New York: Harper & Brothers, Publishers, 1948), 195.

16 민족주의와 이데올로기의 결합 가능성과 필요성에 대해서는 다음 책을 볼 것. 전재호, 『반동적 근대주의자 박정희』(서울: 책세상, 2000), 29-34.

기독교 학자나 기독교 배경을 가진 이들이 적지 않다.[17] 가령 임순희는 북한 주민의 종교성을 분석하면서, 공적 공간에서는 주체사상의 영향이 크게 나타나지만, 사적 공간에서는 전통 종교의 영향이 여전히 강하게 나타난다고 결론짓는다.[18] 이런 결론은 주체사상이 종교로서는 후발주자이기에 아직 전통 종교와의 조우 단계에 있고, 주체사상과 전통 종교의 관계는 표면구조와 심층구조처럼 중첩 현상을 보인다고 해석할 수 있다.[19] 따라서 전통 종교는 남북한의 민족 동일성 연구에 있어서 중요한 요소 가운데 하나가 될 것이다. 한편 안신은 종교학의 입장에서 평화통일은 종교인의 참여 없이 이뤄질 수 없다고 주장하는데, 남북한 종교 즉 북한의 주체사상과 남한의 제[諸]종교 간의 관계 모델로 개종(복음화), 대화, 협력, 변혁 모델을 제시하면서 특정 모델에 의존하기보다 다차원적으로 조화시킬 것을 권고한 바 있다.[20]

둘째, 이밖에도 기독교 통일 담론은 남북한 관계를 신학, 특히 성서학 분야에서 이해하려는 다양한 노력을 기울여 왔다. 이런 노력은 비교적 일찍부터 시작되어 오늘날까지 계속되고 있다. 일제강점기에 해방의 메시지로 해석될 수 있는 출애굽기가 특별한 관심을 받았다면, 분단기에는 한반도 분단에 시사점을 제공할 수 있는 이스라엘 왕국

17 관련 분야의 비교적 선구적 연구는 각각 다음 책들을 볼 것. 맹용길, 『기독교의 미래와 주체사상』 (서울: 기독교문사, 1990); 김병로, 『북한 사회의 종교성』(서울: 통일연구원, 2000). 최근의 연구로는 다음 책을 볼 것. 정대일, 『북한 국가종교의 이해: 북한 선교의 선이해를 위한 연구』(서울: 나눔사, 2012); 박철호, 『기독교 효 체계에 의한 북한 주체사상 효 분석』(서울: 나눔사, 2012).

18 임순희, 『북한 주민의 종교성: 북한문학작품을 중심으로』(서울: 서울대교구 민족화해위원회 평화나눔연구소, 2016).

19 여기서 심층구조(deep structure)와 표면구조(surface structure)는 변형언어학의 용어를 원용한 것으로, 공산주의의 유물론에 나오는 하부구조와 상부구조와는 조금 다른 의미로 사용한다.

20 안신, "남북한 평화 통일과 한국 종교의 다양한 모델들: 개종, 대화, 협력, 변혁의 모델을 중심으로," 『선교신학』 25(2010), 207-232.

분열사와 관련된 성경이 특별한 관심을 받고 있다. 이런 연구들은 주로 이스라엘과 유다가 분단기에 어떻게 민족적 동일성을 유지했는가를 밝힘으로써, 한반도의 사례에 원용하려고 한다. 초창기 사례로는 민영진의 연구를 들 수 있다. 민영진은 "민족적 일체감이 분단을 극복"^{사무엘하 5장 1-3절}이라는 칼럼에서 "다윗이 통일에 대한 재론이 불가능할 것 같은 위기들에 대처하면서, 남북 지파들을 하나로 통일"시키려 했던 노력에 대해 밝혔고, "국제사회에서 남한과 북한은 친족 의무 수행 관계: 구약에 나오는 '기업 무를 자'"^{룻기 2-4장}라는 칼럼에서 "국제사회에서 남북 간에 어떤 태도를 취할 것인가"를 물으면서 "친족으로서의 특별한 의무와 책임을 가지고 돕는" 것에 대해 지적했다.[21] 최근의 예로는 배희숙의 "에서/에돔-야곱/이스라엘 관계에 나타난 통일신학의 기초"를 들 수 있다. 배희숙은 창세기로 거슬러 올라가 20년이 넘는 분열의 시간을 가진 에서와 야곱의 깊은 갈등을 분석하면서, 관계개선을 위해서 중요한 것은 "어떻게 갈등과 경쟁을 넘어서 화해와 상생의 삶을 이뤄내느냐는 것"이라고 주장한다. 그 방법으로 "자기 이해"가 중요하기에 "우선 관심의 초점을 우리 자신에게 돌려야 한다"고 강조한다. 이런 관점에서 "우리 사회의 모든 분야가 통일된 한국을 감당할 준비가 되어 있는지"를 물으면서, "독일의 통일은 예고 없이 이루어졌지만 그들은 각 영역에서 이미 통일을 감당한 역량을 충분히 갖추고 있었고", 그럼에도 불구하고 "베를린장벽 붕괴 이후 실질적인 통일에 이르기까지 20여 년간 동서독인 모두에게 큰 짐이 되었다"고

---

[21]   안교성, 『한국 교회와 최근의 신학적 도전』, 136-137.

밝힌다.[22] 이런 연구가 중요한 이유는, 한국기독교가 일제강점기 말기에 묵시문학을 통하여 마지막까지 광복의 희망을 버리지 않고 종교적 상상력 가운데 미래를 기다렸듯이, 통일을 앞둔 지금도 통일 담론을 통하여 통일의 희망을 버리지 않고 종교적 상상력 가운데 미래를 기다릴 수 있기 때문이다. 이런 면에서 분단 혹은 통일에 대한 신학적 연구는 '희년'禧年, the jubilee year 연구로 이어지는데, 희년신학은 미래상을 제시해야 한다는 점에서 매우 중요한 연구라고 할 수 있다. 이에 대해서는 후술하기로 한다.

III. 평화와 기독교 통일 담론

1. 정부 통일정책의 변화

정부 통일정책은 7·4공동성명부터 두 번째 주제인 평화를 내세웠다. 이 주제는 7·4공동성명과 더불어 통일정책에 있어서 역사적 이정표가 된 남북합의서에서 화해로 확산되었다. 7·4공동성명은 냉전시대의 중간기라 할 수 있는 냉전 해빙기에 나왔다면, 남북합의서는

---

22 배희숙, "에서/에돔—야곱/이스라엘 관계에 나타난 통일신학의 기초," 배희숙 외, 『(제1회 평화통일신학포럼)평화통일신학: 신학적 근거의 모색』(서울: 장로회신학대학교 남북한평화신학연구소, 2015), 43.

냉전 시대의 종식기 혹은 일대 변혁기라 할 수 있는 동유럽 공산권 붕괴 및 통독이라는 새로운 국제환경 가운데 나왔다. 1990년대만 해도 1989년 베를린 장벽 붕괴로 상징되는 동유럽 공산권 붕괴가 전 세계로 퍼질 것으로 예상했지만, 공산주의는 동아시아 및 동남아시아, 중남미 등에서 예상외의 건재함을 보여왔다. 대신 이데올로기 중심의 냉전이 종식하자, 전 세계에는 새로운 갈등이 대두되었다. 지역적 차원에서는 주로 이전부터 점증되던 종교갈등과 인종갈등이 격화되었고, 세계적 차원에서는 주로 핵 갈등과 환경 갈등이 주목받았다.[23]

이런 과정에서 정부 통일정책은 평화의 개념 자체를 확장·발전시키기보다는 평화의 현실적 과제에 관심을 기울였다. 대표적인 것은 비핵화와 평화 실천이다. 핵에 대해서는 남북합의서 이듬해에 나온 비핵화선언이 있다. 평화 실천에 대해서는 10·4선언에서 평화수역을 언급했고, 이후 군사분야합의서를 통해 더 구체적인 사항들을 언급했다. 즉 군사분야합의서는 적대행위(무력 및 군사연습) 중단, 평화지대 및 평화수역 설정, 교류협력 및 접촉 활성화에 필요한 군사적 보장대책 및 조치 등을 언급했다. 그러나 정부 통일정책은 문서상의 진전에도 불구하고, 실질적인 결과를 이끌어내지 못한 채 답보상태에 있다. 한 가지 예가 바로 정전협정을 평화협정으로 전환하는 평화협정 체결조차 이뤄지지 못하고 있다는 사실이다. 물론 핵과 평화협정 등 핵심사안은

---

23 이런 맥락에서 사무엘 헌팅턴의 "문명 충돌론"이 주목받기도 했지만, 오바마 같은 이는 전세계의 무슬림에게 다가가고자 하면서 "문명의 충돌을 분명히 서로 다르지만 많은 공통점을 가지고 있는 사람들 간의 협력이라는 비전으로 대체하자고" 제안한 바 있다. *A Public Faith: How Followers of Christ Should Serve the Common Good*, 김명윤 역, 『광장에 선 기독교: 공공신학이란 무엇인가』(서울: IVP, 2014), 97.

급변하는 국내외 정치상황이 절대적인 영향을 미쳐서, 예상조차 어려운 것도 사실이다. 그럼에도 불구하고, 평화와 통일에 대해서 몇 가지 지적할 사항이 있다. 첫째, 통일 여정이 늦어지면서, 최근에는 평화와 통일의 관계를 긍정적이기보다 부정적으로 보는 경향이 나타난다. 양자가 갈등관계나 주종관계(혹은 선후관계)가 아니라 동반자적 관계와 협력관계가 되어야만 한다는 주장이 나오고 있다.[24]

둘째, 정부 통일정책이 평화를 화해로 개념을 발전시켰지만, 막상 평화론도 화해론도 한국 사회에서 많은 한계를 보이고 있다. 이와 관련해서는 제임스 페이지James Smith Page의 비판을 주목할 필요가 있다. 페이지는 국제연합UN이 정한 "국제평화문화의 해"The International Year for the Culture of Peace, 2000에 대해 몇 가지 문제를 지적한 바 있다. 첫째, 평화문화 개념을 다루면서, "수사적인 심지어 설교식의 경향"a tendency to become rhetorical and even sermonic이 있는데, 너무 지당하면서도 현실감 없는 이야기만 되풀이하여 "평화피로증후군"paece fatigue이 생긴다. 둘째, 평화문화를 "비언어적인 소통"a non-verbal communication 방식으로 할 필요가 있는데, 다시 말해 말이 아니라 삶으로 보여주는 "모델링"modeling인데, 과연 누가 세계적·일상적 차원에서 모델이 될 것인가라는 질문이 제기된다. 셋째, 이런 접근이 자칫하면 "세계화된 사회"global society, 특히 "전 지구적 자본주의"global capitalism와 연관된 대규모 불평등에 대한 비판을 대체하는 효과가 될 수 있는데, 자칫 평화에 대한 "개인주의적이고 부르주

---

24 서보혁 · 정주진, 『평화운동: 이론·역사·영역』(과천: 진인진, 2018), 211-223. 통일운동과 평화운동의 관계를 집중적으로 다룬 간략한 입문서는 다음을 볼 것. 김창수, 『멋진 통일운동 신나는 평화운동』(서울: 책세상, 2000).

아적인 접근"an individualistic and bourgeoisified approach에 그칠 뿐 구조변화의 중요성을 위축시킬 수 있다.[25]

셋째, 한반도는 핵 위기가 최고조에 이른 지역이면서도, 비핵화의 기초가 될 반핵운동이 활발하지 못하고 반핵론이 부진하다. 최근 문재인 정부의 탈핵화 노력도 장기적인 시나리오를 제시하지 못하고 있다. 다시 말해 비핵화의 명분이 강조되는 것에 비해서, 비핵화의 의식은 매우 낮은 편이다. 오히려 남한의 핵무장론이 자주 거론되는 형편이다. 따라서 비핵화와 관련된 반핵운동, 반핵연구, 반핵정책의 균형 잡힌 발전이 요청된다.

넷째, 한반도는 세계 최고의 갈등 지역으로 위기가 상존함에도 불구하고, 전쟁을 반대하는 평화운동이나 반전운동이 매우 부진하다. 사실 역사적으로 전쟁 상황에서는 평화가 반전으로, 심지어 반국가적인 것으로 간주되는 경우가 많았는데, 한반도가 끊임없는 전쟁을 겪어왔기 때문에 평화운동이나 반전운동이 자라기에는 너무나 척박한 환경이다. 이런 맥락에서 초기에 평화와 연관된 통일 담론이 수난받은 것이 사실이다.[26] 이상의 내용을 종합해보면, 국내의 평화운동이 성숙해야 남북한 간의 평화운동 및 통일운동의 토대가 될 수 있는데, 관련 운동이 전반적으로 발육부진 상태에 있다. 이상의 내용을 정리하면, 평화와 관련된 인식이 다음과 같이 확장되었다. 즉 평화 → 화해 및 교

---

25 James Smith Page, "The International Year for the Culture of Peace: Was It Worthwhile?," *International Journal of Cultural Studies* 4/3(2001), 349. (348-351).

26 통일 담론 특히 평화와 연관된 통일 담론의 수난에 대해서는 다음 책을 볼 것. 김상웅, 『통일론 수난사』(서울: 한겨레신문사, 1994); 이재봉, 『이재봉의 법정 증언』(서울: 들녘, 2015).

류·협력.

2. 기독교 통일 담론의 도전과 기여

평화는 전통적으로 기독교의 핵심 사상이었다.(물론 종교에는 폭력의 측면도 있다.)[27] 기독교의 창시자인 예수 그리스도가 평화의 왕으로 묘사되었고, 제자들에게 평화를 만드는 사람이 되라고 가르쳤다. 따라서 기독교 통일 담론을 포함한 기독교 신학이 평화 담론에 관심을 갖는 것은 너무나 당연하다. 그러나 기독교가 항상 평화 담론 연구에 열심을 내거나 실천한 것은 아니다. 거칠게 말해 역사적으로 기독교는 소수집단이거나 비주류일 때는 평화주의적 입장을 지녔지만 다수 집단이나 주류일 때는 그렇지 못했다. 오히려 기독교는 전반적으로 주류사회와 더불어 정의로운 전쟁just war, 혹은 정당전쟁 입장을 취해온 것이 사실이다. 이런 현상은 종교가 사회 내의 다수집단이나 주류가 되면서 주류사회의 입장을 대변하는 통합기능을 맡게 된다는 것을 생각할 때, 충분히 이해가 된다. 즉 다수집단이 된 종교와 주류사회는 공조한다. 다시 말해 종교는 일반적으로 소수집단일 경우는 사회개혁 세력으로, 다수집단일 경우는 사회통합 세력으로 기능한다. 따라서 종교가 다수집단이면서도 사회개혁 세력이 되기란 어렵고, 만일 그런 역할을 수행

---

27 종교와 폭력 및 평화의 관계에 대해서는 다음 글을 볼 것. 김명희, "종교·폭력·평화: 요한 갈퉁의 평화이론을 중심으로," 「종교연구」 56(2009), 121-148.

할 경우는 종교 전체가 아니라 종교 내의 특정 집단이 맡기가 십상이다.[28] 이런 집단은 성서의 표현을 빌면, 예언자이다. 기존 신학에 따르면, 예수 그리스도의 역할은 3중 직분인데, 바로 왕(지도 및 유지 기능), 제사장(통합 기능), 예언자(개혁 기능)이다. 따라서 예수 그리스도를 사회의 지도자로만, 화해자로만, 혹은 비판자로만 해석하기는 어렵다. 상황에 따라 강조점이 달리 나타나는 것이다. 기독교 사회윤리의 복잡성이 바로 여기에 있다. 즉 기독교를 포함한 종교는 특정 시공간에서 특정 기능을 강조하게 된다. 그렇다면 한국기독교는 현재 어떤 집단이고, 어떤 기능을 맡고 있으며, 어떻게 다양한 기능들을 조정하여 바람직한 종교로서의 역할을 맡을 수 있는가?

한국기독교가 평화운동에 헌신하는 것이 사실이고, 또한 당연하다. 그러나 제비 한 마리가 봄을 가져오지 못한다는 말이 있듯이, 한국기독교 일부가 평화운동에 매진한다고 해서, 그것이 한국기독교의 전반적인 모습이라고 착각해서는 안 된다. 기독교 평화운동은 위에서 언급한 대로 생래적으로 현실적으로 소수운동으로 남기 쉽다. 한반도에서는 더욱 그러하다. 따라서 기독교 평화운동은 한반도의 평화운동과 통일운동에 기여하기에 앞서 기독교 내의 평화운동을 둘러싼 갈등 해소에 노력을 기울여야 한다.

기독교 통일 담론은 평화와 통일에 있어서 어떻게 기여하는가? 첫째, 세계교회협의회 등 에큐메니칼 운동 중심의 진보진영은 처음부

---

28 그런 면에서 올해 100주년을 맞는 삼일운동에 있어서 당시 한국기독교가 대다수 운동에 참여하면서 사회에 영향을 미친 것은 국가적 책임감, 메시아사상(messianism) 이외에도 소수종교집단이었다는 점을 검토해볼 필요가 있다.

터 평화와 통일을 연계하면서, 평화통일운동 담론을 정착시켰다. 20세기 후반까지만 해도 통일이나 평화를 말하는 것 자체가 위험한 형편이었지만, 진보진영은 정부 간 통일정책이 답보상태를 면하지 못한 상황에서 파격적인 행보를 통해 돌파구를 마련했다. 해외동포 및 남북한기독교인의 만남, 방북 등 일련의 사태는 정부의 간섭과 탄압을 받았지만, 결국 민간의 통일 문제 참여의 문을 열었다. 이런 담론은 1988년 한국기독교교회협의회의 '민족의 통일과 평화에 관한 한국기독교회 선언' 이하 88선언, 1988 으로 꽃을 피웠다. 김흥수는 88선언은 정부의 7·4공동성명을 수용했고, 또한 정부의 통일정책 특히 7·7선언(1988년 7월 7일에 노태우 대통령이 발표한 '민족 자존과 통일 번영을 위한 대통령 특별선언')에 영향을 주었다고 주장한다.[29] 이 선언은 정부 통일정책의 기존 기본개념인 자주, 평화, 민족적 대단결을 존중하는 한편, 인도주의와 민간 참여라는 새로운 기본개념을 제시했다. 김흥수에 의하면, 이 선언은 통일방안과 통일국가 수립과정을 논의하지 않고 주로 정부와 민간 간의 통일주도 문제 등에 집중했다.[30] 여하튼 이 선언은 통일방안에 있어서 기독교 통일 담론이 정부 통일정책 등 한국 통일 담론을 선도한 좋은 예라고 할 수 있다. 그러나 이 선언은 대외적으로는 큰 영향력을 미쳤음에도 불구하고, 대내적으로는 회원교단의 갈등을 빚기도 하였다. 이런 양상은 통일 담론이 통일전문가의 문제를 넘어 일반 교

---

29 김흥수, "남북한 정부의 통일정책과 한국 교회 통일운동의 관계," 101-104. 7·7선언은 6가지 정책을 추진할 것을 선언했는데, 1번은 민간 교류, 2번은 인도주의적 견지에서 이산가족 문제 해결 등을 언급한다. 88선언의 5개 원칙 중 4,5번이 7·7선언의 1,2번과 같은 관점을 보인다.

30 위의 논문, 103.

인의 문제로 비화하는 계기가 되었다. 가령 이 선언은 평화협정을 직접 주장하기보다는 당사자("남북한 당국과 미국, 중공 등 참전국들")들의 행동을 촉구하는 모양을 취했으나, 미군철수 등 민감한 문제와 연결되면서 위기감을 불러일으켜 선언에 대한 반대를 야기하였다. 이런 위기감은 현재에도 작용하여, 통일 담론에서 평화를 논하는 것 자체에 대해 알레르기 반응을 보이는 자세로까지 이어지고 있다. 가령 당시 대한예수교장로회(통합측)은 독자적인 입장을 발표한 바 있다.

후속 성과 가운데는 2013년 세계교회협의회 부산총회의 "한반도 평화와 통일에 관한 선언"을 손꼽을 수 있다. 그러나 이 문건은 역사적 중요성에도 불구하고, 국내 반향은 크지 않았다. 그것은 문건 작성 과정에서 새로운 지도층의 참여나 새로운 세대의 의견수렴이 충분하지 못한 것과 무관하지 않을 것이다. 가령 이 선언 끝에는 "아래에 명기된 회원들과 모든 총대들은 이 선언문에 한반도와 관련된 특별한 문제인 소위 양심적 병역거부자의 고통이 포함되지 않은 점에 대해 이의를 제기하는 바이다"라는 소수의견이 첨부되었다.[31] 이 선언의 전반적인 내용은 1980년대 이후 활동한 에큐메니칼 통일전문가 1세대의 입장과 크게 다르지 않다.

기독교 통일 담론은 88선언을 정점으로 한국 통일 담론을 선도하는 모습이 점차 줄어들었다. 거기에는 여러 가지 이유가 있지만, 크게 세 가지를 들 수 있다. 먼저 기독교 내부의 통일 담론에 대한 공감대 형성에 실패했다. 더구나 기독교 보수진영이 참여하면서, 기독교의

---

31 "한반도 평화와 통일에 관한 선언"(2013년 11월 의결), 세계교회협의회 부산총회, 2013.

통일운동 참여폭은 늘어났지만, 다양한 입장들을 조정하지 못했고, 기존의 진보진영의 통일 담론에 필적할 만한 획기적인 담론도 창출되지 못했다. 나눔운동 등 통일운동은 활성화되지만, 통일 담론은 위축되는 현상이 벌어졌다. 또한 교회 이외의 민간 분야의 참여가 가능해지면서 이들의 참여가 급속도로 증가했고, 이 과정에서 시민운동의 개신교 의존도가 낮아지면서, 기독교의 사회적 지도력이 축소되었고 교회와 여타 민간 분야의 교류도 소원해졌다. 이런 상황에서 오늘날 한국기독교는 한국 통일 담론의 장에서 지도자에서 토론자의 일원으로 역할 변경을 신속히 이루는 한편 교회와 사회의 소통과 협력을 회복해야 할 전환점에 놓여있다.

둘째, 기존의 에큐메니칼 진영의 통일 담론 이외에 새로운 평화운동이 전개되면서, 평화운동과 통일운동의 결합이 나타나기 시작했다. 이 새로운 평화운동은 한편으로는 평화학의 대두와 연결되고, 다른 한편으로는 평화교회 운동과 연결된다. 그러나 양자의 배후에는 재세례파 전통(혹은 과격한 종교개혁운동) 가령 퀘이커교와 메노나이트파 등이 자리잡고 있어, 양자는 구분되면서도 긴밀하다. 퀘이커교는 평화사상가 함석헌을 통해 한국과 관련을 맺어왔지만, 아직까지 활발하지는 않다. 메노나이트파는 1950년대에 한국선교를 시작했다가 1970년대에 철수했는데, 최근 한국 내에서 메노나이트파에 대한 관심이 고조되면서 활동을 재개하였다. 통상적으로 한국기독교 내에서 북한선교와 남북한평화통일운동이 양분되는 경우가 있는데, 메노나이트파가 북한선교에 평화운동을 접목시키려는 시도에 참여하고 있다.[32] 뿐만아니라, 최근 주로 메노나이트파가 주도하고 있는 평화학을 연구한

평화운동가들이 대거 귀국하면서, 한국 내에서 평화운동과 평화학의 확산에 힘쓰는 집단을 이루고 있다. 한편 한국기독교 내 중도파에 해당되는 대한예수교장로회(통합)은 2016년 북한선교와 남북한평화통일운동을 융합하려는 시도로 "남북한선교와 평화통일을 위한 지침서"를 발표한 바 있다.[33] 한국기독교는 이런 맥락에서 평화교육과 통일교육에 관심을 쏟고 있다. 정부가 평화 만들기peace-making, 평화 지키기peace-keeping 등 거시적인 문제해결에 유리하다면, 기독교 등 시민운동은 평화 세우기peace-building 등 미시적인 문제해결에 유리할 수 있다. 특히 평화 세우기 가운데 평화 만드는 사람 키우기peace-maker-equipping가 중요한데, 이를 위해서 평화문화 만들기와 평화교육이 필요하다. 평화문화 만들기와 평화교육은 학교와 민간단체는 물론이고 개인과 가족이 중요한데, 특히 가정을 평화운동의 출발점으로 강조한 엘리즈 불딩Elise M. Boulding의 통찰력이 최근 국내 연구에서 관심받고 있다.[34]

셋째, 위의 움직임과 연결되면서도 종교와 평화학을 연결시키는 '종교평화학'이 대두되고 있다. 평화학이 서구 기독교사회의 배경에서 나왔다는 점에서 기독교 색채도 강하지만 타종교로도 확산되고 있다. 이찬구는 종교평화학의 가능성을 타진하는 논문에서 종교적 가

32 Chris Rice, "Contested South Korean Identities of Reunification and Christian Paradigms of Reconciliation," *International Bulletin of Mission Research*, 42/2(April 2018), 1330-142.

33 "남북한선교와 평화통일을 위한 지침서," 대한예수교장로회(통합) 제101회총회, 2016.

34 엘리즈 불딩에 대해서는 다음 논문을 볼 것. Elise Boulding, "Peace Culture: The Problem of Managing Human Difference," *Cross Currents*, 48/4 (Winter 1998/1999), 445-457; Birgit Brock-Utne, "The Centrality of Women's Work for Peace in the Thinking, Actions, and Writings of Elise Boulding," *Journal of Peace Education*, 9/2 (August 2012), 127-137; Carolyn M. Stephenson, "Elise Boulding and Peace Education: Theory, Practice, and Quaker Faith," *Journal of Peace Education*, 9/2 (August 2012), 115-126. 콜로라도 대학교 아카이브에 그의 문고가 있다.

르침과 평화학이 같은 내용을 가르친다고 주장하면서, 평화학을 "세속화 시대의 신학"이라고 부르고 또한 평화를 한국 신종교들에서 공통적으로 나타나는 "개벽"과 비교하고 있다.[35] 이재봉은 종교와 평화의 관계를 다루면서 원불교가 목표와 과정에서 비폭력과 평화를 중시한다고 주장하고 따라서 원불교가 언행일치의 종교라고 평가한다.[36]

그러나 기독교를 비롯한 종교가 평화와 관련하여 기독교 통일 담론에 기여하고자 할 경우, 유의할 점이 있다. '메신저가 메시지'라는 맥루한Marshall McLuhan의 말처럼, 종교가 평화를 만드는 역할을 맡으려면, 먼저 평화를 만드는 사람이 되어야 한다. 즉 종교 내, 또한 종교 간 대화와 화해의 모습으로 보여주어야 할 것이다.[37] 특히 종교가 평화의 담지자로서의 역할을 자임하기 쉽다는 점에서, 위에서 언급한 페이지의 모델링에 대한 지적을 다시 한 번 기억할 필요가 있다.

35 이찬구, "종교평화학의 모색: 평화학과 종교가 만나는 지점," 「종교교육학 연구」 14(2013), 145-169.
36 이재봉, "종교와 평화: 원불교의 비폭력성," 「원불교사상과종교문화」 78(2018), 235-261.
37 최병환, "평화문화와 종교 간의 대화," 「평화학연구」 1(2004), 61-83.

IV. 인도주의 및 민간 참여(민주, 민중)와 기독교 통일 담론

1. 정부 통일정책의 변화

7·4공동성명은 통일의 주체로 자주, 민족[적 대단결]을 언급했다. 그러나 현실적으로는 민족은 정부를 의미했고, 그것은 정부의 통일문제 독점으로 이어졌다. 그런 사정은 이 자리에서 상술하지는 않겠지만, 이런 맥락에서 통일운동과 통일 담론의 확산은 정부 독점을 타개하는 것에서부터 시작될 수밖에 없었다. 위에서도 언급했듯이, 이런 물꼬를 튼 것이 바로 해외동포기독교인들이었다. 일반적인 학계의 공감대에 의하면, 당시 북한은 세계 진출을 도모하던 차라 통일전선의 일환으로 이 만남에 나왔으나, 남한은 대응 방식이 달라 남한기독교인의 참여를 금지하였고 결국 모임을 주최한 해외동포기독교인들이 남한기독교인까지 대신하는 격이 되었다. 여하튼 이 모임은 에큐메니칼 기구와 에큐메니칼 교회의 방북으로 이어졌고 마침내 남북한교회의 극적인 만남으로 이어졌다. 이런 일련의 과정은 교회 내 진보 진영의 참여에서 보수진영의 참여로 확산되었고 마침내 여타 종교와 민간 부분의 참여를 가져왔다. 보수진영은 진보 진영의 통일문제의 주도 내지 독점을 우려하여 여러 가지 상응조치를 취했다.

그러나 현재에 이르기까지 통일의 정치성은 통일의 자율성을 압도하였다. 그 이유는 크게 세 가지이다.

첫째, 정권교체에 따라 이전의 정부 통일정책을 여반장처럼 뒤집는 일이 거듭되었다. 한마디로 기준 자체가 계속 흔들린 것이다. 10·4선언이 기존의 성명 및 선언을 재확인한다는 것도 바로 이런 이유에서다. 따라서 남북한 정부와 정치권은 최소한 단독 혹은 공동으로 작성한 공식 성명, 합의서, 선언만이라도 그 내용을 존중하여 유산을 이어가야 하고, 그럴 때 통일문제의 지속적이고 실효성 있는 발전이 가능하다. 남북한의 신뢰구축은 스스로의 공식 약속을 준수하는 것으로부터 시작될 것이다. 그렇지 않을 경우, 통일과정은 시지푸스^{시시푸스}의 형벌처럼 끝없는 되풀이 현상을 방불할 것이다. 시민사회는 정부와 정치권에게 이점을 거듭 상기시킬 필요가 있다.

둘째, 이런 통일정책에 대한 태도의 변덕에 따라 민간 경제활동 등을 포함한 민간 통일운동 전반이 좌우되었다. 따라서 88선언 같은 민간 선언이나 7·7선언 같은 정부 선언이 민간 참여에 대해서 거듭 언급했음에도 불구하고, 민간의 정부 종속화 현상은 크게 개선되지 않았다. 최근의 남북한 관계 개선 노력도 이런 현상에 큰 변화를 가져올 전망은 밝지 않다. 시민사회는 정부와 정치권에게 민간 참여의 자율성 확보의 중요성을 거듭 상기시킬 필요가 있다.

셋째, 이런 상황에서 남북한 공히 통일문제와 관련된 시민사회의 독자적인 공간을 거의 마련하지 못했다. 가령 남한은 통독 이전의 서독과 달리, 교회를 비롯한 시민사회가 독자적인 공간을 거의 확보하지 못했다. 서독교회는 정치 상황의 변동에도 불구하고, 통독까지 지속적인 관계를 유지하면서 통독에 기여했다. 북한도 통독 이전의 동유럽 공산권 국가들과 달리, 교회를 비롯한 시민사회가 독자적인 공간을 거의 확보하지 못했다. 동독을 비롯한 동유럽 공산권 국가는 공산권 붕괴 이전부터 여러 차례 국내외 정세 변화에 따른 정치변동이 있었고, 민주화를 추구하는 민주화 시민 세력이 등장했으며, 국가 상황에 따라 다르지만 유럽의 전통 종교인 기독교가 일정한 역할을 감당했다.[38] 예를 들어, 폴란드의 가톨릭교회와 동독의 개신교회이다. 따라서 남북한은 작금의 상황을 볼 때 시민사회의 독자적인 공간 확보가 쉽지 않을 것으로 예상된다. 그렇기 때문에, 시민사회는 정부와 정치권에게 시민사회의 발전과 독자적인 공간 확보의 중요성을 거듭 상기시킬 필요가 있는 동시에, 스스로도 시민사회 육성에 나서야 할 것이다. 특히 동유럽 공산권 국가의 재건과정에서 시민사회의 존재 여부와 성숙 정도가 큰 영향을 미쳤다는 점을 고려하여, 북한의 시민사회의 발전은 주목해야 할 사안이다.

　　인도주의의 문제도 전반적으로 민간 참여의 양상과 대동소이하다. 남북한 관계가 안정되지 못한 가운데 이용 가능한 사역이 구호 사역이라는 점에서, 인도주의는 구호 사역의 영역 안에 머물 수밖에 없었다. 인도주의 역시 통일문제의 민간 참여와 마찬가지로, 심각한 정부 종속화 현상을 나타냈다. 많은 경우, 인도주의는 정부의 잘못에 대한 비판 및 대안 마련과 연관되는데, 통일문제가 정부 종속화 현상을 보임에 따라 인도주의도 한계를 보이면서 정작 필요한 기능을 제대로 감당하지 못하고 있다. 가령 북한 인권 문제도 사안 자체보다 그것의 정치적 함의에 의해 좌우되는 경우가 많다. 인도주의는 미시적 관점에

38　Niels C. Nielsen, *Revolutions in Eastern Europe: the Religious Roots* (Maryknoll: Orbis, 1991).

서 사역 성과를 주목해야 하지만, 동시에 거시적 관점에서 장기적인 방향 제시를 염두에 두어야 할 것이다. 이상의 내용을 정리하면, 인도 주의 및 민간 참여와 관련된 인식이 다음과 같이 확장되었다. 정부 독점 → 민간 참여 및 정부 주도.

2. 기독교 통일 담론의 도전과 기여

한국기독교 특히 진보 진영이 통일 담론의 민간 참여에 있어서 여러모로 물꼬를 튼 것은 잘 알려진 사실이다. 통일문제에 있어 후발 주자로 참여하기 시작한 보수진영은 진보 진영과 신학적 입장은 달랐지만, 진행 과정은 크게 다르지 않은 행보를 보였다. 이들은 한국기독교교회협의회에 대한 일종의 대응 기구인 한국기독교총연합회라는 연합기구를 만들면서 조직을 구성했고, 북한의 정권과 일반 주민을 분리함으로써 정치적 화해 없이도 북한에 접근할 수 있는 과도적인 화해 담론을 만들었으며, '사랑의 쌀 운동' 등 구호사업을 통한 교류를 시도하였다. 이런 과도적인 화해 담론 즉 북한[정권]은 적으로 보되, 북한 주민은 동포로 보자는 논리는 강원용 같은 진보 인사나 한경직 같은 보수 인사나 모두 공유한 사상이었다.[39] 양 진영의 대북 접근 방법의 유사성 특히 남북경색국면 속에서 거의 유일한 사역이 구호 사

---

39 박명림·장훈각, 『강원용 인간화의 길 평화의 길』(서울: 한길사, 2017), 302; 하충엽, "한경직 목사의 북한선교사역," 김은섭 편, 『한경직 목사의 사상과 사역』(서울: 나눔사, 2014), 371-373.

역으로 제한된다는 현실은 21세기의 전환기에 남북나눔운동의 공동 창출을 가능케 했다.[40] 이 기구가 예상만큼 큰 영향력을 보이지는 않지만, 적어도 양 진영의 연합 가능성을 보였다는 점에서 의의가 크다.

한국기독교는 구호 사역과 같은 대북 교류를 시도하는 한편, 민간 참여 담론을 구체화하였다. 그것은 크게 몇 가지로 요약할 수 있다. 첫째, 한국기독교는 민간 참여에 있어서 민간이란 개념이 단순히 중립적인 시민이란 개념을 가리킬 뿐 아니라 구체적인 역사적 현실 속에서 민주 및 민중 개념과 연결되어야 함을 강조하였다. 전자는 선민주화 후통일 혹은 선통일 후민주화 등으로 전개되던 이전의 통일 담론을 이어받은 것이고, 후자는 시민주도적 통일 담론에서 소외되기 쉬운 민중에게 발언권을 주려는 것이라고 할 수 있다. 둘째, 한국기독교는 통일 담론이 정치적 논의 차원에서 문화적 차원으로 나가는 과정에서 다양하게 활동했는데, 특히 '사람의 통일' 담론이나 북한이탈주민 담론이 사회적으로 확산되는 데 일익을 담당했다.[41] 셋째, 한국기독교는 동유럽 공산권 붕괴와 더불어 기존의 북한선교를 더욱 활성화하는 한편 새로운 공산권선교에도 관심을 갖게 되었는데, 이런 관심은 사회주의 체제 전환 연구로 이어졌다.[42] 이와 연관하여 북한의 통일후 변동에 대한 연구를 시도하면서, 구(舊)동유럽 공산권 국가의 신학자와의 교류도 활발하게 시도하고 있다.[43] 이런 신학적 교류는 동유럽 공산권 국

---

40   홍정길 외, 『화해와 평화의 좁은 길: 남북나눔이 걸어온 20년』(서울: 홍성사, 2013).
41   전우택, 『사람의 통일, 땅의 통일』(서울: 연세대학교출판부, 2007); 전우택 외, 『통일 실험, 그 7년: 북한이탈주민의 남한살이 패널연구』(서울: 한울, 2010).
42   관련 분야의 초기 연구로는 다음 책을 볼 것. 김회권 외, 『사회주의 체제전환과 기독교』(서울: 한울아카데미, 2012).

가가 지난 30년이라는 과거에 경험한 후기 공산주의혹은 후기 사회주의 현실
이 장차 북한이 통일 이후라는 미래에 겪을 현실과 상당히 유사할 것
이라고 전망할 때, 일종의 미래학적인 투사 연구라고 할 수 있다. 특히
최근 들어 후기 공산주의 사회 재건과정에서 공산주의 및 인종 갈등
을 해결하고자 "포용과 배제"라는 화해론을 제시한 미로슬라브 볼프
Miroslav Volf의 담론이 유행하는 등, 화해론이 기존에 주로 선교학에 머물
렀던 경향에서 기독교 전반으로 확대되면서 기독교 통일 담론의 중요
한 관점이 되는 경향으로 변하고 있다.[44] 한 예로 한국기독교의 모든
학회가 참여하는 한국기독교학회는 2012년 제41차 정기학술대회 주
제로 "통일과 화해"를 정한 바 있다. 넷째, 한국기독교는 동유럽 공산
권 국가의 교회 중에서도 동독교회의 경험에 집중하는데, 이런 연구결
과가 한국 통일 담론에 시사하는 바가 크다. 즉 서독교회의 경우, 동서
독 분단 이후에도 상당 기간 하나의 교회적 정체성을 유지하면서 동
서독교회의 일치를 유지했고, 그런 상태를 더이상 유지하지 못하게 되
자 양자의 "특별한 유대관계"를 천명한 바 있다.[45] 그러나 현재 한국기
독교는 북한교회의 정체성에 대한 공감대마저 이루지 못한 상태이다.
다섯째, 한국기독교는 한국의 각계각층, 가령 시민사회, 교회, 차세대

43 Ábrahám Kovács & Jaeshik Shin, eds., *Church and State: Theological Reflections in the Hungarian Reformed Churches and in the Korean Protestant Churches* (Debrecen; Gwangju: Debrecen Reformed Theological University; Honam Theological University and Seminary, 2019); Jaeshik Shin & Ábrahám Kovacs, eds., *Nationalism, Communism, and Christian Identity: Protestant Theological Reflections from Korea and Hungary* (Debrecen; Gwangju: Debrecen Reformed Theological University; Honam Theological University and Seminary, 2019).

44 이동춘, 『한반도 통일 논의의 신학담론, 정치신학에서 화해신학으로』(서울: 나눔사, 2017); 이상은, 『화해론에 기반한 통일』(서울: 나눔사, 2017).

45 김영동, "한반도 평화통일을 위한 교회의 참여 방향 연구," 안교성 편, 『(제2회 평화통일신학포럼) 독일 통일 경험과 한반도 통일 전망: 신학적 성찰과 과제』(서울: 나눔사, 2016), 51-56.

등에 통일 담론을 확산하는 일에 기여했는데, 특히 교육과 훈련 등을 통해서 그런 작업을 수행했다.[46] 여섯째, 한국기독교는 정치신학 등을 통해 신학적 발언을 하는 것을 넘어서, 정책적 현실성을 겨냥하면서 라인홀드 니버의 기독교 현실주의에 다시금 관심을 보였다. 과거에 강원용이 민주화와 통일을 위하여 기독교 현실주의를 한국에 적용하고자 노력했던 적이 있는데, 최근에는 통일 담론에 적용하려는 노력이 증가하고 있다.[47] 따라서 이런 현실론적인 입장은 기독교 통일 담론이 장차 통일운동, 통일연구, 통일정책에 대해 정부 및 시민사회와 협의할 때, 보다 전향적인 자세를 취하는데 도움이 될 것이다.

V. 번영(이익과 번영)과 기독교 통일 담론

1. 정부 통일정책의 변화

정부 통일정책이 내세운 또 다른 주제는 번영이다. 어쩌면 오늘

---

46 시민사회, 교회, 미래세대 등에 대해서는 다음 책을 볼 것. 한반도평화연구원, 『통일에 대한 기독교적 성찰: 증오와 배제의 논리를 넘어 포용과 화합의 마당으로』(서울: 새물결플러스, 2014); 소망교회, 『교회 내 통일선교하기: 소망통일컨퍼런스 자료집』(미간행자료집; 서울: 소망교회, 2017); 양금희 외, 『우리의 So One은 통일!: 어린이용』(서울: 장로회신학대학교 남북한평화신학연구소, 2016). 또한 교육과 훈련에 대해서는 다음 책을 볼 것. 김도일, 『조화로운 통일을 위한 기독교교육』(서울: 나눔사, 2013); 양금희, 『하나님 나라를 꿈꾸는 기독교 통일교육』(서울: 장로회신학대학교출판부, 2018). 이밖에 국경선평화학교 출판부가 국경선평화학교(Border Peace School: BPS)에서 행해진 강의와 연구 내용을 책으로 발간하는 BPS평화문고를 볼 것.

날 통일 담론이 통일당위론에서 통일현실론으로 전환되는 시점에서, 가장 현실적으로 부합되는 주제라고 할 수 있다. 뿐만 아니라, 번영은 통일의 미래 방향에 대해 비교적 구체적인 노선을 보여준다는 점에 의의가 있다. 즉 현시점에서 통일 시나리오는 매우 모호하고 빈약한 편인데, 그나마 번영이란 주제에 대해서는 이론의 여지가 거의 없다고 할 수 있다. 따라서 이런 번영의 개념 안에 통일현실론과 통일의 미래가 수렴된다고 해도 과언이 아니다. 이런 맥락에서 통일대박론과 통일 쪽박론, 통일비용과 분단비용 등 주로 경제적인 관점에서 접근하는 통일 담론이 유행했다.

정부 통일정책은 비교적 초기부터 번영을 언급하기 시작했다. 7·4공동성명은 세 가지 주제 중 민족적 대단결을 제시했는데, 이것은 민족과도 연관되지만 번영과도 연관된다고 할 수 있다. 그 이유는 통일이 분단 상황, 그것도 적대적인 분단 상황을 극복한다는 점에서, 그리고 분단 상황으로 인한 문제의 가장 근본적인 해결책이 통일이라는 점에서, 민족적 대단결에 대한 의사표명은 실현 여부와 상관없이 그 자체가 민족 번영의 전제요 토대이기 때문이다. 뒤이은 남북합의서는 제목에서부터 교류·협력을 내세웠고, 최초로 구체적으로 이익과 번영이라는 문구를 사용한다.[48] 통일은 한반도의 이익과 번영을 추구한다

---

47 강원용의 기독교 현실주의에 대해서는 다음 책을 볼 것. 박근원, 『여해 강원용 목사 평전』(파주: 한길사, 2017), 481-502; 박명림·장훈각, 『강원용 인간화의 길 평화의 길』, 295-312. 또한 기독교 현실주의를 대안적 시각으로 제시하는 다음 책을 볼 것. 남태욱, 『한반도 통일과 기독교 현실주의: 라인홀드 니버를 중심으로』(서울: 나눔사, 2012); 유경동, 『남북한 통일과 기독교의 평화』(서울: 나눔사, 2012).

48 기독교 연합기구인 남북나눔운동이 교류 및 협력의 전환점이 된 남북기본합의서의 이행 특히 민족화해와 번영에 대하여 다룬 것은 다음 책을 볼 것. 남북나눔운동 연구위원회 편, 『21세기 민족화해와 번영의 길: 남북기본합의서의 이행을 중심으로』(서울: 크리스챤서적, 2000).

는 것으로 이해하는 것이다. 실천방안으로는 교류와 더불어 경제 협력, 균형 발전, 문화 협력, 인도적 협력 등 다방면에 걸친 것으로 설명한다. 번영은 경제를 중심으로 하지만, 사회 발전 전체와 연관된 것이고, 이런 분야는 민간 참여가 필수적이다. 10·4선언에서는 역시 제목에서 평화번영이란 단어를 사용하고 있고, 역사, 문화, 민족 내부 및 해외동포의 교류 등으로 범위를 확대하고 있다. 9월선언에서는 상호호혜와 공리공영, 환경협력, 남북화해와 단합을 내외에 과시하기, 더구나 3·1운동 100주년 행사를 공동주최하는 등의 안건이 제시되었다. 특히 3·1운동에 대해서는 북한이 다소 부정적인 평가를 내렸는데, 공동안건으로 제시한 것은 전향적인 일이라고 볼 수 있다. 이상의 내용은 사실상 남북교류의 범위를 전 사회적인 것으로 확대한 것이라고할 수 있다.

그렇다면 정부 통일정책이 초기부터 번영을 언급한 이유는 무엇일까? 그 이유는 크게 네 가지로 생각해볼 수 있다. 첫째, 이것은 민간 참여라는 주제만큼 정부 독점현상에 대해서 위협적이거나 민감한 주제가 아니다. 둘째, 이것은 과거나 현재가 아니라 미래에 대한 것이기에, 현시점에서 상대적으로 갈등을 피할 수 있다. 셋째, 이것은 이와 관련하여 반론을 낼 이유가 거의 없다. 넷째, 이것은 국민 등 당사자의 호응을 이끌기에 가장 매력적인 통일 담론이다.

문제는 번영의 내용 및 진정성 그리고 실현 가능성이다. 다시 말해 어떤 형태의 번영인가 하는 문제이다. 큰 줄기만 생각해본다고 해도, 번영의 방향과 번영의 분배 등의 문제를 들 수 있다. 첫째, 후기 공산주의 연구에 의하면, 가혹한 체제 변환 과정을 묘사하기 위하여,

과거에 공산주의의 논리를 강제했던 것을 볼셰비즘이라고 불렀듯이 최근에 시장개방의 논리를 강제했던 것을 시장 볼셰비즘^{market bolshevism} 이라고 부른다.[49] 통일 한국에 맞는 적절한 번영시나리오가 나와야 할 것이다. 둘째, 한국에게 익숙한 독일의 통독 과정의 경우, 구舊동독에 서 드레스덴은 대표적인 성공사례로 들고 있지만, 여타 지역도 동일한 성공을 거둔 것은 아니다. 또한 구舊동유럽 공산권 국가의 경우 전반 적으로 번영의 과실果實은 소수에게만 우선적으로 혜택이 돌아가는 모 습을 보였다. 다수의 소외를 해결하려던 공산주의의 실험이 실패함에 따라 다수의 소외가 더욱 가중되는 상태가 되고 말았는데, 공산주의 시절을 경험했던 주민들이 과거에 대한 향수와 좌절감을 드러낸다는 연구 결과가 많고, 이런 현상은 통일 후 통합이 왜 어렵고 오래 걸리는 가를 시사해주고 있다. 또한 토지 개혁, 토지 재산권 회복 등의 문제도 구舊동유럽 공산권 국가의 심각한 문제로 대두되었다. 즉 지역별, 계층 별, 사안별로 통일의 과실 분배가 차이나는 것은 통일 후 통합에 있어 서 큰 문제로 등장한다. 다시 말해 전체의 번영이 각 구성원의 번영으 로 직결되는 것은 아니다. 바로 이런 간극에 시민사회의 역할이 작용 할 수 있다. 그러나 금강산 관광단지 및 개성공단의 운영 정지 사태 등 이 인도주의와 민간 참여의 여건이 얼마나 취약한지를 상징적으로 보 여주었다. 특히 2019년 10월 중순 평양 김일성경기장에서 열린 2022 월드컵 2차 예선전인 남북 축구경기가 생중계 대신 문자중계가

---

49 Bertram Silverman & Murray Yanowitch, *New Rich, New Poor, New Russia: Winners and Losers on the Russian Road to Capitalism*, expanded ed. (Armonk, New York; London: M. E. Sharpe, 2000), xx.

된 것은 번영과 교류·협력의 여정이 얼마나 멀고 험한지 다시금 상기시키는 계기가 되었다. 이상의 내용을 정리하면, 번영과 관련된 인식이 다음과 같이 확장되었다. 즉 민족적 대단결 → 공리공영.

2. 기독교 통일 담론의 도전과 기여

기독교 신학은 여러 가지 면에서 미래 시나리오와 관련이 있다. 먼저 신학의 분야에 있어서, 세계 종말 및 그 이후를 다루는 종말론이 포함된다. 최근 가장 영향력 있는 신학자 가운데 한 명으로 손꼽히는 위르겐 몰트만Juergen Moltmann은 종말론이 신학의 한 분야가 아니라 중심이라고 설파하여 종말론적 신앙을 유행시킨 바 있다. 또한 신학의 개념에 있어서, 하나님의 나라 구현이 궁극적인 신앙의 목표로 제시된다. 뿐만아니라 신학의 내용에 있어서, 하나님의 나라의 핵심적 성격은 바로 평화인데, 이것은 성서적 용어로는 샬롬shalom이다. 따라서 이런 신학적 배경을 지닌 기독교 통일 담론은 통일 후 한반도에 대한 기독교적 비전을 제시할 수 있다.

기독교 신학이 한반도와 관련하여 발전시킨 신학으로 크게 두 가지를 들 수 있다. 하나는 희년신학theology of Jubilee이고, 다른 하나는 '정의, 평화, 창조질서의 보전' 신학theology of Justice, Peace and the Integrity of Creation이다. 첫째, 희년신학은 남북한교회의 만남을 통해 발전했다. 희년신학은 1995년을 희년으로 설정하고, 1995년을 전후로 통일 담론의 일환으로 활발하게 전개되다가 구체적인 성과가 없자 활기를 잃고 말았다.[50] 더구나 북한의 김일성이 1995년 희년 개념에 대하여 관심을 보이자, 오히려 이런 호응이 남한 내에 부정적인 반응을 불러일으키기도 했다. 신학계가 최근 이에 대해 다시 관심을 보이고 있지만, 당시만큼 활력을 회복할지는 미지수이다.[51] 희년사상은 근본적인 변화를 요청하기 때문에, 성서 시대의 역사나 교회역사상 실천된 바가 없고, 오히려 유토피아적 대안이나 사회개혁의 출사표로 사용된 적이 많다.[52] 따라서 통일 후 사회의 진정성을 담보하기 위한 기준을 제시할 수 있지만, 구체적인 방안을 담은 청사진이 되기는 쉽지 않다는 한계를 안고 있다.

둘째, 정의, 평화, 창조질서의 보전 신학은 에큐메니칼 운동이 20세기 후반부터 전 세계적인 위기 상황에 대처하기 위하여 내세운 일종의 종합적인 신학적 틀이라고 할 수 있다. 이 신학에는 정의, 평화, 생명^{생태 혹은 환경}의 세 가지 주제가 들어있고, 이 주제들은 개별적으

---

50 이중표, 『민족의 희년: 이중표목사 설교집, 제8권』(서울: 쿰란출판사, 1990); 한국기독교교회협의회여성위원회, 『기쁨의 해를 준비하는 여성: 여성과 1995, 평화통일 희년』(서울: 한국기독교교회협의회, 1991); 한국기독교교회협의회 통일문제위원회 편, 『한민족 한교회: 1995 희년을 향한 기독교평화통일 협의회 보고서』(서울: 한국기독교교회협의회, 1991); 평화통일희년준비위원회 편, 『희년을 향한 순례』(서울: 대한기독교교육협회, 1993); 한국기독교장로회총회교육원, 『민족의 희년을 향한 행진』(오산: 한신대학, 1993); 희년노래기획편집위원회, 『희년노래』(서울: 한울, 1994); 한국기독교장로회총회교육원 편, 『희년과 한국 교회의 선교』(오산: 한신대학교출판부, 1994); 채수일, 『희년신학과 통일희년운동』(천안: 한국신학연구소, 1995); '95통일희년교회여성협의회, 『새 날을 낳으리라』(서울: '95통일희년교회여성협의회, 1996); 신학연구위원회 편, 『희년신학연구』(서울: 한국기독교교회협의회, 1997).

51 한국기독교장로회총회 편, 『희년예배서: 주일예배·매일기도·상황예식』(서울: 한국기독교장로회총회, 2003); 『정의·평화·통일 자료집: 새역사 희년문집』(서울: 한국기독교장로회 출판사, 2003); 김병하, 『희년 사상의 영성화: 오경에서 누가복음까지-중간기 문헌을 중심으로』(서울: 대한기독교서회, 2005); Robert V. Andelson & James M. Dawsey, From Wasteland to Promised Land: Liberation Theology for a Post-Marxist World, 전강수 역, 『희년의 경제학: 땅없는 사람들의 희망』(서울: 대한기독교서회, 2009); 황창호, 『희년의 복, 生態회복: 지구적 안녕, 통일의 성서적 비전』(서울: 뉴호라이즌, 2011); 김근주 외, 『희년, 한국 사회, 하나님 나라』(서울: 홍성사, 2012); 양희송, 『이 매진 주빌리: 오늘을 위한 사회적 상상, 희년』(서울: 메디치, 2016).

52 F. Ross Kinsler & Gloria Kinsler, The Biblical Jubilee and the Struggle for Life (Maryknoll: Orbis, 1999).

로 또한 종합적으로 살펴보는 것이 중요하다. 특기할 만한 사실은, 정의, 평화, 창조질서의 보전 신학과 관련하여 주요 대회가 모두 한국에서 개최되었다는 것이다. 1989년 세계개혁교회연맹 총회가 총회 주제 중 한 가지로 다뤘고, 1990년 세계교회협의회의 정의, 평화 창조질서의 보전 신학 대회가 뒤를 이어 열렸으며, 최근에는 2013년 세계교회협의회 부산총회가 정의, 평화, 창조질서의 보전이란 개념을 변형한 '생명의 하나님, 우리를 정의와 평화로 인도하소서'라는 주제로 모였다. 그 이유는 한반도가 바로 이 문제가 집약적으로 나타나는 장소라고 인식했기 때문이고, 이런 상황은 한반도의 통일 이후의 상황에도 지속될 것으로 예상된다. 다시 말해 한반도의 통일을 위한 시나리오는 반드시 정의, 평화, 생명의 문제 해결을 염두에 두어야 한다는 의미이다. 그동안 정의와 평화의 주제는 통일과 관련하여 어느 정도 논의가 되었으나, 생명에 대한 주제는 최근에 다뤄지기 시작하고 있다.[53] 이런 관점에서 위에서도 언급하였듯이, 한반도에서 반핵 및 비핵에 대한 신학적 성찰과 운동이 일천하다는 것은 한반도의 특수 정세를 고려하더라도 아이러니가 아닐 수 없다. 또한 이런 정황은 한국의 평화운동의 전반적인 부진과도 무관하지 않다.

---

[53] 이창호, "평화통일 신학의 생태 신학적윤리적 토대 구축에 관한 연구: '생명의 숲' 신학 모색과 현정부의 '그린 데탕트' 정책 평가를 중심으로," 안교성 편, 『독일 통일 경험과 한반도 통일 전망』, 187-224.

VI. 결론: 전망을 대신하여

우리는 본 단원에서 기독교 통일 담론이 한국 통일 담론에 대한 기여를 살펴보았다. 한국 통일 담론을 간략하게 개관하기 위하여 정부 통일정책의 내용으로 대신하였다. 정부 통일정책은 통일운동, 통일연구통일 담론, 통일정책의 근간이 되면서도 근본적으로 두 가지 문제를 안고 있다. 첫째, 남북한 당국이 공히 이전의 통일정책을 존중하지 않아 연속성을 기하기가 어렵다. 남한의 경우, 정권교체에 따라 차기 정권이 이전 정권의 통일정책을 인정하지 않거나 심지어 부인하는 경우가 있다. 이것은 통일문제에 있어서 정치적 목적으로 인하여 정권과 정부의 구분이 제대로 되지 않는 문제라고 할 수 있다. 한편 북한은 단일정권이 유지됨에 따라 정권교체보다는 상황논리에 따라 유사한 행태를 보이고 있다. 한 마디로 기준이 흔들린다는 것이다. 둘째, 민간 참여의 자율성이 극히 제한되어 있고, 민간의 정부 종속화 현상이 가까운 장래에 타개될 기미가 보이지 않는다. 북한의 경우는 남한보다 상황이 더 양호하지 못하다. 이런 양상은 통일운동의 근본적인 한계라고 할 수 있다.

그럼에도 불구하고, 한국기독교는 통일문제의 선도자 역할을 했고, 이런 가운데 다양한 통일신학을 제시하고 통일운동을 벌린 바 있다. 그 내용을 요약하면 다음과 같다. 첫째, 민족과 관련하여 민족 동일성 회복을 추구하였는데, 이를 위하여 통일문제의 세계성을 부각했고, 북한 연구에 필수적인 북한 핵심 이데올로기인 주체사상 분석 및 비판 연구를 촉발했다. 둘째, 평화와 관련하여 평화와 화해의 발전을 추구하였는데, 이를 위하여 평화통일 담론을 정착시켰고, 새로운 평화운동과 평화학을 도입했다. 셋째, 인도주의 및 민간 참여와 관련하여 민간 참여 담론을 구체화하였는데, 민간 참여가 시민 개념을 넘어서 민주, 민중 개념을 포함해야 함을 강조했고, 문화적 접근 담론 특히 사람 중심의 통일 담론을 발전시켰으며, 사회주의 체제 연구를 추진했으며, 구동독교회 연구를 통해 민족 동질성의 일환인 교회 동질성을 탐구했으며, 통일 교육 및 훈련을 확산했으며, 기독교 현실주의를 통해 실현가능성이 높은 담론개발에 힘썼다. 넷째, 번영과 관련하여 미래적 비전을 제시했는데, 이를 위하여 희년신학과 정의, 평화, 창조 질서의 보전 신학을 발전시켰다.

그러나 기독교 통일 담론이 한국 통일 담론에 계속 기여하려면 다음과 같은 문제를 해결해야 한다. 첫째, 기독교 자체가 평화의 존재가 되어, 기독교 내외의 관계에 있어서 평화를 구현하고 모델이 되어야 한다. 둘째, 기독교 통일 담론이 기독교 고유의 목적을 이루면서 동시에 한국 통일 담론 전반에 기여하는 방법을 구체적으로 모색해야 한다. 셋째, 기독교가 기독교 통일 담론과 한국 통일 담론 모두에 깃든 이기주의와 편협성을 경계하기 위하여, 스스로 객관성과 진정성을 유지해야 한다.

한국에서 통일을 둘러싼 상황이 복잡미묘하여, 통일 담론은 다차원인 성격을 나타낸다. 첫째, 통일은 궁극적으로 미래적인 사건이라는 점에서, 통일 담론은 미래학의 성격을 지닌다. 둘째, 한반도가 현재 상태에서 분단 갈등이 일상적인 현실이라는 점에서, 통일 담론은 평화학의 성격을 지닌다. 셋째, 한반도는 일제강점기이란 질곡에서 채 벗어나기도 전에 분단, 한국전쟁이라는 일련의 현대사적 비극을 경험했기 때문에, 통일 담론은 역사학의 성격을 지닌다.

한국기독교는 이런 격변의 근현대기를 국가와 함께 겪어왔고, 국가발전에 일익을 담당해왔다. 최근 들어 통일문제에 다방면으로 기여해온 것이 사실이다. 통일은 대의명분인 동시에 여러 당사자들의 이익이 상충하는 사안인 만큼, 한국기독교는 이제 통일을 선도한 역할을 넘어서서 새로운 역할을 요청받고 있다. 한편으로는 통일의 일원으로서 기독교적 지혜에 기초한 통일의 비전을 제시하고, 다른 한편으로는 참여적 관찰자의 입장에서 통일의 진정성이 확보되도록 감시자와 조언자가 되는 것이다.

제3부

한국 교회와 평화 담론

7장

한국 교회와
정의로운 평화

I. 서론

동아시아, 특히 한반도는 지난 20세기를 거쳐 현재에 이르기까지, 격변 한가운데 놓여왔다. 한나 아렌트 Hannah Arendt 는 지난 20세기를 폭력의 세기라고 했는데[1], 한반도는 그런 양상이 가장 집약적으로 나타난 곳이라고 말할 수 있다. 따라서 한국 및 한국 교회에게 있어서 평화는 가장 우선적인 요구요 과제라고해도 과언이 아닐 것이다. 가령, 김용복은 "우리 민족과 인류에게는 평화 이외의 다른 선택이 있을 수 없다"고 주장하였다.[2] 그러나 한국 교회에서 평화 담론과 평화사역은 활성화되지 않았다. 왜 그럴까? 본 단원은 이 질문에 답하고자 한다. 이를 위하여, 세 가지 세부적인 질문을 던지고자 한다. 평화에 관하여, 한국 교회의 체질은 무엇인가? 한국 교회의 공감대는 무엇인가? 한국 교회의 과제 및 대책은 무엇인가? 이런 질문을 통하여 우리가 평화에 대하여 어떻게 "성찰하고, 소통하고, 행동하는지"reflect, interact and act[3] 그 양상을 살펴보고자 한다. 이 연구가 제대로 되려면, 지난 100년에 걸친 역사를 재조명하는 광범위한 연구와 한국 교회의 정체성을 분석하는 심층적인 연구가 필요하지만, 이것은 본 단원의 한계를 벗어난다. 따라서 추후 본격적인 연구를 기대하며, 본 단원은 시론적인 성격을

---

1   Hannah Arendt, *On Violence* (New York: Harcourt, 1969), 3.
2   김용복, "에큐메니칼운동의 새출발을 위하여," 한국기독교교회협의회 신학연구위원회 편, 『에큐메니칼 신학과 운동』(서울: 한국기독교교회협의회, 1999), 6.
3   WCC, *Why Violence? Why Not Peace?* (Geneva: WCC, 2002), 3.

지닐 수밖에 없다는 점을 서두에서 밝힌다.

　　아울러, 본 단원이 선택한 대표적인 사건들에 몇 가지를 언급하고자 한다. 한국의 근현대사에서 기념할 사건이 많지만, 본 단원의 주제를 선명하게 하고자 네 가지 사건을 택하였다. 그 이유는 다음과 같다. 첫째, 한일강제병합은 한국의 국제적 반평화를 상징하고, 한국전쟁은 한국의 국내적 반평화 가운데 남북관계의 반평화를 상징하고, 4·19혁명은 한국의 국내적 반평화 가운데 남남관계의 반평화를 상징하고, 세계교회협의회 부산총회는 평화를 주제로 개최된 대회일 뿐 아니라, 이상의 국제적·국내적 반평화를 총체적으로 상징한다.[4] 둘째, 각 사건은 민족주의, 이데올로기 및 전쟁, 민주주의, 세계화라는 20세기 한국사를 관통하는 주요한 주제와 연결되어 있다. 셋째, 한국은 이런 격동기를 겪으면서, 수동적인 입장에서 사건의 피해자이었던 것만 아니라, 능동적인 입장에서 문제의 해결자이기도 했다.

4　평화가 광범위한 개념인 것처럼, 평화의 반대어도 광범위한 개념이어야 하는데, 폭력, 전쟁 등은 평화의 광범위성을 표시할 수 없어서, 필자가 '반평화(反平和)'라는 단어를 사용한다. 반평화라는 단어는 다음 글에서도 번역용어로 사용되고 있다. 윤웅진, "평화운동과 비판적 평화연구의 배경과 주제들," 한신대학교 평화연구소 편, 『평화-이론과 실천의 모색 II』(서울: 삼민사, 1992), 204.

II. 정의로운 평화와 한국 교회

1. 평화와 한국 교회의 체질

1) 한일강제병합의 의의

1910년 한일강제병합은 외면상 평화롭게 이뤄졌다. 이 사건을 전후로 하여 전쟁이나 대규모 폭동은 없었다. 그것은 당사자인 한국 및 일본이 모두 이 사건을 원했기 때문이 아니다. 그것은 이 사건이 19세기 중반의 정한론征韓論부터 시작된, 혹은 더 거슬러 올라가 16세기의 임진왜란부터 시작된, 일본의 한국에 대한 집요한 침략정책의 절정을 이뤘기 때문이다. 이미 한국은 1895년 청일전쟁, 1904년 러일전쟁, 1907년 '의병토벌작전' 등으로 초토화되었고, 저항할 기력을 거의 상실하였다. 이런 상황에서 1909년 안중근의 이토 히로부미 저격 의거라는 단독 행위는 당시 한국이 집단적 행위를 거의 할 수 없었던 정황을 역설적으로 웅변하고 있다. 안중근이 천황의 생일을 기념하도록 3월에 처형된 지 5개월만인 8월에, 한국은 일본의 공식적인 식민지가 되었다. 일본은 치밀한 작업을 통하여, 강제병합을 순조롭게 처리했을 뿐 아니라, 정당화에도 성공하였다.[5] 이것은 아시아 지역에서

---

[5] Alexis Dudden, *Japan's Colonization of Korea: Discourse and Power* (Honolulu: University of Hawaii Press, 2005).

의 일본의 평화^{Pax Japonica}의 시작인 셈이었다. 이 평화는 로마의 평화^{Pax} ^{Romana}처럼, 강자의 평화요, 불의한 평화요, 무력에 의한 평화요, 제국주의에 의하여 호도된 평화였다.[6] 당시 제국주의국가들과 제국주의국민들은, 기독교인들을 포함하여, 이런 평화에 공감하였다. 가령, 친일파로 잘 알려진 미감리교선교사 웰취 감독^{Bishop Herbert Welch}은 다음과 같이 주장하였다.

> 서구 열강들이, [18]80년대에 그들이 조선과 맺은 조약에도 불구하고, 1910년 8월 29일 일본이 은둔의 왕국에 대한 지배를 선포한 것에 대하여 간섭하지 않았는데, 그 이유가, 그들이 당사자들 모두의 최선의 복지에 대하여 품었던 정직한 확신에서 비롯되었다는 점을 사람들은 믿어야만 한다. 그들은 그런 상황을 받아들였고, 한국은 그 이후 세계가 수긍하는 가운데 일본 제국의 일부가 되었다.[7]

그러나 한국의 민족정신은 이로 인하여 완전히 진화된 것이 아니라, 휴면상태로 들어갔다. 1919년 분출된 3·1운동이 좋은 예이다.

1910년 한일강제병합과 그것을 전후한 일본의 침략 및 식민지배는 몇 가지 유산을 남겼다. 첫째, 한국은 역사적으로 끊임없이 전쟁 가운데 놓였지만, 특히 19세기말부터 집약적으로 전쟁을 경험하였다.

---

6   Klaus Wengst, *Pax Romana: and the Peace of Jesus Christ*, translated by John Bowden (Philadelphia: Fortress, 1987).

7   Herbert Welch, "The Missionary Significance of the Last Ten Years: A Survey: III. In Korea," *International Review of Missions* 11(1922), 337-8. 필자의 번역.

연속적인 전쟁을 겪으며, 한국인은 평화에 대한 희구보다 생존욕을 앞세우게 되었다. 전쟁과 관련된 상세한 것은 한국전쟁을 논하는 부분에서 재론하기로 한다.

둘째, 한국의 민족주의는 반제국주의anti-imperialism 형태로 발전하였다. 물론 한국인이 민족의식을 가진 것은 오래전부터였지만, 근대적인 면에서 민족국가nation state의 의식을 갖게 된 것은, 외국의 침략에 대항하는 과정에서 생겼다는 것이 학자들의 일반적인 견해이다. 이러한 저항anti 운동은 이후 한국의 주요한 정치형태가 되었다. 반제국주의, 반식민주의 내지 반일주의, 반공주의, 반독재주의 등, 한국인은 거듭되는 부정적인 정치적 도전에 맞서는 가운데, 적극적이고 건설적인 자세보다 소극적이고 저항적인 자세를 갖게 되었다. 이것은 당면한 문제를 극복하는 데는 도움이 되었지만, 적극적인 새로운 환경을 만들어내는 데는 취약했다. 다시 말해 전쟁 혹은 분쟁의 공간을 종식시키는 데는 성공하였지만, 평화의 공간을 만들어내는 데는 실패하였다는 것이다. 뿐만 아니라, 한국은 생존을 우선시하면서, 민족주의도 생존의 논리로 동원되었다. 남북한 모두 민족주의를 지배논리에 이용하였다. 북한은 국제주의internationalism의 하나인 공산주의를 표방하면서도 민족주의를 강조하였고, 결국 민족주의적 변형 공산주의인 주체사상을 발전시켰다. 남한은 소위 한국적 민주주의라는 개념을 10월유신의 이데올로기로 동원하였다. 한국에서 오래 사역했던 언더우드의 손자 원일한
H. G. Underwood [II], 1대 언더우드[원두우] 선교사의 손자은 한국 교회가 식민지배를 경험한 뒤 정부에 대한 관용적 태도를 보였다고 평가했다.

교회는 자신을 한국 민족주의와 매우 밀접하게 동일시하였다. 이 민족주의는 한국전쟁과 북한으로부터의 지속적인 공산주의의 위협으로 말미암은 반공 십자군적 심성에 의해서 더 강화된 민족주의였다. 그래서 해방 이후기에 "옳든 그르든 내 나라"라는 식의 태도를 취하는 경향이 강했으며, 이런 태도는 반정부 행위를 반민족적 혹은 심지어 용공적 정서와 동일시하였는데, 심지어 기독교인들 가운데서도 나타났다.[8]

결국 이러한 생존 우선적 민족주의는 민족주의의 성격 특히 민족주의의 정의로움에 대한 논의를 근본적으로 제한시켜왔다.

셋째, 인근국가에 의한 정복은 지역연대에 치명적인 손상을 입혔다. 일본은 유럽제국주의를 모방한 아시아적 제국주의를 추구하면서 아시아를 일방적으로 대상화하였다. 이러한 일본과 여타 아시아국가간의 관계에 대하여 마루가와 테츠시丸川哲史는 '일본인에게 보이지 않는 아시아'라고 표현하였다.[9] 특히 윤동주尹東柱를 예로 들면서, 일본 식민통치하에 태어난 조선인 시인이 옥사하였는데, 이것은 식민지지배의 가혹함을 상징하는 사건으로, "식민지지배하의 인간의 '목소리'를 가둬버렸다"는 것이다.[10] 이런 상황은 전후 아시아 평화 파괴의 장본인인 일본이 과거사 청산이나 평화 진작에 소극적임에 따라, 지역

---

8 H. G. Underwood [원일한], "Christianity in Korea," *Missiology: An International Review* 22/1 (Jan. 1994), 68.

9 丸川哲史, 『Regionalism』(동경: 암파서점, 2003), 43-46.

10 위의 책, 45.

평화연대발전을 저해하고 있다.

넷째, 일본은 이런 식민화, 특히 동양의 식민화를 제국주의 이데올로기인 '대동아공영권'을 내세우며 추진하면서, 거짓 평화를 고착시켰다. 이러한 거짓 평화의 전통은 일제시대는 물론, 전후 한국의 독재정권하에서 계속 유지되었다. 따라서 한국에는 정의로운 평화 논의 자체가 위험한 것이 되었다. 그리고 식민주의와 독재가 생성한 권위주의 문화는 한국 사회가 소통에 취약한 특징을 낳았다.

다섯째, 결론적으로, 민족주의와 관련해서, 평화는 궁극적으로 독립 즉 개체성 individuality 이 확보되어야 가능하다는 점을 상기시켜주었다. 곧 국제적 반평화 상태에서는 정치적 해방이 평화의 선결조건이었던 것이다.

2) 한국전쟁의 의의

한국전쟁은 여러 가지 면에서 민족의 비극이었지만, 특히 네 가지 유산을 남겼다. 첫째, 한국은 19세기말부터 20세기를 통하여 지속적으로 전쟁에 노출되고 동원되었다. 청일전쟁, 러일전쟁, 만주사변, 중일전쟁, 태평양전쟁, 그리고 한국전쟁. 이런 연속적인 전쟁의 절정은 바로 한국전쟁이었다. 또한 한국 사회는 이외에도 반란, 파병 등 다양한 형태로 전시상태와 연결되었다. 이런 와중에서, 한국인은 생존을 절대적 과제로 여기게 되었다. 전쟁이 한국과 한국 교회에 미친 영향은 본격적인 연구가 필요한 분야이다.[11] 여하튼 생존이 최우선시됨에 따라, 생존을 위해서는 평화까지 희생될 수 있다는 생각이 자리 잡았다. 이것은 20세기후반에 본격화된 국가안보 논리에서 다시 나타났다. 가령, 한국 교회의 경우, 최대의 적이며 생존에 대한 위협으로 여겨지는 북한에 대하여, '북한선교' 개념은 수용하면서도 '평화통일운동' 개념에 대해서는 심한 저항감을 보였다. 가령, 대한예수교장로회 통합측의 경우, 통일교육 문제가 교단 내 분쟁의 소지로 발전한 적도 있다. 뿐만 아니라, 계속되는 전쟁과 전쟁 위협이라는 극한상황 하에서, 전쟁의 심리가 자리 잡았다. 특히 일본 군국주의 및 한국 군사독재 정부를 경험하면서, 군사문화가 한국의 주류문화 가운데 하나로 뿌리내렸다. 교회 및 선교 분야에서도 군사적 용어와 개념이 나타나고 있다. 신학용어로 지상에 존재하는 교회를 전투적인 교회 militant church 라고 부르는데, 한국 교회는 전투적인 교회를 넘어서서 호전적인 교회 bellicose church 의 모습을 지니게 되었다. 이런 상황에서, 한국에서 평화운동 및 평화신학이 발달되지 못하거나 소외된 것은 이해하기 어렵지 않다.

둘째, 반공주의가 한국의 가장 중요한 정치 논리가 되었고, 국가의 국시 및 교회의 교리 수준으로 확고한 위치를 차지하였다. 북한의 생존위협이 절대적으로 감소하지 않은 한, 이런 상황은 근본적으로 변화하지 않을 것이다. 가령, 정두희는 해방공간 즉 해방 후 한국전쟁 전에는 다양한 사관을 가진 역사서술이 가능했지만, "한국전쟁을 계기로 남북 분단이 적대적으로 고착되자 우리나라에서도 냉전적 사고가 학계 전반을 지배하게 되었다. 특히 반공 이념이 절대적이던 그 시

---

11   강인철, 『전쟁과 종교』(오산: 한신대학교출판부, 2003); 신원하, 『전쟁과 정치』(서울: 대한기독교
서회, 2003); 김흥수, 『한국전쟁과 기복신앙 확산 연구』(서울: 한국기독교역사연구소, 1999).

기에 이 땅에 유물사관이 자리할 공간은 없었다"고 주장하였다.[12] 즉 역사 현실뿐 아니라, 역사 해석에서도 다양성이 존재하지 못했다. 정부와 교회가 전반적으로 반공주의라는 이데올로기를 공유하는 형편에, 교회가 이 분야에 있어서 예언적 기능을 하기가 극히 어려웠고, 반공주의의 역기능에 대한 비판은 매우 제한되었다.

셋째, 한국전쟁은 한국을 최빈국으로 만들었다. 이로 인하여, 생존에 대한 애착은 더욱 커졌다. 이런 상황은 경제성장이 한국정치에서 가장 중요한 공약이 되게 하였고, 한국을 자본주의의 대표적인 국가로 만들었다. 심지어 2007년 대선에서는, 경제 대통령이라는 개념까지 나타났다. 윤계섭과 윤정호가 주장하듯이, "1965년 이후 30년 동안 연평균 8.7%라는 가파른 성장률을 기록했던" 경제가 "2000년대에 접어들면서 깊은 침체의 늪에 빠졌다. 매년 3%내지 4%의 성장률로 잠재성장률인 5%에도 못 미치는 실적을 남겼다."[13] 이런 상황에서 경제논리는 정치논리마저 좌우하는 양상을 보였다. 한국 교회도 이와 유사한 양상을 보였다.[14] 한국 교회에서, '풍요의 복음'the gospel of prosperity과 같은 신분상승형 메시지가 우세하였고, 교회구성원 특히 교회지도층 그중에서도 평신도지도층은 중상층 이상이 주를 이루게 되었다.[15] 따

---

12 정두희, 『하나의 역사, 두 개의 역사학: 개설서로 본 남북한의 역사학』(개정증보판, 서울: 소나무, 2002), 68.

13 윤계섭, 윤정호, 『한국경제의 자살을 막아라』(서울: 한국경제신문, 2007), 183.

14 백종국, 『한국기독교의 역사적 책임』(서울: 한국기독학생회출판부, 1993). 한국 교회의 자본주의적 특성의 발달에 대해서는 다음 글을 볼 것. Kyo-Seong Ahn, "The Identity of the Korean Church and Its Relationship with the Poor," *Korean Presbyterian Journal of Theology* 42(2011), 119-135.

15 2010년 현재 한국의 톱4 정치지도자, 즉 대통령, 국회의장, 대법원장, 국무총리 등이 모두 개신교인이다. 또 다른 실력자라 할 수 있는 검찰총장도 개신교인이다.

라서 교회가 이 분야에 있어서 예언적 기능을 하기가 극히 어려웠고, 자본주의의 역기능에 대한 비판은 매우 제한되었다.[16] 그 결과, 한국 사회에서 반공주의와 자본주의는 사실상 비판의 면제 대상이 되었고, 그 역기능을 타개하려는 정의로운 평화 운동 역시 위축될 수밖에 없었다.

넷째, 결론적으로, 이데올로기와 관련해서, 평화는 궁극적으로 화해를 성취해야 가능하다는 점을 상기시켜주었다. 즉 국내적 남북간 반평화는 타자에 대한 인정, 공존 가능성의 수용, 다양성diversity의 관용 등이 전제되어야 한다. 특히 타자를 어떻게 인정할 것인가가 우선적 과제이다. 원칙적인 면에서 남북한이 유엔에 동시 가입한 만큼, 남한은 북한의 존재를 공식적으로 인정한 셈이다. 더구나 이런 변화는 우파정권이었던 노태우 정부 하에서 북방외교의 일환으로 이뤄졌다. 그러나 여전히 한국 사회에 북한에 대한 심리적 장애가 있다는 사실도 인정해야 할 것이다. 이점을 고려하지 않는 한, 남북갈등은 남남갈등으로 비화한다. 이런 맥락에서, 화해신학이 1990년대 이후 세계적으로 유행하지만, 한국에서 활성화되지 못하고 있다.[17]

---

16 한국형 자본주의의 역기능에 대해서는 다음 책을 볼 것. David C. Kang, *Crony Capitalism: Corruption and Development in South Korea and the Philippines* (Cambridge: Cambridge University Press, 2002).

17 Howard Mellor & Timothy Yates, eds., *Mission, Violence and Reconciliation* (Hope Valley: Cliff College Publishing, 2004); Robert Schreiter, *Reconciliation: Mission and Ministry in a Changing Social Order* (Maryknoll: Orbis, 1992); 한국일, "에큐메니칼 선교 관점에서 본 치유와 화해: 2005년 아테네 선교대회를 중심으로," 장로회신학대학교 출판부·안교성 편,『화해와 화해자: 화해자로서의 교회와 장신신학의 정체성: 제11, 12회 소망신학포럼』(서울: 장로회신학대학교출판부, 2012), 137-209.

3) 4·19혁명의 의의

해방 후 민족적 비극은 분단, 전쟁으로 끝나지 않았다. 한국은 독재로 신음하였다. 한국인, 특히 학생들은 4·19혁명을 통하여 민족의 운명을 바로잡으려고 했다. 이 혁명은 근대화의 과제는 경제적 근대화뿐 아니라, 사회적 근대화 즉 민주적 근대화라는 점을 분명히 해주었다. 해방이 되었지만, 독재정권이 단지 외국인에서 내국인으로 바뀌는 과정을 경험하였다. 따라서 한국은 정치적 해방뿐 아니라, 경제적 해방 및 사회적 해방이라는 연속적인 해방의 과제를 안았다. 그런데 주목할 점은, 한국에서 혁명 등 사회개혁 운동은, 무산계급이 주도하는 공산혁명이 아니라, 주로 유산계급 출신의 소수 지도층이 주도하는 자본주의형 혁명이었다.

이러한 4·19혁명 역시 몇 가지 유산을 남겼다. 첫째, 한국에는 민주화에 대한 열망이 계급을 뛰어넘어 전사회적으로 나타났다고 말할 수 있다. 가령, 1987년의 6·29운동이 좋은 예이다. 따라서 여러 가지 역경에도 불구하고, 한국은 경제적 근대화와 민주적 근대화라는 두 가지 과제를 상당부분 이룩했다. 물론 양자 간의 구체적인 상관관계는 본격적 연구가 필요하다.

둘째, 민주화의 주체에 대한 논의가 추후 민주주의 발전과정에서 나타나게 되었다. 다시 말해 민주와 민중이라는 문제가 나타났다. 민중 담론은 두 가지 면에서 한계를 나타냈다. 하나는 운동 차원에서였다. 민중 담론은 한국 사회의 민주주의 운동을 다변화한 것이 사실이지만 저변화하지는 못했다. 엘리트 위주의 기존 사회개혁 운동의 시각에서 소외되었던 경제적 하층계급의 시각이 반영되고, 이들 스스로 민중운동에 참여하며, 나아가 일부는 지도자로 등장한 것이 사실이다. 그러나 민중 담론은 민중성의 양면성을 제대로 이해하거나 접근하지 못하였다. 가령 한국 교회의 경우, 민중은 민중교회와 오순절교회라는 외견상 상반되는 두 가지 종류의 교회에 모두 참여하였다.[18] 특히 민중 교회운동의 바램과는 달리, 남미의 경우처럼, 민중교회는 가난한 자를 택하였지만, 가난한 자들은 오순절교회를 택하는 모순이 나타났다. 이런 맥락에서 오늘날 민중성을 새롭게 이해하려는 노력이 나타나고 있다. 또한 민중운동이 기존의 사회개혁 운동의 특성인 엘리트주의를 완전히 불식하지 못하였다. 가령 민중신학의 경우, 민중성을 띤 엘리트들 즉 민중신학자, 민중목회자, 민중기관목사 등의 존재가 민중신학 및 민중선교에 대단히 중요성을 띠게 되었다. 이것이 민중담론의 계급성에 대한 논의를 불러 일으켰던 것이다. 다른 하나는 학문적 차원에서였다. 민중담론이 학문적 명확성을 다소 결여한 탓에, 심정적 설득력은 큰 반면 인지적 설득력은 그렇지 못했다. 가령 이기동은 민중사학에 대하여 다음과 같은 4가지 문제점을 지적한 바 있다.[19] ① '민중론'과 '계급투쟁론'의 문제, ② '현재성'과 '실천성'의 문제, ③ 민중·민족 주체의 '근대화론'의 문제, ④ 정치사적 파악의 몰각, 그 밖의 문제들 등이다. 이 자리에서 이런 것들을 상술할 수 없지만, 적어도 민중사

---

18 민중교회와 오순절교회 가운데 대표적인 교회인 순복음교회에 대해서는 다음 책을 볼 것. 황홍렬, 『한국 민중교회 선교역사(1983-1997)와 민중 선교론: 일하는 예수회 20주년 기념출간 1』(서울: 한들, 2004); 여의도순복음교회 편, 『위대한 소명: 희망목회 50년』(서울: 여의도순복음교회, 2008).

19 이기동, "민중사학론," 『전환기의 한국사학』(서울: 일조각, 1999), 60-115, 특히 80-114.

학이 지니고 있는 문제점들이 민중신학이나 민중선교에서도 나타난다는 점을 지적한다. 뿐만 아니라, 오늘날 민주화와 민중담론이 급격한 변화를 겪고 있다. 즉 한국이 선진국에 진입하는 전환기에 있기에 민중의 얼굴이 경제적으로 달라지고, 다민족(다인종)·다문화·다종교 사회로 변하고 있기에 인종적으로도 변하고 있다. 오늘날 민중선교가 새로운 민중을 찾아서, 장애인, 다문화사회 등으로 대상을 전환하고 있으나, 이전의 민중담론에 나타났던 애매성은 여전히 남아 있다.

셋째, 결론적으로, 민주주의와 관련해서, 평화는 궁극적으로 정의를 실현해야 가능하다는 것을 상기시켜 주었다.

4) 세계교회협의회 부산총회

세계교회협의회는 2013년 부산에서 개최된 총회 주제를 '생명의 하나님, 우리를 정의와 평화로 인도하소서'God of life, lead us to justice and peace로 결정하였다. 당초 총회 주제로, '교회 일치' 주제와 '정의, 평화, 창조질서의 보전'Justice, Peace, and the Integrity of Creation, 이하 JPIC 주제가 경합을 이루다가, 최종적으로 후자가 선정되었다고 한다. 이것은 2013년이라는 시대상황과 세계 및 개최지 한국을 고려한 결정이었는데, 결국 한반도와 관련하여 정의, 평화, 생명이 여전히 중요한 문제라는 것을 재확인한 셈이다.

사실, 에큐메니칼 진영에서 정의, 평화, 생명 문제가 함께 논의되기 시작한 것은 이미 20세기 후반부터였다. 세계교회협의회는 1976년 '정의롭고 참여적이며 지속가능한 사회를 위한 노력'the Struggle for a Just, Participatory, and Sustainable Society 이라는 개념을 발전시켰고, 이어서 1990년에는 한국에서 JPIC 세계대회를 가졌다.[20] 이와 더불어 세계개혁교회연맹 World Communion of Reformed Churches, WCRC; World Alliance of Reformed Churches 의 후신도 일 년 전인 1989년 서울총회를 개최하면서, JPIC를 중요 의제로 선정한 바 있다.[21] 그런데 십여 년 만에 부산총회가 JPIC를 다시 총회 주제로 삼았다는 것은 한국 교회가 이 문제를 심각하게 생각하고, 나아가 이 분야에서 기여해야 한다는 점을 강력하게 시사하고 있다. 가령, 2001년부터 2010년까지 실천한 '폭력극복 10년' the Decade to Overcome Violence 이라는 세계교회협의회 프로그램에서 얻은 귀한 경험들이 『정의로운 전쟁에서 정의로운 평화로』 From Just War to Just Peace 라는 제목의 소책자로 묶여 부산총회에 맞춰 발부된 바 있다.[22]

부산총회는 우리에게 여러 가지 질문을 남기고 폐회되었다. 첫째, 부산총회는 한국의 현실을 상기시켜주었다. 우리는 위에서 한일강제병합, 한국전쟁, 4·19혁명을 통하여, 국제적 반평화, 국내적 반평화인 남북간 반평화 및 남남간 반평화를 살펴보았다. 그런데 2013년 당시 한반도를 중심으로, 이런 세 종류의 반평화가 동시에 일어날 뿐 아니라, 더욱 기승을 부리고 있었다. 먼저, 한중일 간 방공식별구역 문제로 동아시아의 국제적 반평화가 첨예화하고 있었다. 또한 남북 간의 긴장과 갈등이 계속되면서, 남북간 반평화는 악화되고 있었다. 더구나

---

20   한국기독교사회문제연구원 편, 『정의·평화·창조질서의 보전 세계대회 자료집』(서울: 민중사, 1990).

21   세계개혁교회연맹 편, 『정의·평화·창조질서의 보전: WARC 서울대회 보고서』(서울: 대한기독교서회, 1989).

22   Donald E. Miller, *From Just War to Just Peace: Stories from the Decade to Overcome Violence* (Richmond, Indiana: Augustin Printing & Design Services, 2013).

국내 정치의 불안정과 대치로 인하여 남남간 반평화가 극단을 향해 치닫고 있었다.

둘째, 부산총회는 한국 교회의 현실을 상기시켜주었다. 한국 교회는, 이런 반평화의 한복판 속에서, 화평케 하는 자가 아니라 오히려 반평화를 조장하는 자의 역할을 한다는 비판을 받고 있다. 한국 교회는 평화운동의 일천한 역사와 영향력으로 국제적 반평화에 영향을 미치거나, 어떤 제안을 제기하거나, 국제적 연대도 구성하지 못하고 있다. 한국 교회는 남북한 반평화에 대해서도, 민간차원의 독자적 영역을 마련하지 못하고, 정부의 정책에 종속되는 추세를 극복하지 못하고 있다. 따라서 최근 들어, 이 분야에 대해서 교회에 거는 기대가 급속히 줄고 있다. 한국 교회는 남남간 반평화에서도, 교회와 사회의 소통, 교회 내 집단 간의 소통에 실패함으로써, 남남간 반평화를 극복하기보다 오히려 악화시키는 상황을 벗어나지 못하고 있다. 특히, 부산총회를 전후하여, 해묵은 보수·진보간의 소모전이 재연되어 여기에다 힘을 소진하면서, 막상 한국 교회의 당면과제를 숙고하는 기회를 놓치고 말았다. 따라서 부산총회의 주제를 성찰하고, 소통하고, 행동하는 일은 부산총회 폐회 이후에야 비로소 시작할 수밖에 없었는데, 그런 실현 가능성도 의문이 아닐 수 없다.

셋째, 부산총회는 위기를 기회로 삼는 계기가 될 것이라는 기대가 있었지만, 기대만큼 큰 전환점이 되지는 못했다. 최근 들어 세계교회는 특히, 메노나이트파와 퀘이커교도 등은 전 세계에 평화의 주제를 전파하는 일에 힘을 경주하고 있다. 영미권 즉 영국, 미국, 캐나다, 호주 등에 평화연구소가 속속 설립되고 있으며, 최근 뉴질랜드에서는 아예 국가가 평화연구소를 설립한 바 있는데, 뉴질랜드 더니든 소재 오타고대학교의 '국립 평화와 갈등 연구소'National Centre for Peace and Conflict Studies가 그것이다. 한반도가 반평화의 핵심적인 지역임에는 틀림없다. 그러나 역발상으로 생각해보면, 한국이 오히려 상황과 경험을 이용하여 평화 담론과 평화 사역에 획기적인 전기를 마련할 수 있는 가능성도 무시할 수 없다.

2. 평화와 한국 교회의 소통

이상에서 평화와 한국 교회의 체질에 대하여 다소 비관적인 평가를 내렸다. 그러나 비관적인 문제는 한국 교회의 정체성보다 한국 교회의 소통에 더 심각하게 나타났다. 오늘날 소통 문제는 한국 사회의 보편적인 문제라 하겠다. 한국 교회도 이 점에서 예외가 아니다. 한국과 한국 교회는 세 가지 분야에서 소통의 문제를 가지고 있다. 한국 사회 내, 한국 사회와 한국 교회 간, 한국 교회 내. 다시 말해 한국 교회는 화해자, 소통자의 역할을 충실히 감당하지 못하고 오히려 문제의 소지를 제공하고, 문제 거리가 되는 형편이었다. 그렇다면 한국 교회는 특히 평화 담론과 관련하여 어떤 문제점을 드러냈는가?

첫째, 한국에서 연합과 일치 특히 평화 담론을 이야기하는 측이 다수가 아닌 소수라는데 가장 큰 문제가 있다. 한국 교회 초기에 선교 연합이 이뤄졌으나, 장로교와 감리교에만 머물렀다. 해방 후에 장로교의 분열을 통하여 에큐메니칼 운동에 참여하는 교회가 크게 줄어, 한국 교회의 소수가 되었다. 그 후 회원이 늘었으나, 이런 사정은 크게 바뀌지 않았다. 소수가 웬만한 논리적, 감성적, 도덕적 설득력 없이 다수를 바꾸기는 쉽지 않은 노릇이다.

둘째, 평화 담론은 참여하는 사람의 정체성의 변화를 요구한다. 정체성의 변화와 관련하여 두 가지 문제가 대두된다. 하나는, 몰트만이 이야기하였듯이, 평화가 정의를 가져오기보다 정의가 평화를 가져온다면[23], 따라서 정의 문제가 평화 문제에 선행하거나 최소한 동반한다면, 개인적·사회적 변화 없이 평화가 도래할 수는 없다. 한국의 경우, 그동안 이러한 변화를 가져오는 상황이 과격하였다. 이에 비해 영국의 경우는 노예해방운동 등 도덕 운동이 성공하기 위하여 복음주의자들이 근 한 세기에 걸쳐 사회적 공감대를 형성하는 장기적인 전략을 수행하였다.[24] 그러나 한국은 민주화의 요구와 이에 대한 응답이 1960년대에서 1970년대 혹은 1980년대까지 2-30년대 안에 집약적으로 이뤄져야 했기 때문에, 과격화된 저항 운동의 모습을 띠게 되었고, 그 결과 평화 담론의 비평화성에 대한 시비를 불러일으켰다. 이런 식의 급격한 평화 담론은 주창자의 도덕성과 상대방의 비도덕성을 이분법적으로 대비하는 도덕적 논란에 말려들기 쉬웠다.[25] 그러나 비도덕적이라고 비난받은 사람들이 도덕적인 행동에 나서기란 쉬운 일이

---

23 박종화, "기독교 평화운동의 이론과 실천유형," 『평화-이론과 실천의 모색 II』, 51.

24 M. J. D. Roberts, *Making English Morals: Voluntary Association and Moral Reform in England*, 1787-1886 (Cambridge: Cambridge University Press, 2004); C. L. Brown, *Moral Capital: Foundations of British Abolitionism* (Chapel Hill: The University of North Carolina Press, 2006).

25 가령, 민중사관은 현재성, 실천성이란 관점에서 소위 도덕적 사관을 전개하고, 도덕적 비판을 한다. 이것을 상대방은 도덕적 비난으로 받아들일 가능성이 높다. 민중신학이나 민중신학사관 역시 유사한 상황이다. 다만 민중신학사관에 의한 역사개설서나 통사가 나오면, 보다 학문적인 평가가 가능할 것이다.

아니었다. 한편 한국의 복음주의자들의 사회 참여는, 이런 변화에 선행된 것이 아니라 후행된 것이었고,[26] 그나마 한국 교회의 복음주의 계열 내에서도 소수에 불과했다.[27] 다른 하나는, 정체성의 변화는 가장 근본적인 변화를 요구하기 때문에 매우 어려운 변화이고, 따라서 원래 목적인 행동 변화에 이르기보다 정체성에 대한 시비를 하다가 그치는 경우가 많다. 가령, 평화 담론은 통일 담론으로 발전하였는데, 통일 담론은 불가불 북한의 정체성과 한국전쟁의 성격에 대한 논의와 연결되었다. 그러나 한국전쟁은, 일반학자들 가운데서도 그 성격, 특히 기원에 관하여 다양한 입장이 있고, 정치적으로 매우 첨예한 사안이다. 김학준은 한국전쟁의 복잡성으로 인하여 전통주의, 수정주의, 신전통주의, 신수정주의 등 네 가지 해석 가운데 "어느 한 해석만이 전적으로 옳고 다른 해석은 전적으로 그르다는 인식을 갖는 것은 이 전쟁의 본질과 성격을 이해하는 데 결코 도움이 되지 않는다"고 말하면서, 학문적 포용성을 주장하였다.[28] 그런데 기존의 기독교 통일 담론에서 남북한과 한국전쟁의 성격과 정체성에 대한 충분한 공감대 없이 통일 담론이 전개되면서, 한국 사회 및 한국 교회의 정치적 대립으로 이어졌다. 그 결과, 통일 담론은 남북갈등을 해소하기 이전에 남남갈등을 증폭시키는 양상을 보였다. 다시 말해 "한국(남한)교회는 북한교회와는

---

26   필리핀의 경우는 다음 책을 볼 것. Paul Freston, *Evangelicals and Politics in Asia, Africa and Latin America* (Cambridge: Cambridge University Press, 2001), 74.

27   류대영, "1980년대 이후 보수교회 사회참여의 신학적 기반," 「한국기독교와역사」 18(2003), 37-72.

28   김학준, "6.25전쟁에 관한 몇 가지 예비적 토론," 한국전쟁연구회 편, 『탈냉전시대 한국전쟁의 재조명』(서울: 백산서당, 2000), 17-41, 특히 17-26, 인용은 24.

달리 일치된 통일관을 가지고 있지 않"았기에,[29] 남한교회 간에 이런 다양성을 평화적으로 소통하는데 성공하지 못했다.

셋째, 한국 교회의 평화 담론은 민주화운동, 통일운동과 더불어 발전하였고, 이 시기는 정권교체와 밀접한 관련이 있었다. 이런 상황에서, 한국 교회의 예언적 기능은 대폭 약화되었다. 한편으로 문민정부의 출범과 더불어 기독교 민주화 세력이 직접적으로 정치참여를 시작하면서, 예언자보다 자파의 대변인의 역할을 하게 되었다. 다른 한편으로 이에 대한 대응으로 보수진영이 정치 행동을 시작함으로써 교회는 사회의 공공기관의 성격보다 이익단체로 부상하였으며, 이들 역시 예언자보다 자파의 대변인의 역할을 하게 되었다. 보수진영의 이러한 성향은 이명박 정부 출범 이후 계속되고 있다. 따라서 오늘날 평화 담론을 포함한 기독교의 전반적인 담론들의 객관성, 예언성에 대한 신뢰가 실추하여, 한국 교회가 한국 사회에 대하여 지니는 사회적 지도력이 축소되었다.

3. 평화와 한국 교회의 과제

이제까지의 평화 담론은 중요성에 비하여 구체적인 대안을 제시하고, 일반사회의 공감대를 불러일으키는데 역부족이었다. 이것은

---

[29] 이동춘, "공공신학의 관점에서 보는 한국 교회 통일방안에 관한 연구" (미간행박사논문, 장로회신학대학교, 2009), 51.

평화 담론이 주로 사변적이거나, 선언적인 수준에 머물렀던 것과 무관하지 않다. 따라서 한국 교회가 안고 있는 구체적인 요구를 발견하여 대안을 제시하는 것은 매우 중요하다.

뿐만 아니라, 한국 사회가 급변하고 있다. 맥락의 변화the change of context는 과제의 변화를 의미하기 때문에, 맥락의 변화에 대한 이해가 필수적이다. 첫째, 한국 사회는 다민족(다인종)·다문화·다종교사회로 변하고 있다. 이것은 더 이상 민족주의적 시각, 특히 단일인종중심의 민족주의적 시각만으로 문제를 해결할 수 없음을 시사한다. 이 점에서 민중교회 운동이 다문화사회와 이주자 문제에 관심을 갖기 시작한 것은 매우 고무적인 일이다.[30] 둘째, 한국 사회는 후기 공산주의 시대the age of post-Communism를 맞이하고 있다. 물론 북한 등 몇몇 공식적인 공산국가가 여전히 존재하지만, 공산주의의 종언은 기정사실이다. 이것은 더 이상 이데올로기적 시각만으로 문제를 해결할 수 없음을 시사한다. 셋째, 한국 사회는 선진국으로 전환하고 있다. 이에 따라 한국이 고령화 사회가 되는 등 인구구성이 바뀔 뿐 아니라, 민중의 얼굴이 바뀌고 있다. 다시 말해 민중의 얼굴이 경제적으로 인종적으로 바뀌는 격렬한 변화가 일어나고 있다. 이것은 더 이상 기존의 민주화운동 및 민중운동의 시각만으로 문제를 해결할 수 없음을 시사한다. 가령, 평화운동은 생명운동과 연결된다. 그러나 평화운동과 생명운동이 공통점이 있지만, 차이점도 있다는 것을 기억할 필요가 있다. 즉 JPIC 운동이 전개

---

30 한국 교회의 다문화사역에 대해서는 다음 글을 볼 것, 안교성, "한국의 디아스포라신학 발전에 관한 한 소고," 「장신논단」 46/2(2014), 89-113.

되는 과정에서, 선진국은 창조질서의 보전과 평화를 강조하는 반면, 후진국은 정의와 개발을 강조하는 상반된 입장을 노정한 바 있다.[31] 한국이 선진국대열에 동참하는 과도기에 있는데, 한국이 스스로를 서구 선진국과 동일시하느냐, 비서구 중후진국과 동일시하느냐에 따라, 한국 교회의 과제도 영향을 받게 된다.

한국 교회의 평화 담론과 평화 사역의 과제에 대하여 구체적으로 제시하기 전에, 이전의 평화 담론을 돌아보자. 가령, 오충일은 "평화를 위해 한국 교회가 해야 할 과제들"에 대하여 5가지를 제시한 바 있다. 1) 한국의 교회는 성서적 신앙에 입각하여 평화의 신앙, 평화의 신학을 정립하여야 한다. 2) 교회는 평화교육을 해야 한다. 3) 교회는 먼저 하나 되어야 한다. 4) 모든 기독교운동은 평화운동으로 전개되어야 한다. (민주화운동, 민중운동, 민족운동 등) 5) 평화의 날, 평화기금, 평화상의 제정이다.[32] 그의 주장은 오늘날도 시의적절한데, 이것은 오히려 25년 전이나 오늘날이나 상황의 변화가 크지 않다는 의미도 된다. 오충일의 주장을 염두에 두면서, 현시점에 필요한 과제들에 대한 논의를 간추려 보자.

첫째, 평화운동, 보다 광범위하게 에큐메니칼 운동에 대한 적극적인 교육과 홍보가 요청된다. 가령, 세계교회협의회는 용공주의로 매도되어왔는데, 세계교회협의회는 1950년 한국전쟁 발발 직후 가장

---

31 이형기, "에큐메니칼 신학이란 무엇이고, 어떻게 하는 것인가?," 『에큐메니칼 신학과 운동』, 92.

32 오충일, "정의로운 평화를 위한 한국 교회의 과제," 대한예수교장로회총회사회부, 『평화를 만드는 한국 교회』(서울: 대한예수교장로회, 1986), 47-51, 이 글은 원래 『기독교사상』 320(1985.2)에 수록된 것이다.

먼저 한국전쟁을 문제 삼았던 국제기관이었다. 세계교회협의회가 "토론토선언" The Toronto Statement을 통하여 침략 행위를 정죄하자, 당시 세계교회협의회의 의장이었던 중국[중공] 대표가 이 선언문에 대한 불만을 표시하고자 사임하였다. "후에 세계교회협의회는 서구 제국주의 열강의 대변인 역할을 하였다고 공격받았"기에,[33] 극단적으로 말한다면, 당시 세계교회협의회는 용공 기관이 아니라 반공 기관인 셈이었다. 또 다른 예를 들어보자. 20세기 후반 민주화운동에 가톨릭, 성공회, 개신교 특히 개신교 에큐메니칼 교단이 참여하였다. 그러나 개신교의 경우, 가톨릭과 성공회와는 달리 교회 분열로 인하여, 공적을 제대로 평가받지 못하고 있다. 김수환 추기경은 서거 후 민주화 운동의 대표자요 나아가 한국 사회의 존경받는 지도자로 부상하였는데, 이 사실은 두 가지 점을 시사한다. 하나는 한국 사회가 한국 교회에 바라는 요구 가운데, 교회의 건전한 사회 참여 내지 정의로운 평화 운동이 포함된다는 사실이다. 따라서 교회의 비정치성이란 주장은 교회 안팎으로 재검토할 필요가 있다. 다른 하나는 교회의 적극적인 홍보를 통하여 평화 담론이 발전될 수 있다는 사실이다. 이런 맥락에서, 민주화운동과 통일운동 및 각 운동의 대표적 인물들에 대한 재평가와 한국 사회 및 한국 교회에 공감을 불러일으킬 홍보 및 교육의 필요성이 대두되고 있다.

둘째, 한국 교회의 예언 기능의 회복이 요청된다. 왜냐하면 정

---

33 A. J. Van der Brent, *Christian Response in a World of Crisis: A Brief History of the WCC's Commission of the Churches on International Affairs* (Geneva: WCC, 1986), 45.

의와 평화는 함께 가기 때문이다. "정의가 없는 평화는 박제된 거짓 평화이다."[34] 한국 교회는 오늘날 좌·우파 모두 매우 정치화된 양상을 보인다. 따라서 상대방에 대한 대항적 예언도 필요하지만, 자파에 대한 자성적 예언이 필요하다. 뿐만 아니라, 오늘날 사회개혁운동은 점차 비기독교운동이 주도하고 있는 특색을 나타내고 있다. 이것은 기독교적인 평화 담론이 사회개혁운동에 미치는 영향력이 줄고 있다는 것을 의미한다.

셋째, 최근 들어 평화주의운동이 활성화되고 있다. 과거에 함석헌 등 평화주의자가 있었지만, 대체로 관심을 받지 못한 것이 사실이다. 평화주의 운동은 국가안보의 관점에서, 국가적으로나 교회적으로 지지받지 못했다. 교회도 전반적으로 평화주의보다는 정의로운 전쟁 논리를 수용하였다. 더구나 한국 교회 내에서 비주류에 속하는 여호와의 증인이 양심적 병역거부를 주장하는 대표적 집단이라는 사실이, 이 문제에 대한 공감대 확산에 걸림돌이 되었다. 그러나 오늘날 퀘이커파나 여호와의 증인 등 당사자가 아닌 기독교인들이 폭넓게 평화주의운동에 관심을 보이고 있다. 가령 김두식이 양심적 병역거부 문제로 평화주의에 대한 대중적 관심을 불러일으킨 바 있다.[35] 한국 교회 특히 한국기독교교회협의회는 다변화되는 평화 담론의 지지자와 중개자로 역할을 확대할 필요가 있다.

넷째, 평화 담론과 평화 사역을 위한 시의적절하면서도 구체적

---

34 김창락, "책머리에,"『평화-이론과 실천의 모색 II』, 4.
35 김두식, 『칼을 쳐서 보습을: 양심에 따른 병역거부와 기독교 평화주의』(서울: 뉴스 앤 죠이, 2002).

인 대안 마련이 필요하다. 이 점에서 원일한^{언더우드[원두우] 선교사의 손자}이 반공
주의에 대하여 언급한 내용을 재음미할 만하다.

> 우리가 능히 짐작할 수 있듯이, 경제만 혹은 정치만 혹은 국가안보만
> 혹은 종교만 관심을 갖는 반공주의는 이러한 분야 가운데 한 가지만
> 관심을 갖는 공산주의자와 마찬가지로 악한 사람이 되는 위험에 빠질
> 수 있다. 사실, '반'^{anti}이란 매우 약하고, 방어적이고, 수동적이고, 부정
> 적인 태도이며, 정말로 필요한 것은 긍정적이고, 적극적이고, 강한
> '친'^{pro}적인 태도이다. … (중략) … 공산주의에 대한 최선의 내부적인
> 방어는 강력한 민주정부, 즉 정직하게 운영되고, 모든 국민들의 복지
> 를 우선시하고, 비판과 수많은 다양한 견해를 자유롭게 표현하는 것을
> 허용하는 민주정부를 가지는 것이다. 우리는 [단순히] 반공주의자가
> 되는 것 이상으로, 친민주적, 친사업적, 친자유적^{pro-democratic, pro-enter-}
> ^{prise, pro-freedom}이 되어야 한다.[36]

과거에 정의로운 평화를 주장하는 평화 담론에서 소극적인 비
판이 주를 이루었는데, 이제는 구체적 대안 제시가 필요하다. 이를 위
해서, 한국 교회 내의 다양한 사회선교 및 문화선교 기관의 노력들을
수렴하며 지원하며 소통케 하는 관계망을 개발할 필요가 있다.

다섯째, 이런 노력은 지역적, 세계적 연대가 요청된다. 과거 한

---

36   H. G. Underwood [원일한], "A Foreigner's View of Korean Anti-Communism," (1970), 4, a
typed manuscript, 14:133, Underwood papers (Yonsei University Archive). 필자의 번역.

국 교회가 중진국일 때, 주로 아시아교회와의 연대를 강조하였다.[37] 그러나 최근 들어 한국의 위상이 높아짐에 따라, 아시아교회와의 연대는 물론, 세계화의 관점에서 다른 교회와의 연대의 중요성이 대두되고 있다. 특히 오늘날 한국 교회는 세계선교를 통하여 전 세계에서 활동하고 있다. 이런 세계선교를 평화운동과 접목시키는 노력이 요청된다. 가령 20세기 후반 한국에서 활동했던 선교사들 가운데 평화운동, 특히 민주화운동에 참여하였다가 추방당했던 전례가 있다. 이런 사례가 한국선교에 대해 지니는 함의를 검토할 필요가 있다.

여섯째, 평화운동의 다변화와 저변화가 요청된다. 가령 기독교 영성가로 잘 알려진 헨리 나웬 Henri Nouwen 은 다양한 평화집회, 즉 민권운동, 반핵운동, 반전운동 등에 꾸준히 참여하였다.[38] 나웬과 같은 인물에 대한 새로운 소개를 통하여, 영성과 평화운동의 이분법적인 분리를 넘어 양자를 접목하는 가능성이 대두된다. 다시 말해 일견 기존의 전투적 평화운동과 상관없는 것처럼 보이나 평화운동에 참여한 사람들과 기관들의 연대를 통하여 종합적인 평화운동을 보여주고 전개하는 일이다. 이런 시도를 통하여 평화운동이 기독교 일부의 사역이 아니라, 기독교 전반과 관련된 운동이며, 평화의 영성은 기독교의 근본적인 영성이라는 것을 제시할 필요가 있다. 이를 통하여 기독교 각계가 평화운동에 관심을 가지고 관여할 수 있는 기회를 준다. 또한 교회

---

37 "분쟁의 평화적 해결 - 보고와 건의안 (동북아시아의 평화와 정의협의회 채택 문서),"『평화를 만드는 한국 교회』, 290.

38 존 디어, "소개글," Henri Nouwen, *Peacework*, 김정수 옮김, 『헨리 나웬의 평화의 영성』(서울: 성바오로출판사, 2009), 11-12. 또한 다음 책을 볼 것. Henri Nouwen, *The Road to Peace: Writings on Peace and Justice* (Maryknoll: Orbis, 1998).

는 단순히 평화운동가가 아니라 평화의 영성을 소유하고 실천하는 중심기관이다. 따라서 평화적 평화운동을 지역교회 차원에서 실천하고 교육할 수 있는 구체적인 프로그램을 제공하는 일, 각 회원교회와 함께 새로운 프로그램을 개발, 보급하는 일, 세계교회협의회의 '폭력 극복 10년' 같은 세계적 차원의 프로그램을 지역교회와 같은 지역적 차원의 프로그램과 연계하는 일 등이 요청된다. 결국 교회가 평화의 영성을 체질화하는 것이 요건이다.

일곱째, 평화 담론과 평화운동은 역사에 대한 재해석 혹은 역사의 화해 없이 완성될 수 없다. 한국의 평화운동은 역설적으로 한국 사회와 한국 교회의 분열과 밀접하게 관계되어 있다. 따라서 이를 위한 역사가 필요하다. 베르너 우스토프Werner Ustorf가 다른 맥락에서 주장하였듯이, "기억술(기억을 보전하며 창조하는 기술)의 상이한 방식이 존재하지만, 중요한 것은 타자의 기억을 위한 공간을 확보하는 것이다."[39] 다시 말해 평화 담론이 또 다른 거짓 평화가 되지 않으려면, 갈등 관계에 있는 상대방의 목소리를 들어주는 역사를 수용하고, 동시에 각자가 남의 잘못이 아닌 나의 잘못을 고백하는 역사를 쓰기 시작할 필요가 있다. 이런 고백적 역사는 장차 새로운 공통역사의 첫걸음이 될 것이다. 다시 말해 역사의 화해는 화해의 역사로 이어져야 한다. 20세기말 첨예한 갈등을 경험했던, 남아프리카공화국과 유고슬라비아후에 크로아티아에서 화해에 관한 뛰어난 저술들이 나왔다는 사실은 한국의 미래에 시

---

39 Werner Ustorf, "Epilogue: Watermarks of Christian History: Commemorating the Overseas Mission of the Presbyterian Church of England," Reginald Fenn, *Working God's Purpose Out 1947-1972: The History of the Last Twenty-five Years of the Overseas Mission of the Presbyterian Church of England* (London: United Reformed Church, 1997), 80.

사하는 바 크다.[40] 왜냐하면, 그렇지 않는 한, 정두희가 남북한 역사학에 대해 결론내린 것처럼, 갈등의 양 당사자는 "'역사'를 공유한 것이 아니라 단지 '과거'만을 공유했을 뿐"이기 때문이다.

III. 결론

본 단원은 평화 담론에 대한 새로운 이론을 전개하지 않았다. 본 단원은 다만 왜 한국 교회에서 평화 담론과 평화사역이 활성화되지 않는지에 대한 질문에 집중하였다. 이를 위하여 평화에 있어서, 한국 교회의 정체성, 소통, 과제들에 대하여 검토하였다.

본 단원은 한국 교회가 민족주의, 이데올로기 및 전쟁, 민주주의, 세계화라는 한국 사회의 가장 중요한 정치사회적 주제를 직면하면서, 어떻게 평화운동을 전개하고 어떻게 영향을 받았는지를 살펴보았다. 본 단원은 또한 한국 교회가 평화운동에 헌신하면서도, 어떻게 소통에 어려움을 겪었는지를 살펴보았다. 그리고 본 단원은 평화운동의 발전과 지속을 위하여 어떤 과제를 수행해야 할지를 살펴보았다.

---

40 Desmond Mpilo Tutu, 홍종락 역, 『용서없이 미래없다(No Future Without Forgiveness)』(서울: 홍성사, 2009); Miroslav Volf, *Exclusion & Embrace: A Theological Exploration of Identity, Otherness, and Reconciliation* (Nashville: Abingdon Press, 1996). 최근 한국의 화해와 관련된 국제학술보고서는 다음 책을 볼 것. Sebastian C. H. Kim, Pauline Kollontai & Greg Hoyland, eds., *Peace and Reconciliation: In Search of Shared Identity* (Aldershot: Ashgate, 2008).

한국 교회는 평화운동의 단순한 운동가가 아니라, 평화의 영성을 지닌 하나님의 기관이요 하나님의 자녀인 화평케하는 자로서, 어떻게 정체성을 유지하고 체득하고 실천해야 할 것인가에 대하여 이전에 비해 앞으로 더욱 유념할 필요가 있다. 우리의 평화이신 그리스도께서 십자가를 통하여 그 길을 가셔서 평화를 이루셨듯이, 오늘 한국 교회는 동일한 소명, 동일한 운명을 요구받고 있다. 이런 맥락에서, 한국 교회의 역사를 평화운동의 관점에서 다시 이해하고 전망할 필요가 있다.

한국은 고난의 역사를 지녔다. 그러나 한 가지 고무적인 사실은 한국은 놀라운 역사적 복원력을 보여왔다는 것이다. 가령, 1910년의 한일강제병합이 있은 지 10년 뒤인 1919년 한국은 3·1운동을 일으켰다. 한국 교회는 3·1운동을 통하여 민족의 운명에 확실히 동참하여 민족교회의 면모를 과시하였고, 애덤스Daniel Adams는 이런 현상을 한국 교회의 교회성장의 패러다임이 교회론에서 민족주의로 바뀌었다고 평가한 바 있다.[41] 곧 평화운동이 교회성장을 가져왔다는 해석이다. 또한 1950년의 한국전쟁이 있은 지 10년 뒤인 1960년 한국은 4·19혁명을 일으켰다. 한국 교회는 해방 후 이승만 정권하에서 특혜를 누리며, 어용기독교의 모습을 보였고, 평화운동에 소홀하였지만, 이후 한국기독교의 일부나마, 민주화운동과 민중운동에 투신함으로써 그 빚을 어느 정도 갚았다고 할 수 있다. 비록 당시 한국 교회는 교회성장과

---

41 Daniel J. Adams, "Church Growth in Korea: A Paradigm Shift from Ecclesiology to Nationalism," Mark R. Mullins & Richard F. Young, eds., *Perspectives on Christianity in Korea and Japan: The Gospel and Culture in East Asia* (Lewiston: The Edwin Mellen Press, 1995), 13-28.

평화운동을 별개로 전개할 수밖에 없었지만, 종합적으로 볼 때, 한국 교회는 산업화와 민주화에 모두 기여한 셈이다. 1979년과 1980년 연이은 민족적 혼란은 약 10년 뒤인 1987년 6월 직접민주주의로 환원되는 전기를 맞았다. 또한 1997년 IMF 사태라는 초유의 경제적 위기에 봉착했지만, 한국은 그 위기로부터 회복해가고 있다. 오늘날 한국 교회는 국내적으로 한국 사회의 다양한 변화에 대처하여 새로운 평화운동을 전개하며, 국외적으로 여전히 고난 가운데 있는 나라들의 평화운동, 특히 그곳의 민중들을 위한 평화운동의 책임을 나눌 것을 요청받고 있다.

8장

한국 교회와
평화 담론의 변천

I. 서론

동북아시아가 국내외적인 갈등이 첨예한 지역^{region}으로 급부상하고 있다. 지역 내 각국은 경제적 양극화 등 국내문제에 봉착할 뿐 아니라, 핵무기와 영토분쟁 등 국제문제에 직면하고 있다. 특히 한국은 분단이라는 남북대치 현상까지 나타남에 따라, '정의, 평화, 창조질서의 보전'^{Justice, Peace, and the Integrity of Creation}을 주제로 한 대회가 1989년부터 연속해서 개최될 정도로 전 세계적으로 긴장이 최고로 고조된 지역이다.[1] 게다가 북한이 핵보유를 주장하고 나서, 지역 내 각국은 지역의 안전과 발전을 위하여 평화를 도모해야 될 절대적 사명을 안고 있다. 이를 감당하기 위해서는, 동북아시아를 둘러싼 역사를 이해하고, 공감대 형성을 마련하며, 구체적인 해결방안들을 마련하는 것이 시급하다.

본 단원은 이를 위하여, 동북아시아의 지역적 맥락에서 지난 100여 년간 평화의 문제를 살펴보고자 한다. 특히 평화와 관련된 개별사건보다 평화를 이해하는 방식인 평화 담론에 주목하려고 한다.[2] 그런데 지역 내 각국이 밀접하게 연결되어 있지만, 한 단원에서 각국의 평화 담론의 역사를 모두 검토하는 것은 불가능하다. 따라서 평화

---

1   1989년 세계개혁교회연맹 서울대회, 1990년 세계교회협의회 '정의, 평화, 창조질서의 보전' 세계대회, 2013년 세계교회협의회 부산총회 등이 모두 '정의, 평화, 창조질서의 보전'을 주제로 개최되었다.

2   한반도의 평화와 관련된 대표적인 사건을 다룬 논문은 다음을 볼 것. 안교성, "정의로운 평화와 한국교회: 한일강제병합, 한국전쟁, 4·19혁명, 세계교회협의회 부산총회를 중심으로," 『교회와신학』 79(2015): 137-161.

문제가 가장 심각하게 나타났던 한국의 경우를 집중적으로 분석하되, 지역적 맥락을 고려할 것이다. 즉 본 단원은 동북아시아의 지역적 관점에서 본 평화 담론에 관한 한국에 대한 국가별 사례연구이다. 장차 후속 연구로서 중국, 일본 등에 대한 국가별 연구와, 이에 기초한 동북아시아 전체를 조망하는 지역별 연구가 필요하다.

기독교는 "평화를 만드는 자"^{마 5:9}라는 정체성이 있기 때문에, 동북아시아의 평화 문제에 있어서 특별한 역할이 기대된다. 따라서 본 단원은 지난 100여 년간 한국기독교를 둘러싼 평화의 도전과 응전이 무엇이었는지를 살펴보고자 한다. 그리고 이런 도전과 응전의 배후에 있는 평화 담론의 유형과 발전단계를 검토하고자 한다. 본 단원은 지난 100여 년간 한국의 역사를 세 가지 중요한 정치사회적 변화에 따라 시대구분을 하고자 한다. 바로 제국주의, 냉전, 세계화이다. 각 시대에 평화 담론이 어떻게 전개되었는지를 살펴보되, 특히 전쟁과 평화와 관련한 기존 담론, 즉 성전^{holy war} 이론, 정의로운 전쟁^{정당전쟁, just war} 이론, 평화주의^{pacifism}와 기존 담론의 한계를 극복하고자 대두된 새로운 담론인 '정의로운 평화'^{just peace} 이론의 추세를 살펴보고자 한다.[3] 정의로운 평화론은 평화가 소극적인 전쟁의 부재가 아니라 샬롬^{shalom}이라는 온전하고 적극적인 상태를 가리키는 것으로 여기며, 전쟁의 개시와 수행에 관한 정당성^{jus ad bellum, jus in bello}은 물론 발발 요인까지 검토하는

---

3 기존 담론은 성전, 정의로운 전쟁, 평화주의로 나누는 3분법도 있고, 정의로운 전쟁과 평화주의로 나누는 2분법도 있다. 그리고 정의로운 전쟁은 정당전쟁이라고도 부르지만, 본 단원에서는 정의로운 전쟁으로 통일한다. 정의로운 전쟁이라는 용어를 사용하는 이유는 정의로운 평화란 용어와 대구를 만들기 위한 것이다. Roland Bainton, *Christian Attitudes Toward War and Peace* (Nashville: Abingdon Press, 1960); Jimmy R. Watson, "An Analysis of the Emerging Concept of Just Peace" (Unpublished Ph. D. Dissertation, Baylor University, 1996).

것으로, 사회 전반의 '반평화'反平和를 점검하는 폭넓은 평화 담론이다.[4]

Ⅱ. 제국주의와 평화

한국의 개국은 서구 제국주의의 절정기에 이뤄졌다. 개국과 더불어 가톨릭교회는 공식적으로 활동을 재개했고, 개신교도 본격적으로 국내에 정착하기 시작했다. 당시는 제국주의의 침략 등 국내외적인 갈등 요소가 많았던 시기였고, 그만큼 평화의 필요성이 절실했다. 이때 한국기독교의 대응에는 어떤 담론이 담겨졌고 역사적 맥락은 무엇이었을까? 이를 구체적으로 살펴보고자, 아래와 같은 사건들을 주목하고자 한다.

1. 안중근의 동양평화론

안중근은 1909년 10월 26일 중국 하얼빈에서 일본 제국주의의 아이콘이었던 이토 히로부미伊藤博文를 저격했다. 당시 안중근을 체

---

4   Watson, "An Analysis of the Emerging Concept of Just Peace," 1-3; 안교성, "정의로운 평화와 한국교회," 139, 주4).

포하고 재판하고 처형했던 일본 제국주의는 그를 테러리스트로 규정하였다. 그러나 안중근은 자신을 한국의 군인으로서 전쟁행위를 단독으로 감행하였다고 주장하였다. 이런 상반된 이해는 어떤 배경에서 나왔을까? 또한 안중근은 애국지사였을 뿐 아니라 가톨릭 신앙을 가졌던 교인이었다. 그는 자신의 행위를 어떻게 신앙적으로 해석하였을까? 한국 가톨릭 교회는 당시 어떻게 대응하였고, 이후 어떤 변화를 보였을까?

일본은 근대국가로 부상하면서 한국을 침략의 대상으로 삼았다. 이에 대한 다양한 입장을 통틀어 '정한론' 征韓論, せいかんろん 이라고 할 수 있지만, 그 내용과 발전과정은 유구하고 다양하다. 그것이 본격화된 것은 적어도 청일전쟁부터라고 볼 수 있다.[5] 안중근은 다음과 같은 이유에서 이토 히로부미를 저격해야만 한다고 생각했다.[6] 이에 대해서는 안중근의 『동양평화론』에서 살펴볼 수 있다. 비록 『동양평화론』은 짧고 미완성작품이지만, 그의 기본 입장을 이해하기에 충분하다.[7]

첫째, 일본은 근대국가를 형성하면서 서양과 아시아의 관계를 염두에 두었는데, 일본의 태도는 이중적이었다. 한편으로 일본은 서양을 침략 세력으로 보면서도 서양과 동일시하고자 하는 태도를 보였는데, 이것은 탈아脫亞라고 할 수 있다. 다른 한편으로 일본은 서양과 대립하면서 이를 위하여 아시아가 대동단결해야 한다는 태도를 보였는

---

5   原朗(하라 아키라), 『日淸·日露戰爭をどう見るか: 近代日本と朝鮮半島·中國』, 김연옥 역, 『청일·러일전쟁 어떻게 볼 것인가: 동아시아 50년 전쟁 1894-1945 다시보기』(서울: 살림, 2015); 中野泰雄 (나가노 야스오), 김영광 역, 『일본의 지성이 본 안중근』(서울: 경운출판사, 1984).

6   안중근평화연구원, 『안중근 유고-안응칠역사·동양평화론·기서』(서울: 채륜, 2016).

7   이태진 외 안중근·하얼빈학회, 『영원히 타오르는 불꽃』(파주: 지식산업사, 2010).

데, 나중에 태도를 바꿔 아시아를 침략하는 모순을 드러냈다. 이런 일본의 태도의 복잡성이 일본과 이웃 국가 간의 관계에 혼란을 초래했다. 한국의 경우, 아시아가 단결해서 서양과 대립하는 것에 대하여 동조하였지만, 이 논리가 결국 일본의 아시아 침략으로 귀착된다는 사실을 깨닫기까지 상당한 세월과 인식변화가 필요했다. 안중근도 마찬가지였다.

둘째, 두 번째 이유는 첫 번째 이유에서 파생되는데, 안중근이 일본 정부와 이토 히로부미의 역할 분담에 대해 오해했다. 안중근은 일본 정부는 아시아의 단결을 주장하는 데 반해, 이토 히로부미가 아시아 특히 한국의 침략을 주도했다고 생각했다. 바로 이런 이유로 해서, 안중근은 이토 히로부미가 일본 천황에게도 잘못을 저질렀다고 고발했다. 물론 이런 인식은 오늘날의 시점에서 보면, 잘못된 것임이 분명하다. 여하튼 안중근은 그의 『동양평화론』에서 동양의 평화를 위해서 아시아의 단결이 필수적이고, 이를 와해하는 주범인 이토 히로부미는 용서받을 수 없는 범죄자라고 주장했다. 아래에서 재론하겠지만, 이런 일본과 아시아 각국 간의 관계에 대한 오해는 일본이 침략의 범위를 동북아시아를 넘어 아시아 전역으로 확대하는 과정에서 '대동아공영권'大東亞共榮圈이란 주장으로 재현되었다. 안중근의 『동양평화론』이 작성된 역사적 맥락은 오늘날 동북아시아의 상황에 대한 함의가 크다. 동북아시아는 100여 년 전과 상당히 유사한 상황인데, 중동과 더불어 세계에서 가장 국제적 긴장이 고조된 지역이요, 특히 한중일 간의 영토분쟁이 해결될 전망이 희박하다. 그렇다면, 동북아시아는 동북아시아의 현안에 있어서, 단결할 것인지 대적할 것인지에 대해 역사적 교훈을 얻어야 할 것이다.

　　이제는 안중근의 사건과 신앙에 대해 살펴보자. 안중근은 그의 행동을 하나님의 뜻에 맞는 정의로운 것으로 파악했다. 황종렬은 이에 대하여 '천명' 인식이라고 표현했다.[8] 안중근은 전쟁과 평화에 대해 전체적으로 평화를 주장하지만, 그것을 구현하기 위한 행동은 정의로운 전쟁론과 연계되었다고 볼 수 있다. 특히 안중근이 자신의 행동을 신앙적 행동이라고 본 점에서는 성전론의 측면도 나타난다. 그런데 안중근이 전쟁의 개시와 수행만이 아니라, 전쟁의 발발 요인까지 주목했다는 점에서 20세기 후반에 대두된 정의로운 평화론이 예기된다.

　　안중근 사건에 대한 한국가톨릭교회의 입장은 변화하였다. 사건 당시 한국가톨릭교회의 대표적 지도자는 외국인 선교사 뮈텔민덕효, Mutel 주교였다. 그는 안중근이 가톨릭 교인이라는 사실조차 인정하려 하지 않았고 성사까지 금지하였다. 그러나 안중근과 친밀관계에 있었던 빌렘홍석구, J. Wilhelm 신부는 주교의 명령에도 불구하고 그의 마지막 자리를 함께 하다가 결국 주교의 징계를 받았다. 한편 20세기 후반인 1997년 1월 11일에 한국가톨릭교회의 상징이었던 한국인 김수환 추기경은 안중근·안명근 세례 100주년 기념 미사를 드리면서, 이 사건에 대하여 "개인적인 미움의 표출이 아니라, 나라와 민족의 유린된 존엄성과 자유를 되찾기 위한 의거"라고 민족주의적 관점에서 재해석했다.[9] 서명훈은 김수환의 또 다른 언급과 관련하여, "순국한 지 83년 만

8　황종렬, 『신앙과 민족의식이 만날 때: 안중근 토마스의 이토 히로부미 저격에 대한 신학적 응답』 (왜관: 분도출판사, 2000), 93-114.

에 천주교신자로서의 권리를 되찾게 되었다"고 표현했다.[10] 이런 움직임들은 20세기 후반 한국가톨릭교회 내에서 안중근 사건을 민족주의적 관점에서 보려던 노력이었다. 한편, 일본기독교는 일본의 한국 침략 과정에 있어서 전반적으로 친정부적인 자세를 드러냈고, 심지어 이 과정을 이스라엘의 가나안 점령과 같은 기회로 간주하였다.

2. 제1차 세계 대전과 선교사의 참전

제1차 세계 대전은 주로 유럽에서 벌어진 전쟁이지만 전 세계에 걸쳐 큰 영향을 미친 세계사적 사건이었다.[11] 특히 일본은 청일 전쟁, 러일 전쟁에 이어 제1차 세계 대전을 통하여 세계의 5대 강국으로 발돋움하였다. 특히 주목할 것은 제1차 세계 대전에 선교사들이 참전했다는 사실이다. 선교사의 참전 상황은 각국에 따라 다양하게 나타났다. 가령 프랑스는 모든 선교사들이 전쟁 발발과 동시에 징집되었고, 영미권 국가들은 전반적으로는 징집으로 나갔지만 국가별로 구체적인 양상은 달랐다.[12] 그리고 선교부 내부의 구체적인 참전 과정을 들여다보면 복잡한 측면이 없지 않았다. 가령 정병준은 호주장로교의 경우

---

9   김수환추기경전집편찬위원회, "안중근 의사의 삶," 『김수환 추기경 전집, 8권』(서울: 가톨릭출판사, 2001), 563-565. 인용은 564.

10   서명훈, 『안중근의사 하얼빈에서의 열하루(安重根在哈尔滨的11天)』(하얼빈: 흑룡강미술출판사, 2005), 263. 이로 보아, 김수환이 1993년에도 안중근에 대하여 유사한 언급을 했을 것으로 보이는데, 서명훈은 구체적인 전거는 들지 않는다.

11   안교성, "재한서구개신교선교사와 제1차세계대전," 『신학연구』 65(2014): 195-227.

12   위의 논문, 198.

선교부 총무와 재한 선교사들 중 일부가 참전한 이유에 대하여 다음과 같이 추정하였다. 한편으로는 선교사가 개인적 차원에서 의무를 다해 애국심을 보일 때 선교에 긍정적인 이미지를 줄 수 있었고, 다른 한편으로는 선교 현장의 인력부족을 가중시켜 선교 전선을 약화시킬 수 있었다.[13] 이런 맥락에서 선교부 총무인 패튼F. H. L. Paton은 상징적인 의미에서 군목으로 복무하였다.[14] 그러나 전반적으로 말해 선교사들은 전쟁에 적극 참여하였고 승전을 위하여 기도하는 모습을 그들이 선교하던 동북아시아의 기독교인들에게 보여주었다. 이것은 정의로운 전쟁론을 웅변적으로 홍보하는 결과를 낳았다. 당시 서구에서는 전쟁 중과 전후에 반전을 주창하는 평화주의가 대두되기 시작하였지만, 그 내용은 동북아시아에는 상대적으로 상세하게 전파되지 못했다. 따라서 동북아시아에서 기독교인을 비롯한 국민들이 전쟁에 임할 때, 그들이 전거로 삼을 수 있는 것은 정의로운 전쟁론이 될 것은 당연한 일이었다. 더구나 성전론과 정의로운 전쟁론 간의 경계는 미묘해서, 전쟁이 격화될수록 정의로운 전쟁론은 쉽사리 성전론으로 비화되었다. 제1차 세계 대전 종전에 즈음하여 이미 성전론이 강력하게 대두되었고, 제2차 세계 대전에서는 더욱 강화되었다. 특히 일본은 제2차 세계 대전에 참전하면서, 그 전쟁을 성전으로 규정하여 일본 본토는 물론 식민지까지 성전에 동원하였다. 이런 태도는 오늘날까지 야스쿠니 신사 참배라는 동북아시아의 민감한 정치외교적 문제로 이어지고 있다.

---

13 정병준, 『호주장로회선교사들의 신학사상과 한국선교, 1889-1942』(서울: 한국기독교역사연구소, 2007), 235-236.

14 위의 책, 236.

3. 3·1운동과 비폭력저항

　　기독교가 한국의 대표적인 사건인 3·1운동에 참여함으로써 몇 가지 중대한 결과를 낳았다. 첫째, 민족사적인 사건에 종교간 연대가 이뤄졌다. 둘째, 기독교가 3·1운동의 정신에 비폭력 저항non-violent resistance의 정신이 포함되게 했다.[15] 비폭력주의는 제1차 세계 대전을 중심으로 본격적인 평화주의가 대두되기 전부터, 톨스토이 등을 통해 확산되기 시작하였다. 비폭력주의의 대표적인 흐름은 톨스토이, 간디, 마틴 루터 킹 등으로 이어진다.[16] 그런데 영국인의 양심을 자극하여 상당한 성과를 거두었던 인도의 경우와는 달리, 한국의 경우는 일본 제국주의의 무자비한 탄압을 받았고, 이로 인하여 일본 제국주의의 폭력성이 노출되는 계기가 되었다. 비폭력주의는 3·1운동과 그 정신에 큰 족적을 남겼음에도 불구하고, 이후 격동의 한국 근현대사 속에서 제대로 자리 잡지 못했다.

　　3·1운동과 관련하여 몇 가지 더 생각할 것이 있다. 첫째, 1919년 베르사유 평화회의는 명칭과는 달리 강대국이요 승전국인 소수 국가 중심의 평화만이 보장된 회의였다. 이 회의는 한편으로는 막연한 기대를 통해 3·1운동을 촉발하였으나, 다른 한편으로는 회의에 대한 실망감으로 인해 중국의 5·4운동을 초래하였다. 5·4운동은 중국기독

15　3·1운동에 참여했던 타종교도 비폭력을 강조하였다. 가령 천도교는 1919년 "1월 20일에는 독립운동을 대중화, 일원화, 비폭력의 3대 노선에 입각해서 추진한다는 방침을 결정했다." 남시욱, 『한국보수세력연구』(증보판; 서울: 청미디어, 2011), 110. 또한 다음 글을 참조할 것. 이덕주, "3·1만세운동과 기독교: 준비단계에서 이루어진 종교연대를 중심으로," 『3·1운동 100주년 기념 준비 학술 심포지움: "3·1만세운동과 종교계"』(자료집; 태화빌딩 지하 대강당: 2017.02.23.), 112.

16　John Howard Yoder, *Nonviolence: A Brief History* (Waco, Texas : Baylor University Press, 2010).

교의 역할이 제한적이었고, 3·1운동보다 더 과격한 양상을 나타냈다고 볼 수 있다.

둘째, 3·1운동과 비슷한 시기에 발생한 러시아의 10월혁명은 전 세계 특히 식민지의 지성인과 민중을 자극했다. 서구는 19세기 중반부터 공산주의와 사회주의가 대두되었고, 이런 도전에 대하여 기독교는 사회복음운동기독교사회주의 혹은 종교사회주의이라는 온건한 응전을 하였다. 한국기독교에 대한 영향이 컸던 미국기독교는 20세기 초 사회문제를 다룬 신조들을 내놓았고, 한국에도 1930년대에 유사한 움직임이 있었다. 가령 1931년 미국의 사회복음주의자 월터 라우쉔부쉬Walter Rauschenbusch의 『기독교와 사회위기』Christianity and the Social Crisis가 번역되는 등 움직임이 있었지만, 일본의 반공 정책과 한국기독교의 신학 논쟁으로 인하여 활성화되지 못했다. 그 결과 노동문제를 제대로 해결하지 못했고, 공산주의에 대한 온건한 응전인 사회복음운동을 활용하는 기회를 놓쳤다. 이와는 대조적으로, 일본은 가가와 도요히코賀川豊彦라는 걸출한 기독교사회주의자를 배출하였다. 그는 운동을 전개하면서 비폭력 저항을 채택하였다. 그러나 한국에는 그런 인물이 나올 수 있는 상황이 아니었다. 왜냐하면 제국주의의 맥락에서, 일본의 공산주의자나 사회주의자는 반사회사범으로 취급되었지만, 식민지 한국에서는 반사회사범을 넘어서 반국가사범 즉 정치범으로 취급되었기 때문이다.[17]

---

17 이런 점에서 최근 한국기독교에서 협동조합과 관련하여 가가와에 대한 관심이 재연되는 것은 금석지감이라고 하겠다.

4. 일본 제국주의와 대동아공영권

일본 제국주의는 아시아로 본격적으로 진출하면서 제국주의에 대한 독특한 논리를 내놓았다. 곧 서구 제국주의는 침략이지만 일본 제국주의는 해방이라는 논리다. 즉 일본은 서구 특히 미국의 침략에 대하여 아시아의 대동단결을 주장하였고, 일본의 아시아 침략을 해방으로 미화하였으며, 일본의 아시아에 대한 패권을 대동아공영권이란 말로 호도하였다. 일본이 주장한 대동아공영권은 결국 전쟁을 통해 제국의 평온을 가져왔던 '로마의 평화' Pax Romana 의 일본판인 '일본의 평화' Pax Japonica 라고 할 수 있다. 이런 점에서 패전 이후 일본의 전쟁을 원천적으로 봉쇄한 헌법을 '평화헌법'이라고 부른 것은, 같은 단어를 쓰면서도 정반대의 상황을 지시한다는 점에서 아이러니가 아닐 수 없다.

일본은 서구 제국주의의 식민지였던 곳을 침략하면서 동시에 친일 정부를 형성하였다. 그리고 일본과 이런 친일 정부들을 포괄한 범凡아시아적 기구를 결성하는 등 대동아공영권을 과시하려고 하였다. 그러나 위에서도 언급하였듯이, 이런 평화는 평화 개념 자체를 전도시키는 것이다. 즉 이런 조치는 침략 행위의 미화를 넘어서서 평화 개념 자체를 혼돈에 빠뜨림으로써 평화 담론의 발전을 크게 저해했다. 이런 맥락에서 당시 일본 제국주의의 중심이라고 할 수 있는 일본 본토의 일본기독교는 평화 담론을 계발하거나 지지하지 못했고, 오히려 성전론의 대표적인 주창자가 되었다. 일본 식민지 기독교의 형편은 말할 것도 없었다. 일본기독교는 스스로는 물론이고 식민지 기독교를 전쟁에 동원할 뿐 아니라, 나아가 일본의 영토로 새롭게 편입되는 아시아 각국에 선교단을 보냄으로써 침략 및 전쟁 동원에 앞장섰다. 이런 선교단들은 일본 제국주의의 지원을 받았을 뿐 아니라 많은 경우는 일본 제국주의의 침략 도구가 되기도 하였다. 이것은 전형적인 제국주의적 선교였을 뿐 아니라, 가장 폭력적인 선교 형태 가운데 하나였다. 이것은 기독교와 선교가 정치적으로 이용될 수 있다는 중요한 역사적 교훈을 남겼고, 전후 교회의 전쟁 책임이란 문제를 제기하였다.[18]

5. 세계평화기도회와 태평양전쟁

제2차 세계 대전과 평화의 역설적인 관계를 극명하게 보여주는 또 하나의 사례가 있는데 그것은 세계평화기도회 중단 및 선교사 추방이다. 사건의 전개는 다음과 같았다. 세계기독교인들은 전 세계적인 교회의 일치와 인류의 평화를 위하여 오랫동안 세계평화기도회라는 형식의 연례기도회를 이어왔다. 이 기도회는 오랜 관행이었음에도 불구하고 극한으로 치닫는 전쟁 상황 속에서 새로운 의미로 해석되었다. 즉 일본 본토 및 식민지를 전쟁으로 몰아넣던 일본 제국주의의 관점에서 평화를 위한 기도는 곧 반전 행위였다. 물론 일본 제국주의가 이 기도회에 대하여 익히 알고 있었기 때문에, 이 사건은 선교사를 추방하기 위한 빌미로 작용하였다. 그러나 이 사건은 평화가 반전으로 이

---

18 韓晳曦(한석희), 『日本の滿洲支配と滿洲傳道會(일본의 만주지배와 만주전도회)』(東京: 日本基督教団出版局, 1999).

해되고 나아가 박해받는 사례인 셈이다. 이것은 평화가 평화로운 상태보다는 고난과 박해 가운데 진행된다는 것을 단적으로 보여준 대표적인 사건이다.

일본은 세계평화기도회의 내용을 검토하면서 평화를 기도하였다는 이유로 당시 기도회를 주도했던 선교사를 검거했다. 이런 검거는 재한 서구 선교사들의 검거 및 추방으로 이어졌다. 선교사의 추방은 몇 차례에 걸쳐 나눠졌고, 선교재산을 지키기 위한 최소한의 인원이 마지막까지 남았지만 결국 모두 추방되고 말았다. 당시 추방되었던 선교사들 중 참전이 가능했던 선교사들은 제2차 세계 대전에 참전하였다. 제2차 세계 대전은 일본 제국주의의 멸망을 가져왔고, 그 결과 한국의 해방을 가져왔다. 따라서 한국인들과 직접적인 관련성이 적었던 제1차 세계 대전과는 달리, 제2차 세계 대전과 선교사의 참전은 대체적으로 긍정적으로 평가되어왔다. 그러나 이것은 평화 담론의 관점에서는 긍정적이라고만 평가하기 어렵다.

III. 냉전과 평화

제2차 세계 대전은 전 세계의 판도를 바꿔 놓는 획기적인 사건이었다. 무엇보다도 제국주의의 종식을 가져왔다. 제국주의의 종식은 연합군의 경우는 다소 지연되었지만, 패전국의 경우는 종전과 더불어 급격하게 진행되었다. 이것은 새로운 정치지형의 도래를 의미하기도 하였으니, 곧 냉전의 대두였다.[19] 따라서 20세기 후반은 냉전이라고 하는 거대한 맥락 가운데 진행되었고, 이것은 평화 담론의 발전과 해석에 있어서도 마찬가지이다.

1. 전쟁과 폭력

냉전은 그 말 자체가 상징하듯이 전쟁이다. 따라서 냉전은 기본적으로 전쟁의 관점에서 세계를 보고 행동하는 논리라고 할 수 있다. 냉전 시대의 대표적인 사건들은 전쟁과 혁명이다. 특히 제국주의 치하에 있었던 식민지 국가들은 종전과 더불어 여러 가지 과제를 안게 되었다. 곧 정치적 독립을 이루는 정치적 해방, 민주사회를 형성하는 사회적 해방, 산업화와 복지를 추구하는 경제적 해방이었다. 이것을 추진하는 과정이 급속도로 진행됨에 따라 구舊식민지 국가들은 전쟁, 혁명 혹은 두 가지 모두를 경험하였다. 따라서 구식민지 기독교는 기독교를 전파한 서구기독교의 평화 담론을 비판하던 입장에서 스스로의 평화 담론을 구성해야 하는 과제를 안게 되었다. 그렇다면 동북아시아의 기독교, 특히 한국기독교는 어떤 담론을 형성했을까?

---

19 Owen Chadwick, *The Christian Church in the Cold War* (London: Penguin Books, 1992).

1) 한국전쟁과 평화

미국은 한국의 독립과 더불어 이중적으로 해방군의 모습으로 나타났다. 미군은 일본의 패망과 더불어 한국에 진주하면서 해방군의 모습을 과시하였고, 한국전쟁에 참전해 수많은 사상자를 배출함으로써 혈맹의 모습까지 드러냈다.[20] 당시 해방, 분단, 전쟁 등으로 이어지는 국가적 혼란 가운데 평화 담론이 발전하기에는 한국 상황은 매우 척박하였다. 해방 정국에서 이데올로기 갈등은 비등했고, 마침내 한국 전쟁이 발발했다. 따라서 이데올로기 갈등을 폭력으로 해결하려는 태도가 만연했다. 전전, 전쟁 중, 전후에 벌어졌던 수많은 폭력적 사건들이 아직까지 진상규명이나 기억의 화해가 제대로 이뤄지지 않은 것이 상당수이다.

더구나 전선이 한반도 전역에 걸쳐 남단에서 북단까지 오가는 동안 전쟁 피해자는 군인뿐 아니라 민간인을 포함하게 되었다. 이에 따라 한국전쟁은 단순한 군사적 사건을 넘어 민간인의 의식까지 바꿔 놓은 복합적인 사건이었다. 소위 '전쟁심리'를 한민족의 뇌리에 깊게 새겼다. 이것은 전쟁에 대한 극도의 불안과 갈등 상황 속에서 상대방을 적으로 보는 심리라고 요약할 수 있을 것이다. 남북한은 전전에도 각각 북진통일과 적화통일이라는 무력통일 방안을 고집했고, 전쟁 중과 전후에도 그런 입장을 고수했으며, 그 결과 전쟁이 평화협정이 아

---

20 일부 선교사와 선교사 자녀들은 직접 참전하였다. H. G. Underwood, *Korea in War, Revolution and Peace*, 주장돈 역, 『한국전쟁, 혁명 그리고 평화』(서울: 연세대학교출판부, 2002).

닌 정전협정으로 마무리되어 전시 상태가 현재도 유지되고 있다.

　　전쟁과 관련하여 한국기독교가 전쟁과 평화에 관한 담론에 남긴 역사적 유산이 다양하다. 첫째, 미군의 이미지는 기독교와 중첩되었다. 전쟁 구호를 담당했던 주된 세력들도 바로 국내외의 기독교였다. 따라서 기독교는 전쟁의 참상을 위로하는 반전적인 양상도 있었지만 전쟁을 극복하려는 적극적인 모습을 보였다. 둘째, 선교사들이 군목이 되어 한국전쟁에 참여하였고 특히 포로 선교를 주도하였다. 포로 선교는 포로들에게 신앙의 기회를 주는 등 인도적인 측면도 있었지만, 북한과 중국의 적지 않은 포로들이 한국과 대만을 택하는 반공포로가 됨으로써 공산주의에 대한 자본주의 내지 기독교의 우월성에 대한 선전의 효과가 컸다. 한국기독교는 공산주의가 소개된 이래 선악 이원론 및 악마론의 관점에서 해석하였다. 그 결과 공산주의에 대한 전투적 자세가 강화되었다. 이런 맥락에서 한국의 반공주의는 매우 호전적인 성격을 띠게 되었다. 셋째, 한국기독교는 군목 제도를 실시하였다. 군목 제도란 원래 국가교회가 존재하거나 기독교 전통이 사회의 주류를 이룰 경우에 가능한 제도이다. 당시 한국은 기독교 보급률이 낮았으나 군목 제도를 실시하였다. 최초에는 자원봉사 형태로 시작되었다가 점차 정식 군목이 되었다. 평화 담론과의 연관성 가운데 언급할 것은 군목 제도는 원칙적으로 정의로운 전쟁론을 기정사실화하는 제도라는 점이다. 따라서 이 제도는 한국기독교의 정의로운 전쟁론을 더욱 공고히 하는 계기가 되었다. 이후 한국이 베트남전쟁에 참전할 때는 정의로운 전쟁론을 넘어 성전론이 나타나기 시작했다. 한 가지 증거는 백마부대 산하 임마누엘부대가 지휘관과 병사 등 전 부대원을 기독교인

으로 구성한 경우이다.[21] 당시 한국기독교는 세계의 반전·평화운동에 강한 거부감을 엿보였다.[22]

한국전쟁과 관련하여 동북아시아의 지역적 맥락에서 언급할 것이 있다. 중국은 항미원조抗美援朝라는 기본노선에 따라, 의용군의 형식으로 한국전쟁에 참전하였다. 참전은 중국 내의 지지 여론과 더불어 진행될 수밖에 없었다. 당시 중국기독교는 중국의 공산화 이후 새로운 변모를 꾀해야만 했다. 중국기독교는 삼자애국교회라는 형태를 취했는데, 삼자三自는 이미 오랜 역사를 가지고 있었지만, 애국愛國을 새롭게 강조할 필요가 있었다. 그런 애국을 발휘할 수 있는 중요한 계기가 바로 한국전쟁에 대한 지지였다. 이 자리에서 중국기독교와 참전의 관계에 대한 정치사회적인 평가는 제외하고, 평화 담론과 연관하여 강조할 사실은 현대중국기독교의 재출발이 전쟁 지지와 밀접하게 연관될 수밖에 없었다는 것이다.

2) 핵과 평화

핵 문제는 주로 제1세계와 제2세계인 서구西유럽와 동구東유럽 간의 대립 형태로 나타난 유럽형 갈등이었다. 그러나 핵확산에 따라, 핵문제는 전 세계적인 문제가 되었다. 핵 문제는 두 가지로 요약할 수 있다. 곧 핵무기와 핵오염이다. 핵오염은 주로 원자력 발전과 관련되지

---

21 류대영, 『한국근현대사와 기독교』(서울: 푸른역사, 2009), 277.
22 위의 책, 281-296.

만, 원자력 발전 기술과 핵무기 기술은 연속선상에 있다는 점에서 궁극적으로 양자는 밀접하게 연결되어 있다.

핵 문제를 다룰 때 일본을 제외할 수 없다. 일본은 핵이 개발된 이후, 세계적으로 발생된 핵 관련 참사의 대부분과 연관되어 있다. 핵무기 투하로 인한 일본 히로시마 및 나가사키 피폭, 미국 비키니 제도에서 벌어진 핵실험에 의한 일본어선 오염, 우크라이나 체르노빌처럼 일본 후쿠시마에서 벌어진 핵발전소 붕괴로 인한 핵오염 등이다.[23] 따라서 일본 정부 및 일본기독교는 핵 문제에 대해 민감한 반응을 보였다. 특히 일본기독교는 동북아시아에서 거의 예외적이라고 할 정도로, 핵 문제 곧 반핵 및 비핵화에 대하여 적극적인 입장을 취해왔다. 이런 예외성이야말로 동북아시아의 기독교가 얼마나 당면과제를 제대로 인식하거나 대처하지 못했는가를 단적으로 말해주고 있다. 가령 한국 기독교에서도 베트남전쟁 당시 핵 문제에 대한 논의도 있었으나, 전반적인 영향을 미치지는 못했다.[24]

한국은 최근 들어 핵 문제에 관심을 갖고 있다. 한국은 이미 핵발전소를 다수 보유한 국가이지만, 최근 북핵 문제로 인하여 매우 예민한 상황이다. 그런데 한국과 핵 문제의 관계는 훨씬 이전으로 소급된다. 한국은 일본과 더불어 히로시마와 나가사키 피폭의 피해 당사국이다. 그러나 일본 잔재 청산이 미흡하고 재일교포 환국이 미비함으로 인하여, 이 문제는 제대로 조명받지 못했다. 따라서 관련 사실에 대한

---

23 안교성, "후기 세월호신학 혹은 한국적 후기 재난신학 구성에 관한 한 소고-911, 쓰나미, 세월호 사건을 중심으로," 『장신논단』 48/1 (2016), 66, 주21).

24 류대영, 『한국근현대사와 기독교』, 296.

역사 규명이 필요하고, 한국의 핵 문제가 최근의 일이 아님을 환기시킬 필요가 있다. 여하튼 한국기독교의 핵 관련 담론은 초보 단계에 머물러 있다. 한편 중국기독교도 아직은 핵 문제에 대해 적극 발언하는 단계는 아니다. 따라서 동북아시아의 핵 관련 평화 담론은 전반적으로 매우 부진하다.

그렇다면 핵 문제에 특별히 관심을 가져야 할 이유는 무엇일까? 위에서도 언급했듯이, 정의로운 전쟁론은 전쟁 개시와 전쟁 수행의 정당성이 확보되어야 한다. 그러나 전면적이고 무차별적인 파괴를 초래하는 핵무기의 등장으로 인해, 더 이상 정의로운 전쟁론은 무색해졌다. 이런 맥락에서 새로운 전쟁과 평화에 관한 담론, 즉 정의로운 평화론이 등장하게 된 것이다.

2. 혁명과 폭력

기본적으로 전쟁이 국가 간의 갈등이라면 혁명은 국내의 갈등이라고 할 수 있다. 제2차 세계 대전 종전 이후 특히 비서구 국가에서 급격한 국가 발전 혹은 국가 재건의 과정에서 폭력적인 해결방안으로 혁명이 대두되곤 하였다. 혁명이 보편화됨에 따라 아시아에서는 '혁명신학'이 나올 정도였고, 혁명이라는 개념이 정치를 넘어서 다양한 분야의 현상을 설명하는 유행어가 되기도 하였다. 그렇다면 혁명과 평화 담론은 어떤 관계가 있는 것일까?

한국은 1960년대 세계적으로 일어난 급격한 변화가 그 어느 나라보다 두드러지게 나타난 국가였다. 이것은 두 차례의 급격한 정치 변화로 대변될 수 있다. 하나는 1960년 이승만 정부의 독재를 종식시킨 4·19혁명이고, 다른 하나는 1961년 조국근대화를 주창하고 나섰지만 또 다른 독재로 마감된 5·16군사정변이다. 4·19혁명은 역사적 의의에도 불구하고 단명하였기 때문에 실질적인 영향이 제한적이다. 그러나 5·16군사정변은 집권 세력이 약 20년간 유지되었기 때문에 다방면에 영향을 미쳤다. 5·16군사정변은 군사적 사건이었음에도 불구하고 전개 과정에서 큰 인명피해 없이 이뤄졌지만, 박정희 전 대통령의 일생이 측근의 총격에 의한 시해라는 폭력적 사건으로 종식됨에 따라, 군사정변의 근본적인 폭력성이 다시금 부각되었다. 평화 담론의 관점에서, 5·16군사정변은 한국 사회 전반에 군사 문화와 폭력 성향을 강화시키는 결과를 가져왔다.

20세기 후반의 독재는 한국사회의 가장 심각한 갈등 문제였다. 사회 각 층에서 반발이 이어졌지만, 한국기독교를 제외한 세력들은 대부분 무력화되었다. 한국기독교는 독자적인 공간을 통해 저항 세력이 존재할 수 있게 하였고, 세계적 연대를 통해 압박을 극복해나가면서 저항 운동을 유지할 수 있게 하였다. 그러나 저항에 나선 것은 다수가 아닌 소수였다. 그렇다면 그 배경은 무엇이었을까? 먼저 독일의 독재자 히틀러에 대한 디트리히 본회퍼 Bonhoeffer 의 저항사상은 20세기 후반 한국에 소개되어 유행했지만, 실질적인 담론으로 정착하지 못했고 폭력적 저항이 표출된 경우도 거의 없었다. 또한 개혁신학 가운데 독재에 항거하기 위한 무력 사용을 허용하는 저항권 사상이 있는데, 혁명에 있어서 정당한 폭력의 문제를 제기한다. 그러나 한국에서 유럽형 종교개혁 사상의 전달이 상대적으로 부진했던 당시로서는, 저항권 사상도 충분히 소개되지 못했다. 한편 함석헌은 평화주의의 주된 전달자역할을 했다.[25] 함석헌은 다양한 기독교적 배경을 지닌 인물로, 이후에는 퀘이커교도가 되었다. 퀘이커교는 영국기독교의 소수 종파로, 최초에는 극단적인 비국교도 종파로 두각을 나타냈지만 점차 평화주의의특징이 두드러졌다. 퀘이커교는 오늘날 메노나이트파와 더불어 기독교 평화 담론의 주요세력이다. 그러나 한국기독교는 전통적으로 주류교단에 관심을 표하는 성향이 있기에, 함석헌의 신학적 영향력은 크지못했다. 그 결과 함석헌은 개인적으로는 노벨평화상에 추천될 정도로중요한 인물이었지만, 그의 기독교 평화주의는 크게 유행되지 못했다. 결국 당시 한국기독교는 저항권 사상도 평화주의도 확고하게 자리 잡지 못했던 것이다.

한국의 민주화운동에 있어서 동북아시아의 지역적 맥락에서 빼놓을 수 없는 것은 바로 일본기독교의 협력과 연대이다.[26] 핵 문제의경우, 한국기독교의 핵 담론이 상대적으로 부진함에 따라, 양국 기독교의 공조는 두드러지지 못했다. 한편 민주화 운동은 양국 기독교의관심사였기에 양국 기독교의 연대가 괄목할 만하였다. 일본은 제2차세계 대전 당시의 호전적 기독교의 인상을 불식하고 전쟁 책임 문제를 담당하기 위하여 평화주의자 및 사회적 양심의 정체성을 강조하였

---

25 김삼웅, 『저항인 함석헌 평전: '싸우는 평화주의자' 함석헌의 거대한 생애와 사상』(서울: 현암사, 2013).

26 日本キリスト教団白人町教會(일본그리스도교단백인정교회) 편, 『東アジアの平和とキリスト教: 日韓教會連帶の20年』(동아시아의 평화와 기독교: 일한교회연대의 20년) (東京: 新教出版社, 1999).

다. 이런 정체성이 한국 민주화 운동에 대한 적극적 지원자 역할을 가능하게 했다.[27]

IV. 세계화와 평화

20세기 말 세계를 규정하는 단어 가운데 대표적인 것은 세계화이다. 한국도 1994년 김영삼 대통령의 세계화 선언에 따라 공식적으로 세계화 담론에 편입되었다. 세계화는 최근 연구 결과에 따르면, 획일적 세계화 혹은 서구적 세계화가 아니라 다양한 세계화가 가능하다. 즉 세계화가 아니라 '세계화들' globalizations 이라는 것이다.[28] 세계화는 세계를 그 어느 때보다 긴밀한 하나의 사회로 만들었지만, 그런 과정에서 갈등도 엄청나게 폭증하였다. 세계화를 보는 담론은 크게 두 가지이다. 하나는 사무엘 헌팅턴의 갈등 모델이고, 다른 하나는 대화 모델이다.[29] 또한 20세기 후반부터 정치보다 정체성 혹은 문화가 사회의 주요 변동요인이고, 이에 따라 갈등은 다양화하고 있으며, 평화의 요

---

27 일본기독교 및 세계기독교가 한국 민주화운동에 기여한 바에 대한 연구는 아직도 미개척분야이다.

28 Grace Davie, *The Sociology of Religion* (LA: Sage, 2007; Revised, 2013); 김성건, 『글로벌 사회와 종교』(서울: 서울대학교출판문화원, 2015).

29 세계화 시대를 주도하는 미국 대통령을 비유하면, 부시형의 갈등 모델과 오바마형의 대화 모델이다. Miroslav Volf, *A Public Faith*, 김명윤 역, 『광장에 선 기독교: 공공신학이란 무엇인가?』(서울: IVP, 2014), 197.

구와 새로운 평화 담론의 필요성은 더욱 커져간다.

정의로운 평화론은 정의와 평화의 관계에 주목하며, 전쟁과 같은 사태가 초래되는 비윤리적인 상황을 폭넓게 주목한다. 정의로운 평화론은 이미 1970년대부터 등장하였지만, 오늘날 각광받기 시작했다. 가령 지미 왓슨Jimmy R. Watson에 의하면, 정의로운 평화라는 용어를 가장 먼저 사용한 학자는 맥스 스택하우스Max Stackhouse이고 1971년, 가장 먼저 공식문서로 다룬 교회는 스코틀랜드 [장로]교회 1975년이다.[30] 한국에서도 존 매쿼리John Macquarrie의 『평화의 개념』The Concept of Peace이 이미 1980년에 번역되었다.[31] 정의로운 평화론이 다루는 영역은 상당히 넓지만, 동북아시아와 관련된 주요 주제들을 살펴보기로 하자.

1. 동유럽 공산권의 몰락과 평화(신자유주의의 대두와 평화)

동유럽 공산권의 몰락은 냉전의 종식을 의미했다. 그러나 이와 동시에 두 가지 큰 변화가 일어났다. 하나는 구공산권 국가의 변화요, 다른 하나는 냉전을 대신한 새로운 분쟁의 대두이다. 전자는 구공산권 국가의 회복이 여전히 완전하게 이뤄지지 않았음을 보여주고, 후자는 중동의 이슬람국가IS 등 종교갈등이 전 세계적인 관심거리가 되고 있

30　Watson, "An Analysis of the Emerging Concept of Just Peace," 108, 174-5.

31　왓슨은 매쿼리의 평화신학이 비록 정의로운 평화라는 용어는 사용하고 있지 않지만, 내용상 유관하다는 입장이다. John Macquarrie, *The Concept of Peace*, 조만 역, 『평화의 개념』(서울: 대한기독교서회, 1980).

음을 보여준다.

　　동북아시아의 경우, 이데올로기적 대립이 여전하다. 한반도 문제를 해결하기 위한 6자 회담의 당사국들까지 고려하면, 정치지형도는 더욱 복잡하다. 한국은 동유럽 공산권의 몰락에도 불구하고 건재한 두 개의 공산국가와 이웃하고 있고, 이 두 공산국가는 공산주의의 새로운 실험을 계속해 나가고 있다. 그 결과 동북아시아에는 한편으로 중국과 북한이라는 공산국가의 축이, 다른 한편으로 일본과 한국이라는 자본주의 국가의 축이 마주하면서, 대립과 병존의 관계를 유지하고 있다. 북한 문제는 동북아시아를 넘어 세계적인 분쟁의 소지가 되고 있는데, 한국은 대북 관계에서 경색국면을 근본적으로 타개하지 못하고 있다. 한국은 남북대치 속에서, 현실적으로는 평화 담론이 더 절실하지만 이념적으로는 대결 담론이 더 우세한 혼란을 겪고 있다. 물론 이를 불식하기 위한 노력들도 활발하다. 가령, 대한예수교장로회(통합측)는 최근 '북한선교 및 평화통일운동에 관한 지침서'를 마련하였다. 이것은 통일문제에 있어서, 선교와 더불어 평화의 담론이 확산된다는 증거이다. 한편, 러시아와 미국을 살펴보면, 러시아는 여타 구공산권 국가와 마찬가지로 신자유주의적 국가재건 프로그램에 따라 공산혁명 이상의 극심한 변화를 겪고 있다. 이를 "시장 볼셰비즘"market bolshe-vism이라 부른다.[32] 그런가 하면, 미국의 신자유주의는 강력한 세계적 이데올로기로 지속적인 힘을 발휘하고 있다.

32　Bertram Silverman and Murray Yanowitch, *New Rich, New Poor, New Russia: Winners and Losers on the Russian Road to Capitalism*, expanded ed. (Armonk, NY: M. E. Sharpe, 2000), xx.

2. 지역 분쟁(영토 분쟁)과 평화

최근 들어 동북아시아 특히 한반도는 제1차 세계 대전 당시의 발칸반도를 연상할 만큼, 세계의 화약고가 되고 있다. 무엇보다 심각한 문제는 국가 간 갈등 중 가장 해결하기 어려운 영토 분쟁이 핵심 문제로 부상하고 있다는 사실이다. 6자 회담 당사국들이 한반도 문제뿐 아니라 상호간의 문제로 인하여 이중삼중으로 대립하고 있다. 이런 맥락에서, 동북아시아 4개국, 나아가 6자 회담 당사국들이 과연 동북아시아의 갈등을 해결할 수 있을지 의문이고, 각국 기독교도 동북아시아 분쟁에 대하여 설득력 있는 평화 담론을 제시하지 못하고 있다.

지역 분쟁과 더불어 생각할 것은, 지역 분쟁은 대부분 과거와 관계가 있고, 따라서 역사 분쟁이기도 하다는 사실이다. 역사는 평화의 도구도 되고 갈등의 도구도 된다. 바로 이런 맥락에서, 역사가 평화 담론에서 차지하는 위상과 역할에 대하여 깊은 성찰이 필요하다.

3. 다문화(다민족, 다종교)와 평화

동북아시아도 세계적인 이주 현상을 경험하고, 각국이 급속히 다문화사회로 바뀌고 있다. 다문화사회는 다민족, 다종교의 양상을 겸하고 있고, 따라서 새로운 다양성을 지닌 사회가 될 가능성이 있지만 갈등의 소지가 많은 사회가 될 위험도 있다.

먼저 동북아시아의 각국은 전반적으로 단일 민족 혹은 주류 민

족 위주의 인종 정책이 우세하다. 한국은 이민정책이 초미의 과제임에
도 불구하고 다문화사회로 획기적인 전환을 하지 못하고 있다. 한국기
독교는 다문화 문제에 있어서 가장 선두적인 그룹이지만 아직까지 한
국 사회는 물론이고 한국기독교 자체의 방향을 돌리기에는 미흡하다.
특히 재외동포인 재중동포(조선족), 재러동포(고려인), 재일동포, 나아가
국내 정착 북한이탈주민 문제도 제대로 풀지 못해 사회적 갈등이 증
가하고 있다. 북한은 아직 국제 이주 문제가 심각하게 나타나기에는
폐쇄적인 사회이다. 중국은 소수 민족의 다양성을 인정하면서도 한漢
족 중심 성향이 엿보인다. 일본은 단일 민족 도그마가 강해, 아이누족,
부라쿠민部落民 등을 거의 거론하지 않고, 재일한국인 문제를 백안시하
며, 심지어 일본인 교포 2세까지 차별대우하는 형편이다. 따라서 동북
아시아 각국 기독교가 이 분야와 관련된 평화 담론을 계발하는 것이
시급하다.[33]

　　한편, 20세기 전반만 해도 종교사회학의 세속화 이론에 따라
종교 쇠퇴를 예상했고, 기독교의 사회적 영향력도 축소될 것으로 예상
했다. 그러나 1979년 이란에 이슬람 혁명정부가 들어서고, 폴란드 추
기경이 교황이 됨에 따라 종교 부흥이 세계적으로 유행하기 시작했고,
이에 따라 '재성화' re-sacralization 혹은 '탈세속화' de-secularization 라는 담론이
등장했다. 20세기 후반에 종교들이 근본주의적 형태를 띠면서, 종교

---

[33]　가령, 일본기독교교회협의회와 재일대한기독교회, 세계교회협의회가 협력하여 소수자 문제와 선
　　교에 관한 국제회의(International Conference on Minority Issues and Mission)를 개최하고 있고,
　　2016년 11월 16-17일에는 동경 한국YMCA에서 제3차 컨퍼런스를 열고 일본우익들이 재일한국
　　인을 향해 가하는 hate speech 문제를 다룬 바 있다.

부흥과 정치 세력화 현상을 드러냈다.[34] 기독교의 경우, 이런 맥락에서 등장한 것이 바로 미국의 기독교 우파요 한국의 뉴라이트이다.

한국기독교 중 개신교는 크게 보아, 보수적인 체제 순응적 입장과 진보적인 체제 저항적 입장으로 나뉜다. 민주화운동에 앞장섰던 진보 진영은 민주화운동이 성과를 거둔 뒤, 시민사회 형성의 주도권을 시민사회에 넘기는 결과를 맞았다. 진보 진영 가운데 박종화 등 일부 학자들은 평화 담론을 국내에 소개하려는 노력을 경주했으나 큰 반향은 없었다. 한편 보수 진영에는 새로운 두 가지 움직임이 나타났다. 하나는 진보적 복음주의 집단으로 이들은 아직 주도적인 지도력을 발휘하지 못하고, 다른 하나는 뉴라이트 집단으로 이들은 강력한 정치색을 띤다.[35] 특이한 것은 보수 진영은 전통적으로 친정부적인 입장을 보였는데, 뉴라이트 집단은 반정부적인 입장을 보이기 시작했다는 점이다. 이런 현상은 당시 정부와 뉴라이트 집단의 정치적 입장이 상이하거나 보수 진영의 사회적 영향력이 전과 같지 않다는 반증으로 해석할 수 있다. 즉 기독교 우파와 뉴라이트의 등장은 기독교의 정치적 호전성이라는 새로운 국면을 드러냈다. 이런 호전적인 집단들이 기독교 평화 담론에 얼마나 기여할 것인가는 의문이다. 이와 더불어 빼놓아서는 안 될 것은 바로 '이슬람 포비아'와 연결된 종교 혐오 내지 종교 갈등이다. 이것도 넓은 의미에서 종교 부흥 현상과 세계화의 관점에서 볼 수 있다. 이런 상황이 쉽사리 성전론과 결부될 가능성은 충분히 예상할

---

34 Markku Ruotsila, *Fighting Fundamentalist: Carl McIntire and the Politicization of American Fundamentalism* (Oxford: Oxford University Press, 2016).

35 이강일, "한국 개신교 복음주의운동 연구" (미간행박사학위논문, 한국학중앙연구원, 2015).

수 있다. 결국 전반적으로 말해 종전 이후 최근까지 상당 기간 동안, 한국에서 평화 담론은 크게 진전되지 못했다.

4. 양극화와 평화(민중 담론과 평화)

양극화의 문제가 전 세계적인 주제가 되면서, 종교의 역할이 다시금 주목받고 있다. 바로 이런 맥락에서 복지와 종교라고 하는 새로운 주제가 대두되기 시작한다. 그런데 이런 주제가 나오는 것도 중요하지만, 전반적으로 기구적 형태의 종교가 쇠퇴하는 마당에 과연 기독교의 역할이 어떻게 전개될 것인가는 귀추가 주목된다.

양극화와 더불어 주목할 것은, 사회가 점차 폭력화된다는 사실이다. 이에 따라 세계교회협의회는 1998년 아프리카 짐바브웨 하라레에서 열린 제8차 총회에서 "폭력 극복 10년" Decade to Overcome Violence, 2001-2010 프로그램을 추진하기로 결의하였는데, 이것은 유엔 프로그램인 "세계 아동을 위한 평화와 비폭력 문화 육성 10년" Decade for the Promotion of a Culture of Peace and Non-Violence for the Children of the World과 보조를 맞춘 것이다. 즉 세계교회협의회는 사회 각층 각 분야에 도사리고 있는 폭력에 대한 관심을 환기시키고, 이런 관심을 생활방식으로 전환시키고자 한다. 오상열에 따르면, 세계교회협의회는 "2011년 5월 17-25일에 자메이카 킹스턴에서 진행된 '국제에큐메니컬평화회의' IEPC에서 〈정의로운 평화에 대한 에큐메니컬 선언〉을 발표하고 이 선언문과 함께 사용하기 위해 『정의로운 평화동행』을 집필"하였다.[36] 이 "두 문서를 집필한 목적은 2001년부터 10년까지 세계적으로 진행한 '폭력 극복 10년'을 마무리하는 동시에 정의와 평화의 주제를 부산총회까지 연결하여 총회 이후 세계교회가 정의와 평화의 주제를 더욱 심화·확산하기 위해서이다."[37]

구체적인 실천을 위해서는 연구, 교육 등이 필요하다.[38] 박경순에 의하면, 한국의 평화교육은 1959년 평화교육에 관한 저서가 번역, 출간된 바 있지만, 본격화된 것은 1980년대부터라고 한다. 그리고 그는 한국적 상황에서 통일 관련 연구가 주류를 이루지만, 평화교육은 전 영역에 걸친 만큼 적어도 다음 주제를 다뤄야 한다고 주장한다. 즉 통일, 다문화 혹은 문화다양성교육, 생태교육 혹은 환경교육, 세대 간 갈등, 성차별, 종교 간 갈등 등이다.[39] 한편 대한예수교장로회(통합측) 등의 교회는 평화와 관련된 에큐메니칼 신학을 교단 정책으로 적극 수용하였다.

---

36   World Council of Churches, ed., *Just Peace Companion*, 기독교평화센터 역, 『정의로운 평화동행』 (서울: 대한기독교서회, 2013), 7.

37   위의 책.

38   Karl Ernst Nipkow, *God, Human Nature and Education for Peace: New Approaches to Moral and Religious Maturity* (London, UK: Ashgate, 2003).

39   박경순, "한국의 기독교 평화교육의 연구 경향과 미래적 과제," 『기독교교육논총』 40(2014): 13-46; Julie Andrzejewski, ed., *Social Justice, Peace, and Environmental Education* (New York: Routledge, 2009).

5. 생태와 평화

20세기 후반에 세계기독교가 관심을 갖는 것이 생명이라는 주제이다. 인류는 과학기술 발달로 인하여 최고도의 발전된 사회를 누리면서 동시에 생태 위기와 지구 종말의 위협을 직면하고 있다. 특히 세계기독교는 1970년대 이후 환경에 대한 관심을 갖게 되었고, 이것이 '정의, 평화, 창조질서의 보전' 신학으로 집약되었다.[40] 생태 문제는 지구의 보편적인 문제임에도 불구하고, 문제 양상과 해결 방식에 있어서 기존의 국제적 불평등과 양극화가 반영된다. 즉 선진국은 정의와 평화의 문제는 어느 정도 해결되었기 때문에 생태나 생명과 관련된 창조질서의 보전에 더 관심을 갖고, 중진국과 후진국 등 '비선진국'은 정의와 평화의 문제가 여전히 미해결된 상태라 이것들에 우선적인 관심을 가진다. 그런데 생태 문제는 비선진국에서 더욱 심각하게 나타나기 때문에, 비선진국이 정의와 평화에 몰두하느라 생태에 관심을 소홀히 하면, 생태문제는 시간이 갈수록 악화되고 선진국과의 격차도 더 벌어진다.

한국기독교는 한국기독교교회협의회를 중심으로 환경 문제에 대하여 지속적으로 관심을 표명해왔다. 그러나 관련 분야의 지도자들을 배출하는 등 상당한 기여를 하지만, 한국기독교가 생태교회 Eco-church로서 전반적인 인식전환을 하고 있는가는 미지수이다. 일본기독

---

40 세계교회협의회는 1975년 나이로비 총회에서 '정의롭고 참여적이며 지속 가능한 사회를 위한 노력'(The Struggle for a Just, Participatory and Sustainable Society) 프로그램을 전개했고, 세계개혁교회연맹은 1982년 오타와 총회에서 '정의, 평화, 창조질서의 보전'을 논하였다. 참고 박경수 편, 『에큐메니즘 A에서 Z까지』(서울: 대한기독교서회, 2012), 134.

교는 후쿠시마 사건에 대해 재난 극복에 힘썼지만, 반핵 담론을 확산하는 데는 한계를 보였다. 중국기독교는 환경오염이 심각함에도 불구하고 아직까지 대사회발언보다는 교회 신장 등 주로 교회 내적인 문제에 주력하고 있다. 특히 중국의 경우, 교회 인사들과 별도로 학계 인사들이 신학자층을 구성하는 경향이 있어, 이런 구도에서 교회의 대사회적인 담론 계발과 행동이 어느 정도 활성화할 수 있을지 미지수이다. 그러나 동북아시아의 경우, 핵무기뿐 아니라 후쿠시마 핵발전소 폭발로 인한 핵 오염 및 중국의 공해로 인한 미세먼지 분출 등은 이런 문제들이 국내는 물론 지역적 문제라는 사실을 잘 보여주고 있다.

6. 평화 교회, 평화 시민, 평화 나라로 나아가기

평화를 만드는 사명을 중시하는 교회는 바로 평화 교회 peace church라고 할 수 있다. 최근 한국기독교에서는 다양한 평화의 움직임이 일고 있다.[41] 첫째, 평화 연구가 소규모나마 활발해지고 있다. 둘째, 평신도들이 목소리를 내기 시작했다. 그동안 평화주의 운동은 미약했고, 병역거부 등은 한국기독교에서 이단으로 인식되는 종파가 이 문제를 대표적으로 주장함에 따라 주류교회의 호응을 받지 못했다. 그러나 오늘날 '평신도 신학자'라고 할 수 있는 이들이 수준 높은 발언을 하는데, 관심사 가운데 하나가 바로 평화이다. 이것은 교회의 평화 담론이

---

[41] 안교성, "정의로운 평화와 한국교회," 151-156.

다변화하고 있음을 시사한다. 가령 김두식은 기독교 법률가의 입장에서 양심적 병역거부 같은 평화주의의 쟁점에 대하여 자신의 저서를 통해 거듭 주장을 펴고 있다.[42] 셋째, 평화 교회의 정체성을 고수해온 메노나이트파가 1952년부터 1971년까지 한국에서 선교활동을 하다가 중단했는데, 2015년 한국인이 최초로 메노나이트파 목사로 안수받으면서 활동이 본격화될 것으로 전망된다.[43] 넷째, 영성 작가로 잘 알려진 헨리 나웬 Henri Nouwen 이 적극적인 평화 영성가요 평화 운동가라는 사실이 번역서적을 통하여 한국에 많이 소개되고 있는데, 작가의 대중성을 통해 영성이 평화 담론을 담을 정도로 폭이 넓어질 가능성도 예상할 수 있다.[44] 다섯째, 대한예수교장로회(통합측)를 포함한 몇몇 교단은 교회화평위원회 같은 조직을 구성하고, 평화교육을 위한 자료집을 번역, 발간하기 시작했다.[45]

평화 교회 운동은 결코 교회론적 문제로 머물러서는 안 되고, 평화 시민 peace citizen 운동과 평화 나라 peace nation 운동으로 확산되어야 할 것이다.[46] 평화 문제는 전 역사, 전 사회에 걸친 문제이다. 따라서 한편으로 기억 곧 역사의 문제와 이어지고, 다른 한편으로 분쟁 곧 화해의 문제로 이어진다. 바로 이런 맥락에서 20세기 말부터 진상 규명

42 김두식, 『칼을 쳐서 보습을: 양심에 따른 병역거부와 기독교 평화주의』(서울: 뉴스앤조이, 2002); 『평화의 얼굴: 총을 들지 않을 자유와 양심의 명령』(서울: 교양인, 2007).

43 뉴스앤조이, "한국서 처음 열린 메노나이트 목사 안수식," 2015.03.15, http://www.newsnjoy. or.kr/news/quickViewArticleView.html?idxno=198675, 접속, 2017.07.19.

44 Henri Nouwen, *Peacework*, 김정수 역, 『헨리 나웬의 평화의 영성』(서울: 성바오로, 2009); 같은 맥락에서 수도사요 평화운동가인 머튼(Thomas Merton)도 기억할 필요가 있다.

45 Caritas International, *Peace*, 안종희 역, 『평화건설: 평화교육, 훈련 매뉴얼』(미간행자료집; 서울: 대한예수교장로회 총회 사회봉사부, 2009).

46 평화 시민과 평화 나라라는 용어는 평화 교회라는 용어와 대구를 만들기 위하여 필자가 제안한다.

및 명예 회복, 역사 바로잡기, 진실과 화해 운동, 화해 신학, 평화 만들기와 평화 지키기 등 다양한 운동이 전개된 것이다. 한국의 경우, 제2차 세계 대전 이후 대표적인 갈등인 제주 4·3사건과 5·18민주화운동조차 최소한의 법적 조치가 이뤄졌지만 여전히 해석과 참여의 문제가 미결된 상태이다. 최근의 문제로는 세월호를 들 수 있다. 장차 통일 이후의 혼란도 예상된다. 이런 상황은 평화 문제가 과거의 문제일 뿐 아니라 현재 진행형의 문제이며 만일 제대로 준비하지 못한다면 미래의 문제가 될 것임을 강력히 상기시켜준다. 비록 상황은 갈등의 연속일지라도, 그 상황에 대응하는 당사자는 평화 시민, 평화 교회, 평화 나라가 되어야 해결의 실마리가 풀릴 것이다.

V. 결론

우리는 이상에서 한국기독교의 역사에 나타난 평화 담론의 흐름을 요약했다. 한국에는 성전론, 정의로운 전쟁론, 평화주의가 상황에 따라 교차적으로 혹은 병행적으로 나타난 것을 살펴보았다. 최근에 정의로운 평화론이 등장하는 것도 살펴보았다. 그러나 전반적으로 말해 한국은 그 어느 나라보다 평화 문제가 절실함에도 불구하고 한국 사회와 한국기독교의 평화 담론은 매우 제한적이라고 말할 수 있다. 어쩌면 한국의 근현대사는 정의로운 전쟁론을 언급하는 것조차 어려울 만큼 극단적인 상황의 연속이었다고 볼 수 있다. 오늘날도 한국은 국내적으로는 북핵문제로 인하여 남북 대치 상황이 최고도로 긴장된 상태이고, 지역적으로는 남북한, 중국, 일본 나아가 러시아와 미국 등 여러 국가들이 영토 분쟁과 역사 분쟁이라고 하는 문제를 직면하고 있다. 뿐만 아니라 동북아시아는 정치적인 관점은 물론 생태적인 관점에서 하나의 지역이다. 생태 문제는 정치와 밀접하게 연관되었고, 협력이 아닌 경쟁으로는 해결하기 어려운 난제이다.

본 단원은 한국기독교를 중심으로 하였지만 동북아시아의 지역적 맥락에서 한국기독교, 일본기독교, 중국기독교를 아울러 살펴보았다. 장차 러시아기독교와 북한기독교에 대해서도 후속 연구가 필요할 것이다. 동북아시아의 평화의 과제가 시급한 만큼 각국 기독교는 평화 담론 계발에 힘쓰는 한편 사회적 영향력을 확보하는 데 힘써야 할 것이다. 따라서 각국 기독교는 최근에 등장하는 신학적 담론인 공공신학의 틀에서 사회와 파트너로서 공동의 문제를 해결하기 위한 공공선을 추구해야 할 것이다. 전반적으로 말해 동북아시아의 기독교들이 감당해야 할 평화 문제는 너무나 심각하고, 이에 관한 평화 담론은 여전히 영향력이 적다.

9장

한국 교회의
미래와 전망

I. 서론: 한국 교회의 미래가 심상치 않다

한국 교회의 미래, 과연 희망이 있을까? 21세기 들어서서 한국 교회와 관련된 수많은 이야기들이 쏟아져 나오고 있는데, 그 내용을 살펴보면 안타깝게도 대부분 부정적인 내용을 담고 있다. 20세기말부터 이미 한국 교회의 과거를 회고하고 미래를 전망하는 담론들이 — 학술연구와 대중적 논의를 통해 — 쏟아져 나왔다. 그런데 20세기말의 담론과 최근의 담론을 비교해보면, 양자 모두 공통적으로 한국 교회의 과거를 회고하고 미래를 전망하지만, 전자에 비해 후자가 압도적으로 부정적이고 비관적인 논조를 띤다. 한마디로 말해 최근 들어 너나 할 것 없이 '한국 교회 두들겨 패기'에 나선다고나 할까?

그런데 최근 유행처럼 번지는 한국 교회에 대한 부정적인 담론에 대하여 몇 가지 질문을 던질 수 있다. 첫째, 그런 부정적인 논조가 한국 교회의 현실과 미래를 제대로 진단하는가? 둘째, 이 같은 담론들을 쏟아내는 이유는 무엇일까? 셋째, 부정적인 진단만큼이나 양산되는 환상적인 처방에 현혹됨이 없이, 좀 더 차분하게 한국 교회의 미래를 전망할 수는 없을까?

필자는 이런 질문들에 답하기에 앞서, 다음과 같은 점에 주목해보고자 한다. 첫째, 정확한 진단은 반드시 필요하지만, 비판 일색의 부정적 담론은 진단 수준을 넘어 비관과 낙담을 불러일으킬 수 있다. 둘째, 이와는 반대로, 선동적인 대중조작적 담론 중 상당수는 한국 교회의 진정한 변화보다는 신속한 복구를 추구하는 불건전한 태도에서 비롯될 수 있다. 따라서 성급한 대안을 내놓기 전에, 한국 교회를 둘러싼 다양한 맥락을 살펴보고 관련 담론들을 간추려보며 충분히 예상되는 전개 방향을 고려해봄으로써, 보다 객관적인 전망을 시도하고 실질적인 대안을 마련해나갈 수 있을 것이다. 다시 말해 막연한 대안보다는 오히려 발생 가능성이 높은 과제를 일별하고자 한다. 본 단원은 바로 이것을 목적으로 하고 있다.

그러나 본 단원은 미래를 전망함에 있어서, 두 가지 한계가 있다. 첫째, 필자가 역사가인 만큼 전망보다는 회고가 전문이라는 사실이다. 둘째, 따라서 여기서 시도하는 전망은 다분히 회고에 근거한 전망이라는 사실이다. 각설하고, 이제 한국 교회를 둘러싼 다양한 맥락인 세계교회, 아시아교회, 한국 교회라는 거시적, 중시적, 미시적 맥락과 그 변화를 염두에 두면서, 한국 교회의 미래를 살펴보기로 하자.

Ⅱ. 한국 교회의 다양한 맥락과 그 미래

1. 세계교회의 변화와 한국 교회의 미래

1) 기독교 중심重心의 변화

지난 1세기 동안, 세계교회의 변화 중 가장 큰 변화가 있다면,

그것은 바로 세계교회의 얼굴이 확 바뀌었다는 점이다. 흔히 과거에 기독교를 비판할 때, 기독교가 서구종교요 서구인들의 종교라는 점이 지적되곤 했다. 그러나 최근 불과 백 년 사이에, 기독교는 서구종교에서 비서구종교로 바뀌고 말았다. 그 이유는 오늘날 전 세계 기독교인의 2/3 이상이 비서구인이기 때문이다. 예를 들어, 아프리카 대륙은 기독교인 비율이 50%가 넘는다. 또한 흔히들 말하는 것처럼, 매주일 중국에서 교회에 모이는 교인수가 유럽에서 교회에 모이는 교인수보다 더 많다고 한다. 기독교는 이제 더 이상 서구인의 전유물이 아니며, 따라서 세계교회는 서구교회가 아닌 비서구교회가 중심中心이 된 명실상부한 전 지구적 교회가 되었다. 이런 사실은 필립 젠킨스P. Jenkins 등의 학자에 의해서, "기독교 중심重心의 변화"The Shift of the gravity of Christianity 라는 개념으로 정리된 바 있다.[1] 그리고 이렇게 변화된 기독교를 설명하기 위하여, 다양한 용어들이 사용되고 있다. 가령, 전 세계의 모든 곳에 교회들이 있고 그것들이 각각 주도성을 지니며 또한 상호 영향을 주고받는다는 점에서, 세계기독교World Christianity라는 용어가 사용된다.[2] 혹은 오늘날 전 세계에 여러 개의 기독교의 중심中心이 있다는 점에서, 다중심적 기독교Polycentric Christianity라는 용어도 사용된다.[3]

특히 세계기독교의 이론적 토대를 마련한 앤드류 윌스Andrew

---

1   Philip Jenkins, *The Next Christendom: The Coming of Global Christianity* (Oxford: Oxford University Press, 2002).

2   안교성, "새로운 기독교사 방법론들의 대두: '세계기독교사'를 중심으로," 「서양사연구」 63(2020), 115-143; 이재근, "세계기독교학의 부상과 연구 현황: 예일-에딘버러 선교운동역사 및 세계기독교학회를 중심으로," 「한국기독교와역사」 40(2014. 3): 377-407.

3   Klaus Koschorke & Adrian Hermann, *Polycentric Structures in the History of World Christianity* (Wiesbaden: Harrassowitz Verlag, 2014).

Walls는 세계교회의 자기 이해에 대해 몇 가지 도전을 제기한 바 있다.[4] 그의 주장 가운데 핵심적인 것 몇 가지를 간추린다면, 다음과 같다. 첫째, 기독교는 특수성을 지향하는 '토착화 원리'와 보편성을 지향하는 '순례 원리'의 양극이 있는데, 그 긴장 관계를 유지하는 것이 중요하다. 균형을 상실하면, 폐쇄적인 민족종교 혹은 뿌리 없는 세계종교로 전락할 수 있다. 둘째, 기독교에는 '번역성의 원리'가 있어서 어느 문화에도 건전하게 전파되고 안착할 수 있다. 따라서 기독교는 어떤 특정 기독교가 정답이 될 수 없다. 문제는 기독교가 모든 문화 속에서 진정한 형태로 자리 잡느냐 하는 것이다. 셋째, 기독교는 타문화권에 복음을 전파하는 과정을 통하여 전체적으로는 확산되어 왔지만, 복음을 전파한 개별교회들은 영고성쇠의 과정을 밟는다. 따라서 기독교의 중심은 계속 변해왔고, 개별교회는 성장과 쇠퇴란 현실을 염두에 두어야 한다.

이상의 내용을 한국 교회의 미래와 연결시켜 보자. 첫째, 한국 교회는 초창기에 외래종교로서 양면이 나타났다. 한편으로는 기독교가 외래종교라고 해서 쉽사리 받아들여지지 않았지만, 다른 한편으로는 서구적 근대화의 중요통로가 되었다. 즉 한국 교회의 외래성은 부정과 긍정의 양면이 작용했던 것이다. 이후 한국 교회는 민족의 역사, 특히 정치사회적인 과제에 적극 참여함으로써 민족교회로 자리 잡아간 반면, 일제강점기에는 일본식민정부가 또한 해방 후에는 토착정부

---

4   Andrew F. Walls, *The Missionary Movement in Christian History: Studies in the Transmission of Faith* (Maryknoll: Orbis, 1996), passim.

가 근대화를 주도함에 따라 근대화의 통로로서의 역할이 상대적으로 위축되었다. 오늘날 한국 교회는 세계주의보다는 민족주의가 지나치게 강조되면서 민족교회를 넘어 국수주의적 교회의 성향까지 보이고 있다. 그러나 역사상 국수주의적 교회가 국가와 교회에 궁극적으로 유익한 적이 없다. 오히려 한국 교회는 세계화 시대에 세계 및 세계교회와 보조를 맞춰나가면서 세계주의를 강조할 필요가 있다. 즉 한국 교회는 세계적이고 보편적인 과제를 부각시키고, 세계시민으로서의 의식과 양심을 대변하는 역할을 맡을 필요가 있다.

둘째, 한국 교회 특히 한국개신교는 문화적인 면에서는 두 가지 문제를 안고 있다. 먼저, 한국 교회는 여전히 한국적 종교기관으로서 충분히 정착하지 못하고 있다. 가령, 최근 들어 템플 스테이가 유행하고, 성당 스테이까지 거론되고 있지만, 개신교의 교회 스테이의 가능성은 매우 낮다. 뿐만 아니라, 교과서 등에서 천주교는 2백 년 이상의 역사를 지니고 있기에 여타종교들과 더불어 점차 전통 종교로 취급되기 시작하는데, 개신교는 여전히 외래종교 취급을 당한다. 이런 현상을 극복하려면, 궁극적으로는 세월이 더 흘러 개신교의 연륜이 쌓여야 하겠지만, 한국 교회가 전통문화와의 만남 및 새로운 기독교문화 창달 등에 더욱 적극적인 자세를 보일 필요가 있다. 특히 문화가 모든 것을 좌우할 정도로 중요해지는 오늘날, 한국 교회의 미래는 상당 부분 문화선교의 성패에 달려있다고 말해도 과언이 아니다. 한편, 한국 교회는 스스로를 마치 정답인 양 여기는 경향이 있다. 물론 최근 교회 안팎으로 터져 나오는 비난으로 인하여 한국 교회가 조심스런 자세를 보이기 시작했지만, 여전히 독선적인 태도가 드러난다. 이런 태도는 국내적으로는 사회와 소통하지 못하는 모습으로 나타나고, 국외적으로는 마치 한국 교회가 기독교의 전형인 양 한국식 기독교를 선교지에 이식하려는 자세로 나타난다. 한국 교회는 한국 사회의 일원이 되는 일에 더욱 힘쓸 뿐 아니라, 전 세계의 교회들이 각 문화권에서 스스로 진정한 교회가 되는 일에 힘을 보태야 할 것이다.

셋째, 오늘날 한국 교회는 정체 내지 쇠퇴에 대한 위기감으로 말미암아 여러 분야에서 위축된 모습을 드러내고 있다. 세계선교 분야도 예외가 아니다. 이에 따라, 한국 사회와 한국 교회의 노령화는 물론이고 한국선교의 노령화까지 나타나기 시작한다. 위에서 살펴본 대로, 교회는 복음 전파를 통하여 기독교의 세계 확산에 기여하면서 개별교회는 영고성쇠를 겪기 때문에, 복음 전파와 자기 보전이란 문제를 동시에 염두에 두어야 한다. 물론 한국 교회와 한국 교회의 세계선교가 20세기 후반 이래 급성장하면서 노정했던 물량주의적 선교와 문화제국주의적 선교 같은 파행적 선교 형태를 교정해야 함은 두말할 필요도 없다.

2) 과학발전과 근본주의의 대두

계몽주의 시대 이래로, 과학발전과 종교성장의 관계는 일반적으로 반비례하는 것으로 여겨졌고, 이것을 이론화한 것이 바로 세속화 이론이다. 그러나 20세기 후반 이후, 세계는 다시금 종교의 부흥, 특히 과격한 근본주의의 대두를 목격했다. 이에 따라, 학자들은 세속화 이론을 수정하면서, 대신 종교의 재기, 특히 종교의 정치지향성 및 과격성 등에 주목하기 시작했다.[5] 이런 점에서 새뮤얼 헌팅턴 Samuel Huntington 은 종교를 중심으로 한 '문명충돌론' The clash of civilizations 까지 주창하였다.[6] 단적으로 말해 세계는 과학발전에도 불구하고 여전히 이성만이 아니라 비합리성 내지 반이성에 영향 받는 종잡을 수 없는 갈등사회가 되고 있다.[7] 이런 상황 속에서, 종교 특히 특정종교는 갈등의 진원지로 인식된다. 특히 IS로 대표되는 테러리즘에 의하여, 세계는 테러가 일상화되는 테러사회로 변모하고 있다.[8] 이와 동시에, 세속주의, 과학주의, 무신론 등이 또 하나의 이데올로기로서 작용한다.

따라서 최근 종교와 사회의 관계는 다양하게 이해되기 시작했다. 세속화 이론이 주효하는 유럽 등 서구에서는 종교쇠퇴가 가속화되는가 하면, 비서구에서는 탈정치화된 종교의 부흥과 정치화된 종교의 부흥이 동시에 나타나고 있다. 뿐만 아니라, 이주 현상을 통하여, 비서구의 종교가 서구에 수출되면서 새로운 양상이 드러난다. 오늘날 유럽의 '외로운 늑대'형 독자적 테러리스트의 출현이 대표적인 사례라고 할 수 있다.

이런 양상은 한국 교회의 미래와는 어떤 관계가 있는 것일까? 첫째, 한국 교회는 비서구에 속하지만 매우 서구 지향적이고 선진국

---

5 대표적인 예가 세속화 이론가였던 하비 콕스가 종교부흥 연구서를 낸 것이다. Harvey Cox, *The Secular City: Secularization and Urbanization in Theological Perspective* (New York: Macmillan, 1965); *Fire from Heaven: The Rise of Pentecostal Spirituality and the Reshaping of Religion in the Twenty-first Century* (Reading, Mass: Addison-Wesley Pub., 1995).

6 Samuel Huntington, *The Clash of Civilizations and the Remaking of World Order* (New York: Simon and Schuster, 1996).

7 최근에는 피로사회, 갈등사회, 위험사회, 재난사회 등 사회의 부정적인 측면을 폭로하는 용어가 계속해서 나오고 있다.

8 최근의 테러에 관한 기사들을 살펴볼 것.

진입을 목적에 둔 한국 사회 안에 존재한다. 한국 교회는 한편으로는 국내 전통 종교는 물론이고 새로 유입되는 세계종교, 특히 이슬람 등과의 치열한 종교시장의 경쟁에 내몰리고 있다. 다른 한편으로는 한국 사회의 급속한 서구화 및 세속화에 따라 서구형 종교쇠퇴를 경험하기 시작했고, 나아가 비종교적 세속화 입장과의 공존을 직면하고 있다. 다시 말해 한국 교회를 둘러싼 종교지형은 매우 복잡해질 것이다. 이에 따라 한국 교회는 종교적, 비종교적 세력과의 각축전 속에서 자기 위상을 공고히 하고자 더욱 정치화될 가능성이 높다. 그 결과, 한국 교회는 종교갈등(비종교적 세속화 입장과의 갈등을 포함한)은 물론이고 정치 갈등까지 가속화할 것이다. 따라서 한국 교회는 이런 문제점을 인식하고, 적어도 종교가 사회적 갈등 요소가 되지 않도록, 타종교와의 대화 및 연대를 통하여 분쟁과 갈등에서 평화와 화해로 나아가야 한다. 이에 대해 좀 더 설명해보자. 재한 선교사였고 한국종교사 전문가인 제임스 그레이슨James Grayson에 의하면, 한국 사회는 역사상 특정종교가 압도적인 주종교가 되었다.[9] 가령, 불교, 그다음엔 유교 순으로. 따라서 그레이슨은 과연 기독교가 한국 사회의 새로운 주종교가 될 것인가라는 질문을 던진 바 있다. 그러나 현재로서는 그럴 가능성은 매우 낮은데, 그 이유는 크게 두 가지이다. 하나는 오늘날 한국이 국교를 인정하지 않는 세속국가이고 따라서 기독교가 국교의 이점을 누릴 수는 없다. 물론 한국 교회가 마치 기독교를 국교처럼 여기려는 태도를 보이고 심지어 그런 위치를 점하려고 애쓰는 것도 사실이지만, 그럴 가

---

9   James H. Grayson, *Korea: A Religious History* (Oxford: Clarendon, 1989).

능성은 없고 오히려 많은 문제점을 낳고 있다. 이미 '기독교세계'Chris-
tendom, 혹은 기독교권이라는 개념은 서구기독교의 역사를 통하여 실패한 개
념이라는 것이 밝혀졌는데, 이를 추구하는 것은 시대착오적인 일이라
고 할 수 있다. 다른 하나는 한국기독교 특히 개신교가 불과 1세기 남
짓한 역사 속에서 성장추세를 멈추고 조로현상을 보이고 있다. 이상의
이유로 해서, 당분간 한국 사회에 절대 우위를 보이는 주종교가 나타
나지 않는다면, 종교 간의 화해와 협력은 한국종교는 물론이고 한국
사회의 주요 관심사가 아닐 수 없다.

둘째, 한국 사회는 과학발전 특히 IT사회를 지향하는데, 이에
따라 과학의 영향에 매우 위약한 사회vulnerable society가 되고 있다. 그런
데 개신교는 종교개혁운동기에 인쇄술의 활용 등 당대의 첨단 문명의
이익을 누렸던 적극적 문화수용자early adopter였다. 위에서도 언급하였듯
이, 한국 교회는 초창기에 근대화의 기수로서 한국 사회 발전에 크게
기여했고, 그런 진취적이고 선구적인 이미지의 덕을 본 것도 사실이
다. 그러나 오늘날 한국 교회는 오히려 과학발전에 대하여 부정적인
이미지를 안고 있다. 한국 교회는 반과학적인 집단 혹은 적어도 문화
발전에 상당히 뒤쳐진 후진적 집단이라는 평판이다. 이런 이미지를 불
식하는 한편 실질적이고 적극적인 문화 활용을 통해, 과학 시대의 교
회a church in the age of science의 모습을 보여야 할 것이다. 따라서 한국 교회
가 진화론의 도전에 대하여 서구 창조과학론을 도입하는 등 여러 모
로 노력했지만 역부족이었고 내부적인 갈등이 많은 것도 사실인데, 이
제는 인공지능 등 한층 발전된 시대상황을 고려하여 더욱 전향적이고
정교한 '과학과 기독교 신학'을 창출하고 새 시대를 이끌어갈 기독교

변증가를 배출해야 할 필요가 있다.

3) 세속화와 재성화

세속화 이론은 종교쇠퇴가 아닌 종교부흥이란 현상에 의해 도전받았고, 결국 현대인의 종교성을 주목한 재성화 再聖化, re-sacralization 라는 개념이 등장하였다. 즉 현대에도 종교의 영향력은 크고, 현대인도 종교성이 강하며, 따라서 이점에 주목해야 한다는 논리이다. 그러나 현대인은 종교에 대한 태도에 있어서, 기존의 태도와는 차이점을 보였다. 하나는 감성의 중요성이고, 다른 하나는 개인화의 강조이다. 전자의 경우, 기성종교 중에서 기독교의 오순절교회 Pentecostalism 의 약진을 들 수 있다. 지난 세기를 돌아보면, 기독교의 강조점이 변해왔다. 즉 이성 혹은 교리를 강조한 바른 교리 orthodoxy 에서, 의지 혹은 실천을 강조한 바른 실천 orthopraxis 이 유행을 하였다. 최근에는 감정 혹은 관계를 강조한 바른 감정 orthopathy 이 거론되고 있다.[10] 후자의 경우, 과거에는 기성종교가 중요했지만 최근에는 개인화된 종교 혹은 개인적 영성이 주목받고 있다. 이런 맥락에서 종교가 아닌 영성 spirituality, not religion 이란 모토까지 나타나기 시작했다. 사실 오늘날 한국 사회는 무속신앙이 개인주의 및 과학주의에 절묘하게 적응하면서 크게 번창하고 있는 역설적 현상을 목도하고 있다.

---

10 Kyo Seong Ahn, "From Mission to Church and Beyond: The Metamorphosis of post-Edinburgh Christianity" in David A. Kerr & Kenneth R. Ross, eds., *Edinburgh 2010: Mission Then and Now* (Oxford: Regnum, 2009), 82.

한국 교회는 이런 변화에 어떻게 대처해야 할까?

첫째, 바른 교리의 발전이다. 한국 교회는 정통주의가 주류를 이루지만, 동시에 어느 나라보다 다양하고 강력한 이단이 많다. 심지어 세계적인 종교로 성장한 이단도 있고, 세계적으로 자파 이식에 열심인 이단들도 있다. 이에 따라, 한국 교회가 진정으로 교회 안팎의 대중과 소통하고 그들의 '지식을 추구하는 신앙'faith seeking knowledge의 필요를 채워줄 사명이 부각된다. 20세기말 한국 교회를 휩쓴 성경공부 열기와는 달리, 기독교 지식 축적이 아닌 기독교 지성인 배출에 힘써야 할 것이다.

둘째, 바른 실천의 발전이다. 한국 교회는 민주화 참여 등을 통하여 세계의 어떤 교회보다도 더 바른 실천에 매진해왔다. 그러나 바른 실천은 교회의 과제의 전부가 아니며, 바른 실천 자체가 자동적으로 교회의 발전을 가져오지도 않는다. 바른 실천은 신앙의 본령에 속하지만, 신앙의 전부는 아니라는 말이다. 더구나 사회가 발전하고 민주화하며 시민단체가 증가함에 따라, 교회가 사회에 대해 지니는 도덕적 영향력은 상대적으로 축소될 수밖에 없다. 이것이 바로 한국 교회의 진보세력의 영향력 상실의 대표적인 이유이다. 그러나 한국 사회는 여전히 한국 교회의 사회적 역할을 기대한다. 따라서 한국 교회가 한국 사회의 일원으로서 사회문제에 공동대처하기 위하여 공공신학public theology뿐 아니라 공공교역public ministry을 발전시킬 필요성이 제기된다. 특히 오늘날 의식 있는 젊은층이 교회 대신 시민사회를 선택하는 경향은 주목할 필요가 있다. 만일 한국 교회가 사회적 문제와 줄곧 씨름해오는 에큐메니칼 신학을 보다 주목하고 실천했다면, 한국 교회의 사회적 역할과 위상은 지금보다는 훨씬 공고할 것이다.

셋째, 바른 감정의 발전이다. 오늘날 한국 교회의 가장 큰 문제 중 하나는 매력 있는 집단으로서의 이미지를 상실했다는 것이다. 이런 저런 이유로 해서, 한국 교회에 대한 기대가 줄고 있다. 사람들은 교회, 특히 개신교의 교회를 떠나거나, 열정과 기대 없이 교회에 머물거나, 새로운 교회 형태를 실험한다. 특히 교회 이탈층 가운데는 타종교로 개종하거나, 교회를 전전하는 신앙유목인이 되거나, 소위 교회에 안 나가는 가나안교인이 되거나, 아예 신앙을 버리는 사람까지 다양하다. 그러나 이런 표면적인 교인감소 현상을 개인적 종교성의 감소 현상과 동일시해서는 안 된다. 즉 기성교회의 소속감과 개인적 종교감정 사이에는 차이가 있다는 말이다. 가령, 오늘날 개신교인들 심지어 비신자들까지 굳이 유럽에 가서 가톨릭 순례코스인 산티아고 길에 나서는데, 왜 그 현상이 유행할까? 현대인은 가치 있는 종교체험을 위해서는 시간과 돈을 투자할 준비가 되어 있다. 따라서 한국 교회는 집단적인 차원에서는 기성교회의 진정한 소속감을 회복하는 일과, 개인적인 차원에서는 교인 각 사람의 진정한 종교감정을 고취하는 일에 힘써야 할 것이다. 다시 말해 한국 교회는 각 개인이 신앙생활, 특히 종교성을 개발하고 개성화하는 신앙인이 되도록 돕는 교육현장이 되어야지, 기계적인 교인을 찍어내는 공장이 되어서는 안 된다. 이제, 교회의 생활과 교육에 있어서 표준화, 집단화 등의 근대화 모델이 아닌 개성화, 개인화를 고려한 포스트모더니즘 모델도 요청된다.

2. 아시아교회의 변화와 한국 교회의 미래

1) 인구 변화

현대교회 상황을 회고하면서, 흔히 서구교회의 쇠퇴와 비서구교회의 성장을 대비한다. 그러나 이런 현상은, 이 자리에서 상술할 수 없지만, 다양한 요인들이 작용한다. 사회적 요인보다 종교적 요인을 강조하거나, 그 반대인 경우가 많지만, 양자 모두를 주목하는 일이 중요하다. 각설하고, 최근 들어 교회의 쇠퇴와 성장에 있어서 인구 변화의 요인을 강조한다. 가령, 세계교회 가운데 가장 급성장하는 교회는 아프리카교회인데, 이에 대해 인구증가를 빼놓고는 설명할 수 없다. 아시아의 경우, 인구증가 현상이 두드러진 사회도 있지만, 반대인 사회도 적지 않다. 즉 인도는 인구증가사회, 중국은 인구증가제한사회, 기타 일본, 한국, 싱가포르, 홍콩 같은 서구형 사회는 인구감소사회 등 다양하다. 물론 모든 인구증가사회에서 교회성장 현상이 나타나는 것은 아니다. 즉 인구증가가 자동적으로 교회성장으로 이어지지는 않는다. 인구증가가 교회성장으로 이어지려면, 그런 조건을 만들 종교적, 사회적 요인이 동시에 작용해야 한다.

한국 교회의 경우를 살펴보자. 첫째, 그동안 한국 교회의 성장에 있어서, 인구증가 요인을 인정하기는 했지만 우선적인 것으로 강조하지 않았다. 그러나 최근 들어 교회쇠퇴 현상에 직면하면서, 인구 변화에 주목하기 시작했다. 사실 한국 교회의 급성장기인 1970-90년대는 베이비붐세대의 여파가 나타나기 시작했던 때였다. 전반적으로 말해 20세기 후반 한국 교회의 성장은 한국 사회의 인구증가와 무관하지 않다. 위에서 살펴본 바 있듯이, 교회쇠퇴 문제 전문가인 데이비드 톰슨David M. Thompson은 인구증가와 교회성장의 관계를 면밀하게 살펴보려면, 적어도 두 가지 요소를 주목할 것을 강조한다. 하나는 '잔류reten-tion 요소'요 다른 하나는 '모집recruitment 요소'이다. 전자는 교인 가정의 자녀 등 종교적 배경을 지닌 사람이 교회에 남는 것이고, 후자는 새로운 사람이 교회에 나오는 것이다.[11] 그의 설명에 의하면, 잔류나 모집 중 적어도 하나가 플러스(+)로 작용하면, 교회가 유지된다. 그러나 잔류나 모집 모두 마이너스(-)로 작용하면, 교회가 쇠퇴한다. 물론 그가 명시적으로 언급하지는 않았지만, 잔류와 모집 모두 플러스(+)로 작용하면, 교회가 성장한다.

둘째, 인구증가 시 잔류 요소가 증가하는 법인데, 그런 측면은 잘 인식되지 않는다. 따라서 교회성장에서 사회적 요인보다 종교적 요인을 과장할 수 있다. 이럴 경우, 교회성장기를 지나치게 신앙황금기로 해석할 위험이 있다. 그러나 오늘날 서구 학계에서는 과연 서구기독교역사상 신앙황금기가 존재했는가 자체에 대해서 의문이 제기되고 있다.[12] 그리고 한국 교회의 성장은 도시화의 영향을 받았는데, 특히 이촌향도 현상과 익명성 현상을 들 수 있다. 지방의 기독교인이 도시로 나오면서, 도시교회의 성장을 가져왔을 뿐 아니라 급성장하는 도시교회의 핵심 요원이 되었다. 더구나 도시교회가 도시적 배경이 없어

---

11   David M. Thompson, "Is Popular Christianity a Contradiction in Terms? Some Historical Re-flections for the Twenty-fist Century" (Unpublished Lecture, 2009).

12   Ibid.

관계망이 취약한 지방인에게 새로운 유사친족 역할을 하면서 급성장하였다. 그 결과 도시교회가 급성장하였지만, 동시에 지방교회는 쇠퇴하였다. 오늘날 중국기독교의 성장은 주로 도시교회를 중심으로 이뤄지는데, 이 역시 지방교회의 쇠퇴가 동시에 진행되고 있다. 20세기 말 한국 교회에 있어서, 도시화 현상 중 이촌향도는 교회성장에 부정요인으로 작용할 수 있는 익명성보다 더 크게 작용하였다. 그러나 면밀한 조사가 필요하겠지만, 최근 들어 한국 교회에 있어서, 이촌향도는 둔화된 반면 익명성은 강화되는 추세이다. 이에 따라 도시화가 한국 교회의 교회성장에 긍정요인으로 작용하는 범위는 축소되고 있다. 한편, 서구사회는 가족구성원이 축소되어왔는데, 한국도 마찬가지이다. 핵가족화, 소가족화 되는 사회의 경우, 교회성장이 현상유지하려면, 2명의 교인이 결혼하여 2명의 자녀를 낳고 그 2명이 모두 교인으로 남아야한다. 그런데 현재 한국 교회의 경우, 평균출산율이 1명 남짓이고, 자녀의 교회잔존율도 줄고 있다. 더구나 최근에는 한국 교회의 이미지가 악화됨에 따라, 교회 특히 개신교의 이탈이 가속화하고 있다. 일부 교단에서는 증가세를 보고하지만, 한국 교회의 통계는 전반적으로 신뢰하기 어려운 만큼, 액면 그대로 받아들이기 힘들다.

여기에다가 다른 요소를 추구하면 한국 교회의 상황은 더욱 비관적으로 보인다. 가령, 필자가 일전에 언급하였듯이, 기독교 성장에 대한 가장 간단한 공식은 다음과 같다.[13] 긍정요인(출생+회심+입국자) - 부정요인(사망+이탈+출국자) = 총계. 한국의 경우, 긍정요인 중에서 출

---

[13] 안교성, "한국 교회 성장가능성을 전망한다," 「기독공보」, 2012. 12. 12.

생은 희망이 없고, 회심은 점점 줄며, 입국자는 전통 종교의 본산인 아시아 출신이 압도적으로 많다. 따라서 긍정요인 가운데 긍정요인으로 작용할 것은 없는 셈이다. 반대로 부정요인 중에서 사망은 노령화로 인해 줄고, 이탈은 기독교 특히 개신교의 부정적인 이미지로 인하여 늘며, 출국자는 기독교인이 적지 않다. 따라서 부정요인 가운데 사망은 오히려 긍정요인으로 작용하고, 나머지 두 가지는 부정요인을 작용한다. 그렇다면, 한국 교회의 교회성장에 있어서, 긍정요인은 노령화밖에 없다는 충격적인 사실을 인정하지 않을 수 없다.

2) 정의, 평화, 창조질서의 보전 (1): 경제 양극화

아시아는 6대륙 가운데, 인구가 가장 많은 대륙이다. 따라서 문제도 많은데, 그중에서도 경제, 특히 경제 양극화가 심각하다. 이런 현상은 아시아 전반에 걸쳐 거의 예외 없이 나타난다. 가령, 전형적인 자본주의형 국가인 일본이 선진국임에도 불구하고 세대차와 경제 양극화의 병행 현상, 청년 실업 등의 문제를 안고 있다. 그런가 하면, 대표적인 공산국가인 중국이 사회 전반의 비약적 발전에도 불구하고 극심한 경제 양극화를 드러내, 국가정체성마저 의문시될 정도인데다가 해결방안도 뚜렷하지 않다. 뿐만 아니라, 공산권 붕괴 이후 주로 신자본주의의 프로세스에 따라 자본주의국가로 급격한 이행과정을 겪고 있는 구공산권 국가들도 경제 양극화 문제에 취약한 모습을 보이고 있다. 한국도, 장차 어떤 형태로 진행될지는 아직 확실치 않지만, 경제 양극화가 가장 큰 문제로 대두되고 있는 형편이다. 심지어 경제대통령이란 말이 대선을 좌우할 정도이다.

세계교회협의회는 20세기말 전환기에 놓인 세계의 문제를 해결하기 위한 총괄적 신학으로서, "정의, 평화, 창조질서의 보전"Justice, Peace, and the Integrity of Creation을 주창한 바 있다. 이에 대하여, 선진국인 서구는 정의와 평화라는 일차적 문제가 어느 정도 해결되었기 때문에 창조질서의 보전 즉 환경과 생명이란 문제에 더 큰 관심을 보이는 반면, 대다수가 후진국이나 중진국인 비서구 특히 아시아는 후자보다는 전자를 우선적 관심사로 여기고 있다. 제2차 세계 대전 종전 이후, 아시아 국가들은 반봉건, 반제국주의, 반독재의 종식과 씨름하는 한편, 가난이란 문제와 투쟁해왔다. 아시아교회의 우선적인 신학적 관심과 과제 역시 해방이었다. 즉 독립과 관련된 정치적 해방, 가난과 관련된 경제적 해방, 민주화와 관련된 사회적 해방이라는 연속적인 과제에 몰두하였다. 이중에는 성과를 거둔 나라도 있고, 실패한 나라도 있다. 해방을 성취하는 방법도 혁명, 독재 등 다양하였다. 이러한 아시아교회 가운데 한국 교회는 온갖 극적인 격변을 경험하면서도, 다른 나라에 비해 상대적으로 성공적인 해방을 맛보았고, 그 과실을 따먹고 있다. 이런 점에서 한국 교회는 한편으로는 과거의 경험을 성찰해나가면서, 여전히 곤경에 처한 아시아교회들과 연대하고 능력을 갖추도록 돕는 empowering 과제를 안고 있다. 다른 한편으로는 한국 교회는 이전의 선진국과 후진국 간의 불미스러운 남북관계가 새로운 선진국으로 부상하는 한국과 여타 아시아 국가 간에 답습되지 않도록, 한국 교회와 한국 사회의 의식 계도에 힘써야 할 것이다. 특히 한국의 민주화와 안보에 있어서, 해외교회의 협력이 절대적 역할을 했다는 점을 기억할 필요가 있다.

3) 정의, 평화, 창조질서의 보전 (2): 생명

한국은 정의와 평화라는 정치사회적 문제의 분쟁지일 뿐 아니라, 환경과 생명이라는 보다 근원적인 문제의 화약고이다. 가령, 한국은 최근 코로나 사태는 말할 것도 없이, 수년 전부터 초미의 관심거리인 미세먼지 등 공기오염이 매우 심각하게 나타나는 지역인데, 국내요인보다 국제요인이 더 크다고 할 수 있다. 즉 생명 문제에 있어서, 나자신 뿐 아니라 이웃이 얼마나 중요한가를 깊이 깨닫게 된다. 이런 맥락에서, 단순한 개별 생명이 아니라, 그 생명이 존재하는 생태계 전체가 주목받아야 할 이유가 부각되는 것이다. 이제는 어떤 사안에 대하여 지방 혹은 국가 단위가 아닌 지역^{region}의 관점에서 봐야 할 때가 되었다. 오늘날 아시아 특히 동아시아의 문제, 즉 핵, 영유권 문제 등이 모두 지역단위로 발생하고 있다.

뿐만 아니라 최근 한국 사회를 격동시키는 문제는 대부분 생명과 관련된 문제이다. 미국산 쇠고기, 세월호, 위안부, 사드 배치에 이르기까지. 이런 사태는 생명에 대한 인식이 전반적으로 높아진 때문이기도 하지만, 생명 문제 자체가 심각하기 때문이라고 할 수 있다. 그런데 전통적으로 생명 문제의 전문가는 종교였기 때문에, 한국 교회는 여타 종교와 더불어 이 분야에서 선도적 역할이 요청된다. 이 세상을 신의 뜻이 실현되는 곳으로 만들어나가는 선교의 개념 역시, 생명의 관점에서 재조명되고 재추진될 필요가 있다. '내일 지구의 종말이 온다 해도 오늘 한 그루의 사과나무를 심겠다'는 스피노자의 명언이 새롭게, 새로운 관점에서 다가오는 이유도 바로 이런 맥락에서이다.

더구나, 과학의 비약적인 발전으로 말미암아, 이제 세계 종말은 신의 심판이 아니라 인간 스스로의 파괴적 행동으로 인하여 가능하게 되었다. 따라서 생명에 대한 인식을 고취하고, 적극 추진해나가는 것은 우선적 과제를 넘어 절대 명제가 되었다. 불과 얼마 전, 선진국 일본에서 히틀러의 망령이 되살아난 듯, 장애인 살해라는 소위 충격적인 우생학적 살인사건이 벌어졌다.[14] 국가와 사회의 외형적 발전만으로는 결코 인간성 유지와 회복이 불가능함을 보여주는 단적인 예가 아닐 수 없다.

3. 한국 교회의 변화와 한국 교회의 미래

1) 종교의 진정성

한국 사회에서 전통적으로 종교인의 위상이 낮았다.[15] 무교의 경우, 무속인의 위상은 오래전부터 사회적 주변인에 머물렀다. 불교의 경우, 승려는 특히 조선시대의 숭유척불 정책 하에서 이미지가 실추된 이래, 아직도 크게 회복되지 못했다. 유교의 경우, 제관은 주목받지 못

---

[14] 최근 관련 기사를 참조할 것.

[15] Gil Soo Han, *Social Sources of Church Growth: Korean Churches in the Homeland and* Overseas (Lanham: University Press of American, 1994), passim.

하는 미미한 존재였고, 유교의 대표적인 이미지로 손꼽히는 선비는 사실 종교인이 아니라 지식인 혹은 정치인이었다. 후발주자인 기독교의 경우, 개신교의 목사는 초기에 주로 사회적 지도자라는 이유로 존경받았지만 최근 들어서는 그 이미지가 너무나 추락하였고, 가톨릭의 신부는 가톨릭 내부에서는 매우 긍정적인 이미지를 보이지만 대외적으로는 다른 경우보다 낫다고는 하나 크게 다를 바 없다.

한국 사회에서 그나마 종교인이 인정받는 것은 주로 그의 도덕성 때문이다. 특히 한국 사회는 윤리적 종교인 유교의 강력한 배경을 지닌 만큼, 종교인에 대한 척도는 매우 엄격하다. 그런데, 한국 교회는 교인이나 교회에 대한 비난을 넘어서서, 종교의 창시자라고 할 수 있는 예수 그리스도에 대한 비난까지 시도하는 '안티기독교'의 도전에 봉착해있다. 굳이 이런 특정 세력을 언급할 필요도 없이, 한국 교회의 대사회적인 이미지가 너무나 실추해있다. 이미지 되살리기가 이미지 만들기보다 세 배 이상 어렵다는 말도 있지만, 한국 교회는 이미지 되살리기 혹은 종교개혁에 성공하지 않는 한, 한국 사회에서 재기하기란 거의 불가능하다. 바로 이런 관점에서 역설적인 이야기지만, 종교적 진정성은 그 자체뿐만 아니라, 한국 교회의 생존을 위해서도 우선적 과제이다. 다시 말해 진정성 회복 없이는 교회쇠퇴 방지도 막을 수 없다.

2) 선구자에서 수구세력으로

한국 교회는, 앞서도 언급하였듯이, 초기에 젊은층의 모임, 전향적 집단, 나아가 선구자로서의 이미지가 강했고, 그 덕을 본 것도 사실이다. 그러나 한국 교회는 급속히 중장년층의 모임 _{최근에는 장노년층의 모임}, 보수적 집단, 나아가 수구세력으로 변모했고, 그런 추세는 최근 들어 더욱 강화되고 있다. 즉 신체적으로나 사고적으로 노쇠한 교회의 모습을 보이고 있다. 한국 교회는 한국 사회가 한국 종교계의 후발주자로 등장한 한국기독교 특히 한국개신교를 굳이 선택한 이유를 다시금 돌이켜볼 필요가 있다. 물론 한국개신교는 새로운 이미지 개발도 중요하지만, 원초적인 이미지가 여전히 중요하고 새로운 이미지도 원초적인 이미지와의 연계선상에서 발전시켜야 할 것이다.

오늘날 한국 교회는 선구자보다는 이익집단 혹은 집단이익을 위해서라면 정치적 행동도 서슴지 않는 집단으로 인식되고 있다. 최근 들어 한국 교회에는 다양한 역기능적 모습이 나타나고 있는데, 그중에서도 사회적으로 가장 지탄받는 것은 바로 한국 교회의 일부가 전투적 근본주의의 양상을 띤다는 것이다. 교회 내적으로는 방임적 자유주의 등이 문제시될 수 있으나, 그것은 교회 외적으로는 즉 사회와의 관계에서는 상대적으로 큰 문제가 되지 않는다. 오히려 전투적 근본주의는 교회 안팎으로 큰 문제를 일으키고 있다.[16] 이런 입장은 흔히 기독교가 스스로를 수세에 몰렸다고 여길 때 취하기 쉬운 선택지 중 하나인데, 미국기독교의 역사를 봐도 알 수 있듯이, 그런 선택은 비록 정치사회적 세력을 불릴 수 있지만 종교적 권위는 상실할 수밖에 없다. 한

---

16 Markku Ruotsila, *Fighting Fundamentalism: Carl McIntire and the Politicization of American Fundamentalism* (Oxford: Oxford University Press, 2016); Randall Balmer, *The Making of Evangelicalism: From Revivalism to Politics and Beyond* (Waco: Baylor University Press, 2010).

국 교회는 교회 내적으로는 개교회주의가 가장 큰 문제라면, 교회 외적으로는 이익집단화가 가장 큰 문제라고 할 수 있다. 따라서 이를 지양하기 위해서는, 건전한 교회일치신학과 더불어 건전한 정치신학의 발전이 필수적이다.

3) 화해와 일치: 사회갈등, 다문화, 통일

오늘날 한국 사회는 급속도로 변화하고 있고, 이에 따라 갈등이 고조되면서 갈등사회로 이행하고 있다. 더구나 일반적인 기대와는 달리, 국가와 사회의 외형적 발전이 모든 문제를 해결하지 못하고 있다. 한국 사회가 직면한 대표적인 변화는 사회갈등, 다문화사회, 통일이다. 첫째, 한국 사회는 최근 정치적, 사회적, 경제적으로 파편화 나아가 양극화되고 있다. 둘째, 한국 사회는 다문화사회로 바뀌고 있고, 더 이상 단일민족담론을 전가의 보도처럼 휘두를 수 없다. 이제 한국의 다문화사회화는 현실인데, 여전히 국가적인 기본방향이 분명하지 않은 문제점을 안고 있다. 셋째, 한국 사회는 통일의 과제를 안고 있다. 통일의 실현 여부를 떠나, 분단과 통일의 문제는 한국 사회를 엄청나게 압박하고 있다. 이상의 세 가지 변화를 염두에 두면서 한국 사회와 한국 교회의 관계를 정리해보면, 남북갈등, 남남갈등, 남북교회갈등, 남남교회갈등 등으로 요약할 수 있다.

이제 한국 교회는 이런 상황에서, 어떻게 좌표를 정하고 어떤 노선을 택할 것인가 하는 질문이 제기되고 있다. 한국 교회는 초기에 아름다운 연합의 역사를 자랑함에도 불구하고, 어느 덧 분열과 갈등의 대명사가 되고 말았다. 지금 이 자리에서 이에 대해 상술할 수는 없지만, 과연 분열과 갈등의 당사자가 사회적 화해와 일치를 가져올 수 있을까 하는 질문 역시 다시 한 번 제기되고 있다.

III. 결론: 인간의 희망에서 신의 소망으로

우리는 이상에서 한국 교회의 미래를 조망하기 위하여, 한국 교회를 둘러싼 세계교회, 아시아교회, 한국 교회의 맥락과 변화를 살펴보았고, 이런 관점에서 필히 봉착하게 될 과제를 요약해보았다. 한국 교회는 한편으로는 여러 가지 불리한 상황 속에서도 교회 유지의 현실적 과제를 안고 있고, 다른 한편으로는 종교개혁 500주년을 전후하여 개혁이란 대의명분을 직면하고 있다.

성공 신화의 유익을 만끽했던 한국 교회로서는 교회성장에 대한 미련을 버리지 못하는 것이 사실이다. 그러나 그럴수록 이제 한국 교회는 그토록 소중히 여겨온 한국 교회의 교회성장이란 신화를 벗어나 현실을 직시하기 위하여, 과연 한국 교회의 교회성장의 실체는 무엇이었는지를 살펴보고, 그 역사를 정리하며, 그 유산을 반추할 때가 되었다. 그리고 어떤 경우든 과거로 돌아갈 수 없다는 진리를 수용해야 한다. 즉 한국 교회는 교회성장의 신화를 비신화화하고 망각하는 것으로부터 새로운 미래를 향한 출발점을 삼아야 할 것이다. 다시 말해 이제 한국 교회는 교회성장을 유일한 목표나 척도로 삼아서는 안 되며, 설사 교회성장이 일어난다고 하더라도 과거를 답습하는 형태로 는 벌어지지 않을 것임을 기억해야 할 것이다. 한국 교회는 새로운 미 래형 교회로 변할 것이고 그것을 받아들일 준비가 되어야 한다. 따라 서 세계교회, 아시아교회, 한국 교회의 현재와 미래를 향한 추세를 꼼 꼼히 살펴보면서, 미래형 교회의 모습을 준비해야 할 것이다. 이를 위 해서는 가능성이 높은 몇 가지 시나리오를 작성해보고, 상황 변화에 따라 적절한 대처가 필요할 것이다.

한국 교회는 또한 개혁의 과제를 안고 있다. 특히 종교개혁 500 주년을 전후로 다양한 행사가 진행되었다. 그러나 마치 이것이 촛불이 꺼지기 전에 잠깐 반짝하듯이, 한국 교회의 승리주의의 마지막 표출이 어서는 안 된다. 그 이유는 한국 교회의 종교적 진정성 회복은 기독교 의 이상의 실현일 뿐 아니라, 한국 교회가 한국 사회에 존재하고 살아 남기 위한 최소한의 요건이기 때문이다. 따라서 한국 교회가 다시 성 장하든지, 정체하든지 혹은 쇠퇴하든지 간에, 언제나 진정성을 유지하 는 것을 잊어서는 안 될 것이다. 그것이야말로, 만일 교회가 신의 기관 이라면, 자신의 희망을 일단 내려놓고 신으로부터 오는 소망에 주목하 는 길이 될 것이다.

참고문헌

감리교신학대학교 한반도평화통일신학연구소 편. 『통일 이후 신학 연구』 I & II. 서울: 신앙과 지성사, 2008; 2009.

강준만. 『각개약진공화국: 대한민국, 그 치열하고 전투적인 생존경쟁의 비밀』. 서울: 인물과 사상사, 2008.

김병로. 『북한 사회의 종교성: 주체사상과 기독교의 종교양식비교』. 서울: 통일연구원, 2000.

김수환추기경전집편찬위원회. 『김수환 추기경 전집』. 서울: 가톨릭출판사, 2001.

김영명. 『신한국론: 단일사회 한국, 그 빛과 그림자』. 고양: 인간사랑, 2005.

김용민 외. 『통일 이후 독일의 문화통합과정』. 서울: 연세대학교출판부, 2004.

김용복. 『지구화시대 민중의 사회전기: 하나님의 정치경제와 디아코니아 선교』. 천안: 한국신학연구소, 1998.

김일영. 『건국과 부국: 현대한국정치사 강의』. 서울: 생각의 나무, 2004.

김형만. "독일 통일과 동독교회의 역할과 기능". 『통일이후신학연구』 III (2011): 237-73.

김회권 외. 『사회주의 체제전환과 기독교』. 서울: 한울아카데미, 2012.

김흥수. "남북한 정부의 통일정책과 한국 교회 통일운동의 관계". 「선교와신학」 35 (2015): 83-115.

남북나눔 연구위원회. 『민족통일을 준비하는 그리스도인』. 서울: 두란노, 1995.

"남북한선교와 평화통일을 위한 지침서". 대한예수교장로회(통합) 제101회 총회, 2016.

남주홍. 『통일은 없다: 바른 통일에 대한 생각과 담론』. 서울: 랜덤하우스중앙, 2006.

남태욱. 『한반도 통일과 기독교 현실주의: 라인홀드 니버를 중심으로』. 서울: 나눔사, 2012.

대한예수교장로회총회사회부. 『평화를 만드는 한국 교회』. 서울: 대한예수교장로회, 1986.

류대영. 『한국근현대사와 기독교』. 서울: 푸른역사, 2009.

박철호. 『기독교 효 체계에 의한 북한 주체사상 효 분석』. 서울: 나눔사, 2012.

배희숙 외. 『(제1회 평화통일신학포럼)평화통일신학: 신학적 근거의 모색』. 서울: 장로회신학대학교 남북한평화신학연구소, 2015.

서명훈. 『안중근의사 하얼빈에서의 열하루(安重根在哈尔滨的11天)』. 하얼빈: 흑룡강미술출판사, 2005.

서보혁, 정주진. 『평화운동: 이론·역사·영역』. 과천: 진인진, 2018.

세계개혁교회연맹 편. 『정의·평화·창조질서의 보전: WARC 서울대회 보고서』. 서울: 대한기독교서회, 1989.

손호철 외. 『세계화, 정보화, 남북한: 남북한의 국가-시민사회와 정체성』. 서울: 이매진, 2007.

신창민. 『통일은 대박이다』. 서울: 매일경제신문사, 2012.

심지연. 『남북한 통일방안의 전개와 수렴』. 서울: 돌베개, 2001.

안교성. "통일신학의 발전에 관한 소고". 「한국기독교신학논총」 90 (2013): 87-113.

_____. "재한서구개신교선교사와 제1차세계대전". 「신학연구」 65 (2014): 195-227.

_____. 『한국 교회와 최근의 신학적 도전』. 서울: 장로회신학대학교, 2017.

_____ 편. 『화해와 화해자: 화해자로서의 교회와 장신신학의 정체성: 제11, 12회 소망신학포럼』. 서울: 장로회신학대학교출판부, 2012.

_____ 편. 『(제2회 평화통일신학포럼) 독일 통일 경험과 한반도 통일 전망: 신학적 성찰과 과제』. 서울: 나눔사, 2016.

안신. "남북한 평화 통일과 한국 종교의 다양한 모델들: 개종, 대화, 협력, 변혁의 모델을 중심으로". 「선교신학」 25(2010): 207-232.

윤계섭, 윤정호. 『한국경제의 자살을 막아라』. 서울: 한국경제신문, 2007.

이재봉. "종교와 평화: 원불교의 비폭력성". 「원불교사상과종교문화」 78 (2018): 235-261.

이정숙. "남북한 한민족 문화공동체 형성을 위한 종교의 역할 연구: 기독교 개신교 활동을 중심으로". 이서행, 이완범. 『남북한 사회문화 변동과 21세기 한국인상(2): 남북한 문화공동체의 지속과 변동』.

이찬구. "종교평화학의 모색: 평화학과 종교가 만나는 지점". 「종교교육학 연구」 14 (2013): 145-169.

이창호. 『평화통일 신학과 실천: 기독교 통일 연구의 흐름과 전망』. 서울: 나눔사, 2019.

임성빈. "세대 차이와 통일인식에 대한 신학적 반성". 「장신논단」 46/2 (2014): 247-270.

_____ 외. 『통합적인 통일과 그리스도인들의 과제 II』. 서울: 예영커뮤니케이션, 2003.

임순희. 『북한 주민의 종교성: 북한문학작품을 중심으로』. 서울: 서울대교구 민족화해위원회 평화나눔연구소, 2016.

정대일. 『북한국가종교의 이해: 북한선교의 선이해를 위한 연구. 서울: 나눔사, 2012.

정두희. 『하나의 역사, 두 개의 역사학: 개설서로 본 남북한의 역사학』, 개정증보판. 서울: 소나무, 2002.

정병준. 『호주장로회선교사들의 신학사상과 한국선교, 1889-1942』. 서울: 한국기독 교역사연구소, 2007.

정병호 외 편. 『웰컴투코리아: 북조선사람들의 남한살이』. 서울: 한양대학교출판부, 2006.

정형곤 외. 『한반도 경제공동체, 그 비전과 전략』. 서울: 서울대학교출판문화원, 2009.

제주발전연구원·동아시아재단 공편. 『동북아 공동체: 평화와 번영의 담론』. 서울: 연세대학교출판부, 2006.

조영관, 김병로. 『북한 한 걸음 다가서기』. 서울: 예수전도단, 2002.

지구촌평화연구소. 『통일한반도를 향한 꿈 코리안 드림』. 서울: 도서출판태봉, 2012.

통일부. 『2019 통일문제 이해』. 서울: 통일부, 2019.

_____, 통일교육원. 『2016 통일문제 이해』. 서울: 통일교육원 교육개발과, 2015.

통일신학동지회 편. 『통일과 민족교회의 신학』. 서울: 한울, 1990.

평양교구설정80주년 기념준비위원회. 『교구설정80주년기념천주교평양교구 (1927.3·17.-007.3·17.)』. 서울: 평양교구설정80주년 기념준비위원회, 2007.

한국기독교교회협의회 통일위원회 편. 『남북교회의 만남과 평화통일신학: 기독교통 일운동자료 및 평화통일 신학논문 모음집』. 서울: 한국기독교사회문제연구 원, 1990.

한국기독교사회문제연구원 편. 『정의·평화·창조질서의 보전 세계대회 자료집』. 서울: 민중사, 1990.

한국전쟁연구회 편. 『탈냉전시대 한국전쟁의 재조명』. 서울: 백산서당, 2000.

한민족평화선교연구소 편. 『둘, 다르지 않은 하나: 북한이탈주민 선교의 과제와 전 망』. 서울: 한들출판사, 2007.

"한반도 평화와 통일에 관한 선언"(2013년 11월 의결). 세계교회협의회 부산총회, 2013.

한신대학교 평화연구소 편. 『평화-이론과 실천의 모색 II』. 서울: 삼민사, 1992.

함석헌. 『뜻으로 본 한국역사』, 새편집. 서울: 한길사, 2003.

홍성현. 『통일을 향한 여정: 홍성현 목사 회고록』. 서울: 동연, 2011.

황종렬. 『신앙과 민족의식이 만날 때: 안중근 토마스의 이토 히로부미 저격에 대한 신학적 응답』. 왜관: 분도출판사, 2000.

Ahn, Kyo-Seong. "The Identity of the Korean Church and Its Relationship with the Poor". *Korean Presbyterian Journal of Theology* 42 (2011); 119-135.

_____. "North Korea Mission in Historical Perspective". *International Bulletin of Mission Research* 42(2018): 116-124.

Arendt, Hannah. *On Violence.* New York: Harcourt, 1969.

Beglov, Alexey. *In Search of 「Ideal Church Catacombs」: Church Underground in the USSR.* Moscow: Arepha, 2008. (in Russian)

Blackbourn, David & Geoff Eley, *Mythen deutscher Geschichtsscreibung: die gescheiterter bruegerliche Revolution von 1848.* 최용찬, 정용숙 역. 『독일역사학의 신화 깨뜨리기』. 서울: 푸른역사, 2007.

Boulding, Elise. "Peace Culture: The Problem of Managing Human Difference". *Cross Currents* 48/4 (Winter 1998/1999): 445-457.

Caritas International. *Peace.* 안종희 역. 『평화건설: 평화교육, 훈련 매뉴얼』. 미간행 자료집; 서울: 대한예수교장로회 총회 사회봉사부, 2009.

Christian Conference of Asia. "Asian Christian Leaders in China: Impressions and Reflections of a Visit to China, June 1-14, 1983". Pamphlet; Singapore: Christian Conference of Asia, 1983.

Evangelische Kirche in Deutschland. *Herz und Mund und Tat und Leben: Grundlagen, Aufgaben und Zukunftsperspektiven der Diakonie: eine evangelische Denkschrift, 3. Aufl.* 홍주민 역. 『디아코니아 신학과 실천: "가슴과 입, 행동 그리고 삶" 디아코니아의 근거, 과제 그리고 미래적 전망(개신교 백서)』. 청주: 한국디아코니아연구소, 2006.

Füsti-Molnár, Szilvester. *Ecclesia Sine Macula et Ruga: Donatist Factors among the Ecclesiological Challenges for the Refomred Church of Hungary especially after 1989/90.* Sárospatak, Hungary: Sárospatak Reformed Theological Academy, 2008.

Ha, Chung Yoube. "Migration Old and New: Accepting Diversity in Creating a Catholic Community in Youngnak Presbyterian Church". Unpublished Ph.D. Dissertation, University of Edinburgh, 2009.

Holmes, Leslie. *Post-Communism: An Introduction.* Durham, NC: Duke University Press, 1997.

Humphrey, Caroline. *Marx Went Away-But Karl Stayed Behind.* Ann Arbor: The University of Michigan Press, 1998.

_____. *The Unmasking of Soviet Life: Everyday Economies after Socialism.* Ithaca & London: Cornell University Press, 2002.

_____ & Stephen Hugh-Jones. *Barter, Exchange, and Value: An Anthropological Approach.* Cambridge: Cambridge University Press, 1992.

Hutten, Kurt. *Christen Hinter dem Eisernen Vorhang* (Iron Curtain Christians). 송재천 역. 『공산세계 속의 기독교 투쟁사』. 서울: 소학관, 1974.

Jurechová, Zuzana & Pavol Bargar. eds. *Crisis Situations in the Czecho-Slovak Context after 1989.* Prague, Czech Republic: Central European Centre for Mission Studies, 2011.

Kenez, Peter. *A History of the Soviet Union from the Beginning to the End,* 2nd. ed. Cambridge: Cambridge University Press, 2006.

Knauft M., Bruce & Richard Taupier. eds. *Mongolians after Socialism: Politics, Economy, Religion.* Ulaanbaatar, Mongolia: Admon, 2012.

Kornai, János. *Economics of Shortage.* Amsterdam: North-Holland Publishing, 1980.

Kueng, Hans. *Der Islam: Geschichte, Gegenwart, Zukunft.* 손성현 역. 『이슬람: 역사, 현재, 미래』. 서울: 시와진실, 2012.

Lynch, Allen C. *How Russia Is Not Ruled: Reflections on Russian Political Development.* Cambridge: Cambridge University Press, 2005.

McGavran, Donald. *Understanding the Church Growth,* 3rd ed. Grand Rapids, MI: Wm. B. Eerdmans, 1990.

Michelman, Irving S. *The March to Capitalism in the Transition Countries.* Aldershot: Ashgate, 1998.

Miller, Donald E. *From Just War to Just Peace: Stories from the Decade to Overcome Violence.* Richmond, Indiana: Augustin Printing & Design Services, 2013.

Mullins, Mark R. & Richard F. Young. eds. *Perspectives on Christianity in Korea and Japan: The Gospel and Culture in East Asia.* Lewiston: The Edwin Mellen Press, 1995.

Naarden, Bruno. *Socialist Europe and Revolutionary Russia: Perceptioin and Prejudice, 1848-1923.* Cambridge: Cambridge University Press, 1992.

Nielsen, Niels C. *Revolutions in Eastern Europe: the Religious Roots.* Maryknoll: Orbis, 1991.

Page, James Smith. "The International Year for the Culture of Peace: Was It Worthwhile?". *International Journal of Cultural Studies* 4/3 (2001): 348-351.

Pungur, Joseph. ed. *An Eastern European Liberation Theology.* Calgary, Canada: Angelus Publishers, [n.d.]).

Puzynin, Andrey P. *The Tradition of the Gospel Christians: A Study of Their Identity and Theology during the Russian, Soviet, and Post-Soviet Periods.* Eugene, OR: Pickwick Publications, 2011.

Resing, Volker. *Angela Merkel-Die Protestantin.* 조용석 역. 『앙겔라 메르켈, 그리스도인』. 서울: 한들출판사, 2010.

Rice, Chris. "Contested South Korean Identities of Reunification and Christian Paradigms of Reconciliation". *International Bulletin of Mission Research*   2/2 (April 2018): 133-142.

Ruotsila, Markku. *Fighting Fundamentalist: Carl McIntire and the Politicization of American Fundamentalism.* Oxford: Oxford University Press, 2016.

Silberman, Bertram & Murray Yanowitch, *New Rich, New Poor, New Russia: Winners and Losers on the Russian Road to Capitalism,* expanded ed. Armonk, NY; London: M.E. Sharpe, 2000.

Smolik, Josef. *Nepřeslechnutelná výzva : sborník prací k 100. výročí narození českého bohoslovce J.L. Hromádky, 1889-1989.* 이종실 역. 『요세프 흐로마드카: 체코의 에큐메니칼 신학자』. 서울: 동연, 2018.

Vajta, Vilmos. *Die diakonische Theologie im Gesellschaftssystem Ungarns.* Frankfurt am Main: Verlag Otto Lembeck, 1987.

Van der Brent, A. J. *Christian Response in a World of Crisis: A Brief History of the WCC's Commission of the Churches on International Affairs.* Geneva: WCC, 1986.

Verdery, Katherine. *What Was Socialism, and What Comes Next?* Princeton: Princeton University Press, 1996.

_____ & Caroline Humphrey. eds. *Property in Question: Value Transformation in the Global Economy.* Oxford: Berg, 2004.

Volf, Miroslav. *Zukunft der Arbeit-Arbeit der Zukunft.* 이정배 역. 『노동의 미래-미래의 노동』. 서울: 한국신학연구소, 1993.

_____. *Free of Charge: Giving and Forgiving in a Culture Stripped of Grace.* 김순현 역. 『베풂과 용서』. 서울: 복있는 사람, 2008.

_____. *Exclusion and Embrace: A Theological Exploration of Identity, Otherness, and Reconciliation.* 박세혁 역. 『배제와 포용』. 서울: IVP, 2012.

_____. *After Our Likeness: The Church as an Image of the Triune God.* 황은영 역. 『삼위일체와 교회』. 서울: 새물결플러스, 2012.

_____. *Captive to the Word of God: Engaging the Scriptures for Contemporary Theological Reflection.* 홍병룡 역. 『하나님의 말씀에 사로잡혀: 21세기 이슈들과 신학적 성경 읽기』. 서울: 국제제자훈련원, 2012.

_____. *A Public Faith: How Followers of Christ Should Serve the Common Good.* 김명윤 역. 『광장에 선 기독교: 공공신학이란 무엇인가』. 서울: IVP, 2014.

_____. *The End of Memory: Remembering Rightly in a Violent World.* 홍종락 역. 『기억의 종말』. 서울: IVP, 2016.

_____. *Allah: A Christian Response.* 백지윤 역. 『알라』. 서울: IVP, 2016.

Watson, Jimmy R. "An Analysis of the Emerging Concept of Just Peace". Unpublished Ph. D. Dissertation, Baylor University, 1996.

Witte Jr., John & Michael Bourdeaux. *Proselytism and Orthodoxy in Russia: The New War for Souls*. Maryknoll, NY: Orbis Books, 1999.

World Council of Churches. *Mans' Disorder and God's Design: The Amsterdam Assembly Series, Book III. The Church and the Disorder of Society*. New York: Harper & Brothers, Publishers, 1948.

_____. *Why Violence? Why Not Peace?* Geneva: WCC, 2002.

_____ ed. *Just Peace Companion*. 기독교평화센터 역. 『정의로운 평화동행』. 서울: 대한기독교서회, 2013.

"노년 웰빙 본인 책임 인식 한국이 세계최고," 『인터넷 연합뉴스』, 2014.02.02. http://www.yonhapnews.co.kr/bulletin/2014/02/02/0200000000AKR2014 0202018300009.HTML?input=1179m, [2014.02.07. 접속].

찾아보기

ㄱ

후기 사회주의 시대의 통일과 평화

ㅂ

ㅅ

후기 사회주의 시대의 통일과 평화

ㅇ

ㅈ

후기 사회주의 시대의 통일과 평화

ㅎ